sketching
Zeichentechniken für Produktdesigner

koos eissen und roselien steur

stiebner

Die englischsprachige Ausgabe dieses Buches erschien 2007 unter dem Titel „sketching. drawing techniques for product designers" bei BIS Publishers, Amsterdam.

© 2007 Koos Eissen, Roselien Steur und BIS Publishers

Aus dem Englischen von der MCS Schabert GmbH, München, unter Mitarbeit von Bea Reiter (Übersetzung).

Bibliografische Information der Deutschen Bibliothek:
Die Deutsche Bibliothek verzeichnet diese Publikation in der Deutschen Nationalbibliografie; detaillierte bibliografische Daten sind im Internet über <http://dnb.ddb.de> abrufbar.

Alle Rechte der deutschen Ausgabe
© 2008 Stiebner Verlag GmbH, München

Alle Rechte vorbehalten. Wiedergabe, auch auszugsweise, nur mit ausdrücklicher Genehmigung des Verlages.

Printed in China

www.stiebner.com

ISBN 978-3-8307-1363-0

Vorwort

Ein Buch wie dieses zu schreiben ist ohne die Unterstützung anderer nicht möglich. Wir waren angenehm überrascht, dass die von uns angesprochenen Produktdesigner so begeistert reagiert haben. Sie haben uns interessante Einblicke in ihr Fachgebiet gewährt und Zeichnungen und Skizzen zur Verfügung gestellt. Manchmal konnte man schon anhand der ersten Skizzen einen Eindruck des endgültigen Designs gewinnen. Wir freuen uns, die Studioarbeiten dieser Designer in unserem Buch zeigen zu dürfen. Unser Dank gilt auch den Fotografen, die uns die Verwendung ihrer Aufnahmen gestattet haben.

Zur Realisierung dieses Projekts hat uns unser berufliches Umfeld an der Fakultät für Industriedesign in Delft und an der Fakultät für Bildende Kunst und Design in Utrecht inspiriert und angeregt. Vielen Dank an Yvonne van den Herik, die in der Anfangsphase dieses Buches mit uns zusammengearbeitet und entscheidend zu unseren Recherchen beigetragen hat.

Unser privates Umfeld musste sich während der Arbeit an diesem Buch viel zu oft mit einem „Tut mir leid, keine Zeit" zufriedengeben. Wir sind froh, dass das Buch jetzt fertig ist, und werden es wiedergutmachen. Versprochen.

Koos Eissen und Roselien Steur
www.sketching.nl

Koos Eissen und Roselien Steur unterrichten beide Zeichentechniken für den Designbereich. Koos Eissen ist Dozent an der Technischen Universität Delft und betreut Klassen für Freihandzeichnen an der Fakultät für Industriedesign. Roselien Steur ist 3-D-Sound-Artistin und unterrichtet in Teilzeit an der Fakultät für Bildende Kunst und Design der Kunsthochschule Utrecht.

Inhalt

Vorwort	3
Einleitung	7

Kapitel 1

Seitenansichten — 9

Eine skizzierte Seitenansicht lässt ein Produkt auf einfache Weise dreidimensional wirken. Diese Art des Zeichnens ist meist einfacher als perspektivisches Zeichnen. Anhand des Redesigns eines Handmixers werden die Grundlagen des Skizzierens in Seitenansicht erklärt.

Einführung	9
Einstieg	10
Adidas AG	14
Licht und Schattierung	16
npk industrial design bv	18
Details	20
Ford USA	21
SMOOL Designstudio	22
Schlagschatten	24
Displays	25
WeLL Design	26

Kapitel 2

Perspektivisches Zeichnen — 27

Perspektivisches Zeichnen erfordert die Kenntnis der Perspektiveregeln. Diese Regeln können aber auch als Werkzeuge dienen, mit denen man gezielt visuelle Informationen beeinflusst. Vorgestellt werden einiges Aspekte der Perspektive und ihr Einfluss auf Skizzen.

Einführung	27
Maßstab	28
Perspektivische Konvergenz	29
Verzerrung	30
Verkürzung	32
WeLL Design	34
Augenpunkt	36
BMW Group, Deutschland	38
Perspektive in Augenhöhe	42
Extremperspektive	43
FLEX/theINNOVATIONLAB	44
DAF Trucks NV	48
Luftperspektive	50
Guerrilla Games	52

Kapitel 3

Vereinfachung von Formen — 55

Durch Analyse lassen sich komplexe Formen vereinfachen. Eine nachhaltige Analyse ergibt eine stimmige Zeichnung. Komplexe und einfache Zeichnungen werden verglichen, um einen effektiven Zeichenansatz zu erläutern. Wichtige Formen sind Blöcke, Ellipsen, Zylinder und Ebenen.

Einführung	55
Analyse	56
Der Zeichenansatz	59
WAACS	66

Kapitel 4

Grundformen und Schattierungen — 67

Neben der Perspektive vermitteln auch Schattierungen den Eindruck von Tiefe. Die Räumlichkeit einer Zeichnung wird vor allem vom Kontrast der Schattierungen und damit von der gewählten Lichtrichtung bestimmt. In diesem Kapitel untersuchen wir den Einfluss des Lichtes auf einfache geometrische Formen.

Einführung	67
Blockformen	69
Zylinder, Kugeln und Kegel	74
Audi AG, Deutschland	80

Kapitel 5

Ellipse als Bezugspunkt — 81

Viele Leute fangen beim Zeichnen eines Objekts sofort mit einer Blockform an. Meist eignet sich aber Zylinder oder Ellipse besser als Ausgangspunkt. Bei diesem Ansatz spielt die Ellipse die größte Rolle, alle anderen Formen werden zu ihr in Bezug gesetzt.

Einführung	81
Aufrechtstehende Zylinder	83
studioMOM	86
Ford Motor Company, USA	88
Liegende Zylinder	92
Formkombinationen	96
Springtime	98
Zusammenfügung von Zylindern	100
WAACS	102
Gebogene Röhren	104
VanBerlo Strategy + Design	106
WAACS	108

Kapitel 6

Rundungen 109

Fast jedes Industrieprodukt ist irgendwie gerundet. Sieht man genau hin, kann man die Rundungen als Kombination von Zylinder-, Kugel- und Blockteilen auffassen. Es gibt nur ein paar grundlegende – allerdings mit zahllosen Variationen. Versteht man ihre Struktur, kann man effektiv schätzen und zeichnen.

Einführung	109
Einfache Rundungen	110
Studio Jan Melis	114
Pilots Product Design	116
Mehrfache Rundungen	118
MMID	120
IAC Group, Deutschland	124
Die Oberfläche als Ausgangspunkt	129
SPARK Design Engineering	131
Schätzungen	132

Kapitel 7

Ebenen/Querschnitte 133

Querschnitte können eine Oberfläche optisch krümmen und beim „Lesen" schwer einschätzbarer Formen helfen. Sie sind auch beim Aufbau eines Objekts oder für Formübergänge sehr nützlich. Beim Zeichnen von manchen Objekten ist es auch ratsam, mit einer Ebene zu beginnen und nicht mit einem Körper.

Einführung	133
Remy & Veenhuizen ontwerpers	134
Gekrümmte Oberflächen	136
Querschnitt durch einen Körper	138
npk industrial design bv	140
Zeichnen gekrümmter Formen	142
SPARK Design Engineering	144
Schätzungen	146
Audi AG, Deutschland	148
Dré Wapenaar	150

Kapitel 8

Ideenfindung

Die meisten Designer bevorzugen während der ersten intuitiven Designphase die Freihandskizze. Andere „skizzieren" lieber in 3-D. Das Skizzieren ist keine isolierte Methode, sie vermischt sich bei der Ideengenerierung und Präsentation mit anderen wie Modellierung oder Computerrendering. Dieses Kapitel zeigt anhand von Beispielen, wie man Skizzieren bei der Ideengenerierung einsetzen kann.

Einführung	153
Atelier Satyendra Pakhalé	154
Tjep.	157
Studio Job	158
Fabrique	162
studioMOM	164
Springtime	166
Ford Motor Company, USA	168
SMOOL Designstudio	170
IAC Group, Deutschland	172
SEAT, Spanien	173
Pininfarina S.p.A., Italien	174
Feiz Design Studio	176
Khodi Feiz	178

Kapitel 9

Erklärende Zeichnungen 179

Zeichnungen können anderen Produktdetails deutlich machen. Sie erläutern z.B. Technikern die Integrationsmöglichkeiten von technischen Teilen eines Produkts oder dem Endnutzer, wie ein Produkt funktioniert. Im Laufe der Zeit hat die Notwendigkeit der Vermittlung von technischen Informationen bestimmte Zeichenmethoden hervorgebracht wie z.B. die Zeichnung in Explosionsansicht oder eine Bedienungsanleitung.

Einführung	179
Studio Richard Hutten	180
Explosionsansichten	182
MMID	184
IAC Group, Deutschland	186
SEAT, Spanien	187
Schnittgrafiken	188
Ghosting	189
FLEX/theINNOVATIONLAB	190
Instruktionszeichnungen	191
FLEX/theINNOVATIONLAB	194
DAF Trucks NV	196

Kapitel 10

Oberfläche und Texturen   197

Die Zeichnung eines Produkts wirkt realistischer, wenn seine Materialeigenschaften wie z.B. Transparenz, Glanz oder Struktur, erkennbar sind. Dabei ist es nicht Ziel, eine fotorealistische Zeichnung herzustellen, vielmehr sollte die Zeichnung die Effekte und Eigenschaften des Materials andeuten. Zeichnungen werden so repräsentativer, und Entscheidungen im Designprozess können auf dieser Grundlage getroffen werden.

Einführung	197
Pininfarina S.p.A., Italien	198
Spiegelungen	201
Hilfslinien bei Spiegelungen	202
Glänzend	204
Matt	205
SPARK Design Engineering	206
Springtime	207
Jan Hoekstra Industrial Design Services	208
Chrom	210
WAACS	212
BMW Group, Deutschland	213
Glas	214
Textur und Grafik	217
Van der Veer Designers	218

Kapitel 11

Lichtquellen   221

Eine besondere Zeichensituation entsteht, wenn ein Objekt Licht abgibt. In diesem Kapitel werden sowohl helle Lichtquellen als auch weiches Licht wie Hintergrundbeleuchtungen oder LEDs erläutert.

Einführung	221
Studio Marcel Wanders	222
Helles Licht	224
FLEX/theINNOVATIONLAB	226
Pilots Product Design	227
Weiches Licht	229
Studio Jan Melis	231
Studio Jacob de Baan	233

Kapitel 12

Kontext   235

Produkte hängen mit Menschen, Schnittstellen, Interaktion und Ergonomie zusammen. Einige Produkte werden nicht richtig wahrgenommen, wenn man sie außerhalb ihres Kontexts sieht – vor allem wenn sie von Leuten betrachtet werden, die sonst nichts mit Design oder der betreffenden Branche zu tun haben, wie Marketingleute oder Sponsoren. Personen oder Umgebungen können ein Produkt in seinen Kontext stellen oder dessen Auswirkungen auf das reale Leben zeigen, während gleichzeitig die Größenverhältnisse deutlich gemacht werden.

Einführung	235
Pilots Product Design	236
VanBerlo Strategy + Design	237
Benutzerkontext	238
WeLL Design	239
Einblenden eines Objektteils	240
Bilder und Zeichnungen kombinieren	242
Hände	244
Personen	246
Van der Veer Designers	248
VanBerlo Strategy + Design	250
Bibliografie	252
Designer	253

Einleitung

Fertigen Designer Ihre Zeichnungen immer noch mit der Hand an? Ist es im heutigen Computerzeitalter nicht fortschrittlicher, dafür einen Computer zu verwenden? Manche halten Skizzieren für eine aussterbende Fähigkeit, doch wenn Sie jemals ein Designstudio betreten sollten, werden Sie eines Besseren belehrt. In solchen Studios macht man Skizzen und Zeichnungen immer noch mit Stift und Papier – und meistens auch noch eine ganze Menge davon. Sie sind integraler Bestandteil des Entscheidungsprozesses und werden für frühe Phasen des Designs, bei Brainstormings, bei der Recherche und Konzeptuntersuchung und bei der Präsentation verwendet. Zeichnen hat sich neben mündlichen Erklärungen als leistungsfähiges Werkzeug für die Kommunikation mit Designerkollegen, Ingenieuren oder Modellbauern erwiesen und erleichtert auch den Dialog mit Kunden, Subunternehmern und Behörden.

Dieses Buch über Zeichnen und Skizzieren soll zeigen, welch große Rolle Skizzen im Designprozess spielen. Zeichenfertigkeiten sind dabei natürlich wichtig, manche Designer schaffen es aber allein schon mit einer schnellen kleinen Skizze zu zeigen, wie das endgültige Design einmal aussehen soll.

Wir haben versucht, die Bedeutung des Skizzierens und Zeichnens in Designstudios zu analysieren. Dazu haben wir verschiedene Studios mit einem Fragebogen besucht. So erhielten wir einen interessanten Einblick, welchen Stellenwert diese Fertigkeiten in niederländischen Studios für Industriedesign und ähnlichen Designbereichen einnehmen. Bei der Analyse von Designskizzen gibt es kein „gut" oder „schlecht", ohne zu wissen, wie der Kontext aussieht. Besser fragt man danach, ob eine Zeichnung effektiv ist oder nicht. Eine fotorealistische Zeichnung ganz am Anfang des Designprozesses kann „schön", aber auch ineffektiv sein. Zeichnen ist wie Sprache – eine Explosionszeichnung oder eine Seitenansicht, die einem Ingenieur Informationen vermittelt, ist effektiv, da solche Zeichenkonventionen zur visuellen Sprache eines Ingenieurs gehören.

In diesem Buch stellen wir die Skizzen immer in Bezug zu Designprozess oder Endergebnis und erklären zusätzlich den Kontext des Projekts. Die Designprojekte präsentieren zugleich auch die Studios. Das gewährt einen interessanten Einblick in die verschiedenen Skizziermethoden innerhalb unterschiedlicher Designumgebungen.

Sowohl Industriedesigner als auch 3-D-Designer (die Design als angewandte Kunst verstehen) haben uns Beiträge für dieses Buch zur Verfügung gestellt. Die Zeichnungen erfüllen jeweils ganz unterschiedliche Rollen, bei den Zeichenstilen ist es genauso. Es ist daher interessant, den Blick auf diese zu lenken – und natürlich auch auf deren Gemeinsamkeiten. Eine Zeichnung kann eine Vision, eine mögliche Lösung und Idee ausdrücken, einen Denkprozess visualisieren oder es ermöglichen, „auf Papier zu denken". Welche Skizze hatte großen Einfluss auf den Designprozess? Und welchen Bezug hat die Skizze zum Endprodukt?

Über Zeichentechniken sind bereits viele Bücher geschrieben worden. Die meisten davon enthalten Anleitungen zum Zeichnen, erklären Regeln der Perspektive und den Einsatz von Zeichenmaterialien und stellen die Ergebnisse anhand von Zeichnungen dar. Diesen Prozess wollen wir umkehren: Anstatt anzuleiten und Ergebnisse zu zeigen, wollen wir den Leser dazu anregen, selbst aktiv zu werden, nach Informationen in den Arbeiten zu suchen und daraus zu lernen.

Deswegen haben wir die Skizzen der Studios zwischen den einzelnen Zeichenelementen und Anleitungen dazu platziert. Dieses Buch ist also eher eine Referenzsammlung als ein Zeichenkurs und richtet sich an Studenten von Designschulen und Kunstakademien.

Hier soll es um das Warum einer Zeichnung gehen. Es muss immer einen bestimmten Grund für sie geben und wie man sie zeichnet. Zeichnen lernen lässt sich mit Schreiben lernen vergleichen. Es gibt Menschen, die eine schönere Handschrift haben als andere, aber sie sollte stets lesbar sein. Die beste Geschichte wird nicht immer in der schönsten Handschrift geschrieben. Zeichenfähigkeiten lassen sich verbessern und tragen zum effektiven Zeichenstil bei, aber der Zweck einer Zeichnung steht immer an erster Stelle.

Der Zweck einer Skizze hat sich mit der Zeit verändert, genauso wie der Inhalt einer Visualisierung. Computerrendering hat das Skizzieren von Hand an den Beginn des Designprozesses verdrängt, sodass es nur noch bei Ideensuche, Brainstorming etc. genutzt wird. Heute gehört der Computer zum Handwerkszeug, und seine Vor- und Nachteile werden deutlicher. Daher wird es Zeit, die Bedeutung von Skizzen neu zu überdenken.

Zeit spielt eine große Rolle. Alles muss schnell gehen, und eine effektive Visualisierung ist wichtig. Häufig ist eine schnelle, andeutende Skizze einem zeitaufwendigeren Rendering vorzuziehen. Ein Rendering kann sehr präzise und „fertig" aussehen, was aber völlig ungeeignet ist, wenn ein Studio z.B. noch dabei ist, mit dem Kunden über Designrichtung und -möglichkeiten zu sprechen. Eine Skizze aus dem Brainstorming ist hier geeigneter, woraus dann auch eine repräsentativere Zeichnung gemacht werden kann. Das spart Zeit und inspiriert den Designer dazu, beim Zeichnen intuitiv auf die Skizze zu reagieren, während ein Rendering dies erst nach der Fertigstellung zulässt.

Angesichts der starken Konkurrenz muss ein Design auffallen. Eine Präsentation richtet sich in der Regel an Kunden, die nichts mit Design zu haben, z.B. an Marketingleute oder Sponsoren. Nicht immer ist eine verbale Erläuterung vorgesehen, sodass die Bilder einprägsam und ausdrucksstark sein sollten. Dazu muss visuelle Kommunikation innovativ eingesetzt werden.

In der Regel wird ein Design oder eine Idee kommuniziert, indem man sie in einen verständlichen Kontext stellt, den auch ein Nichtfachmann nachvollziehen kann. Dies kann in Form von szenischen oder kontextuellen Bildern geschehen, die verdeutlichen, wie ein Design das echte Leben beeinflusst und seine haptische Wahrnehmung vermittelt. Freihandzeichnungen können hier sehr ausdrucksstark sein.

Das alles sind Gründe dafür, warum heute wieder viele Studios mit handgefertigten Zeichnungen arbeiten und Freihandzeichnen wieder mehr Aufmerksamkeit zuteil wird – sowohl als eigenständige Technik als auch in Kombination mit digitalen Medien, wobei die Vorteile beider Bereiche genutzt werden. In diesem Buch werden Freihandzeichnungen auf Papier als gleichbedeutend bewertet mit solchen, die mittels Grafiksoftware, Zeichentablett und digitalen Werkzeugen erstellt werden, denn die beiden Zeichenmethoden sind einander sehr ähnlich. Anstatt uns darauf zu konzentrieren, welches Hilfsmittel für was am besten geeignet ist, ziehen wir es vor, z.B. über Farbe im Allgemeinen zu sprechen. Wir versuchen das Zeichnen und seine Techniken allgemein zu behandeln, um es auf verschiedene Medien anzuwenden.

Zudem soll dieses Buch einen Überblick geben über niederländisches Design. Es ist eine Sammlung verschiedenster Designansätze, die einige ihrer Geheimnisse enthüllt und Designzeichnungen zeigt, die ein Studio normalerweise nicht verlassen – Bilder, die belegen, wie ausdrucksstark Freihandskizzen sein können.

Koos Eissen und Roselien Steur
Mai 2007

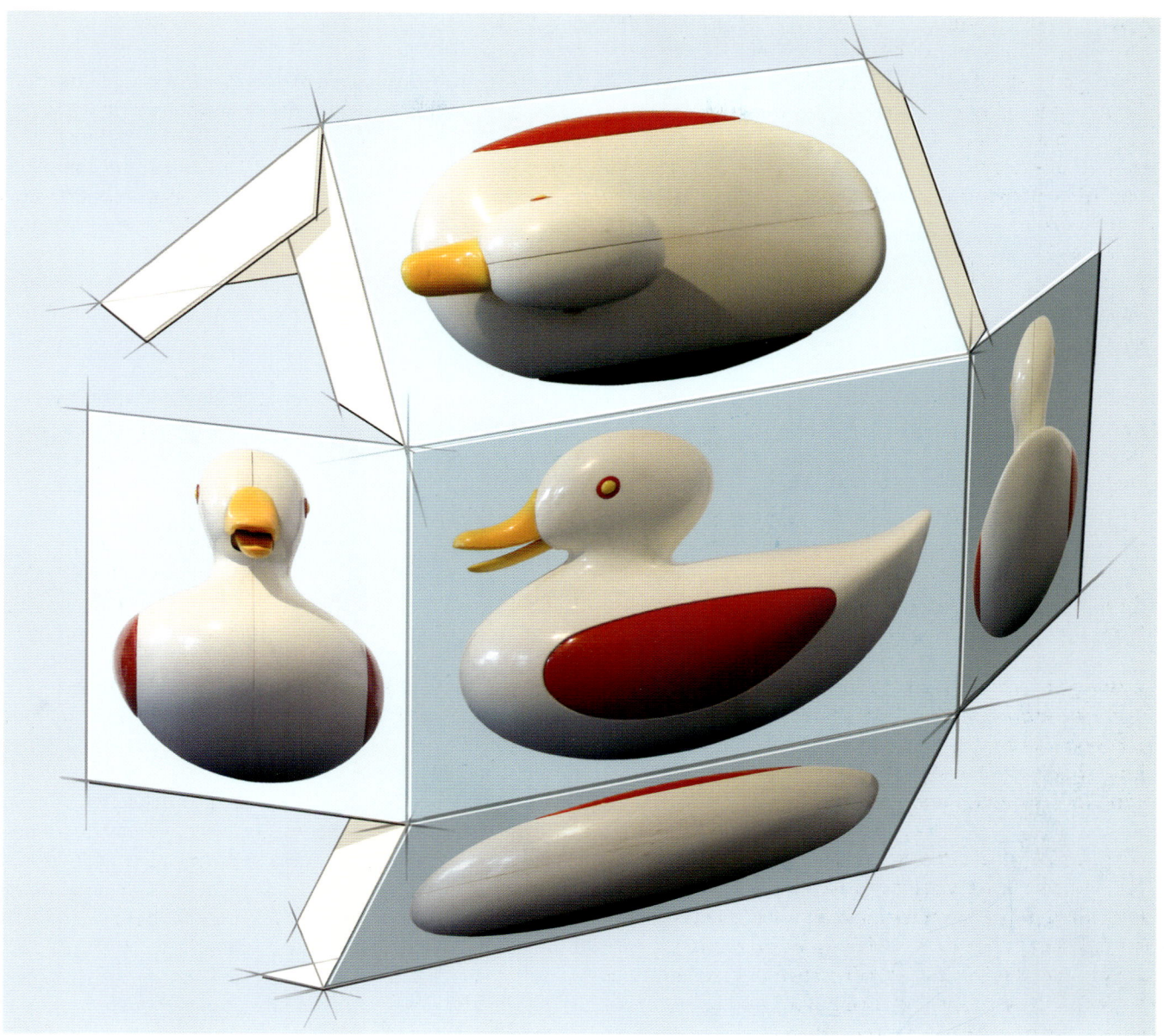

Kapitel 1

Seitenansichten

Eine Seitenansicht oder isometrische Darstellung ist eine theoretische Darstellung eines Objekts. Den historischen Hintergrund dafür liefern die Ingenieurwissenschaften, wo technische Informationen über die Form anhand von Seitenansichten und Querschnitten vermittelt werden. Hierfür wird häufig die amerikanische Projektionsmethode verwendet, bei der verschiedene Ansichten auf eine bestimmte Art angeordnet sind. Die Seitenansicht ist in der Mitte, die Draufsicht darüber, die linke Seitenansicht links davon etc. In vielen Fällen genügt eine Skizze der Seitenansicht, um eine Produktidee in ihren Grundzügen darzustellen.

Mithilfe von Seitenansichten kann ein Produkt auf einfache Art und Weise dreidimensional dargestellt werden, da sich das Zeichnen von Seitenansichten in der Regel einfacher gestaltet als perspektivisches Zeichnen. So können Seitenansichten bei der Ideengenerierung Zeit sparen. Viele Designer zeichnen lieber Seitenansichten, vor allem in der Anfangsphase eines Designs, da perspektivische Skizzen spontanen und ungerichteten Gedanken zuweilen hinderlich sind.

Einstieg

Eine Vorlage zum Unterlegen hat gleich mehrere Vorteile beim Einstieg. Sie beschleunigt den Zeichenprozess und vermittelt einen realistischen Eindruck von Proportionen, Volumen und Größe. Beim Redesign eines Handmixers ist ein Foto eines bereits existierenden Produkts im Maßstab 1:1 dafür am besten geeignet, da es Anhaltspunkte für Handgröße und Griff vermittelt. Werden Prototypen von Mixgeräten mit der Hand gezeichnet, so wirkt der Designvorschlag glaubwürdiger und maßstabsgerechter.

Eine Strichzeichnung lässt viel Raum für Interpretation, daher werden Schattierungen hinzugefügt, um das Volumen darzustellen. Der richtige Lichteinfall (von links oben, leicht vom Betrachter weg in Richtung des Objekts) macht die Übergänge von Volumen und Formen deutlich. Wird bei einer Strichzeichnung mit Volumen und Farbe gearbeitet, müssen Entscheidungen zu Optik und Haptik sofort getroffen werden. Schattierungen spielen eine wichtige Rolle, und Kenntnisse über Licht und Schatten sind ein Schlüsselthema dieses Buches.

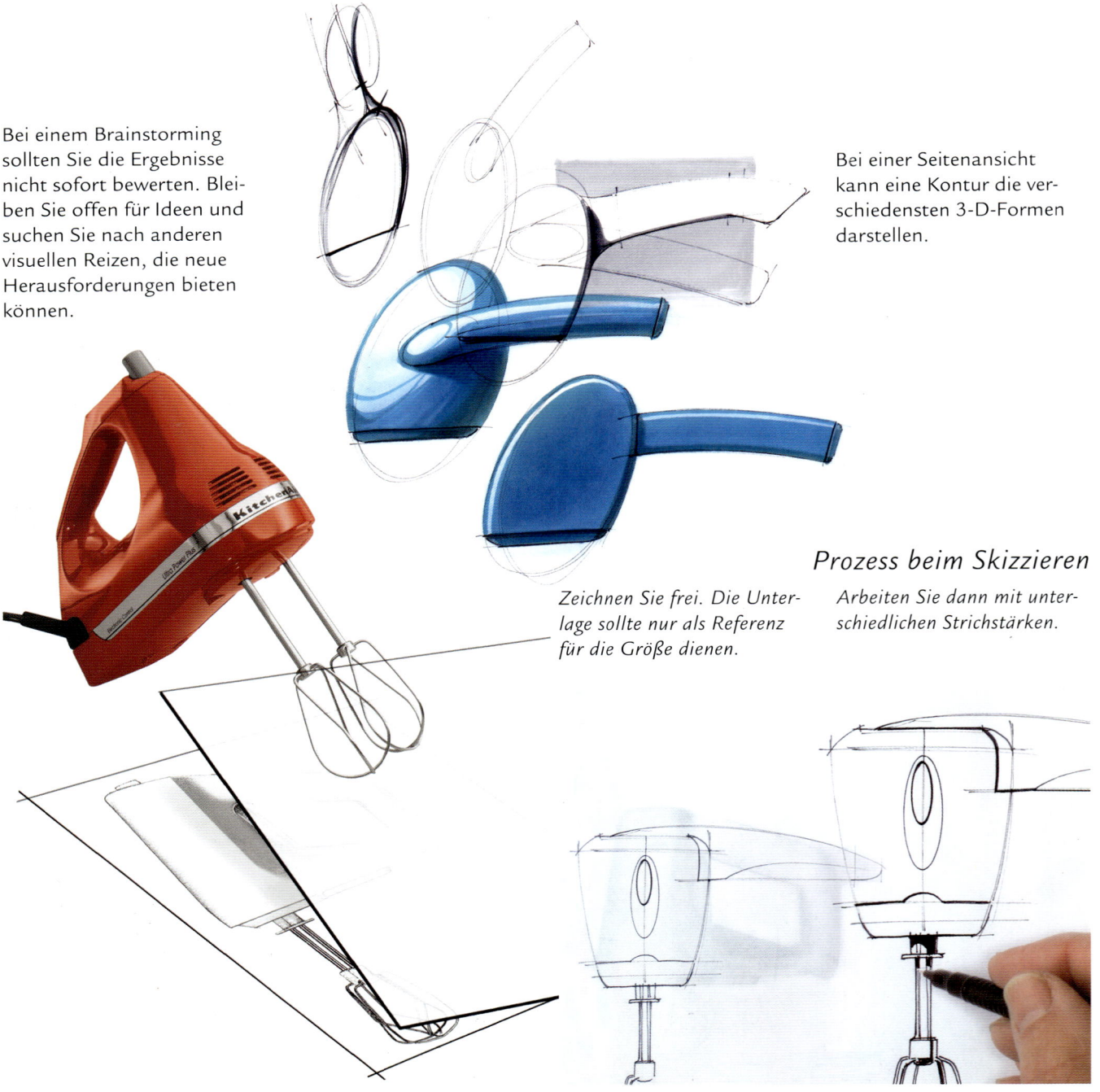

Bei einem Brainstorming sollten Sie die Ergebnisse nicht sofort bewerten. Bleiben Sie offen für Ideen und suchen Sie nach anderen visuellen Reizen, die neue Herausforderungen bieten können.

Bei einer Seitenansicht kann eine Kontur die verschiedensten 3-D-Formen darstellen.

Zeichnen Sie frei. Die Unterlage sollte nur als Referenz für die Größe dienen.

Prozess beim Skizzieren

Arbeiten Sie dann mit unterschiedlichen Strichstärken.

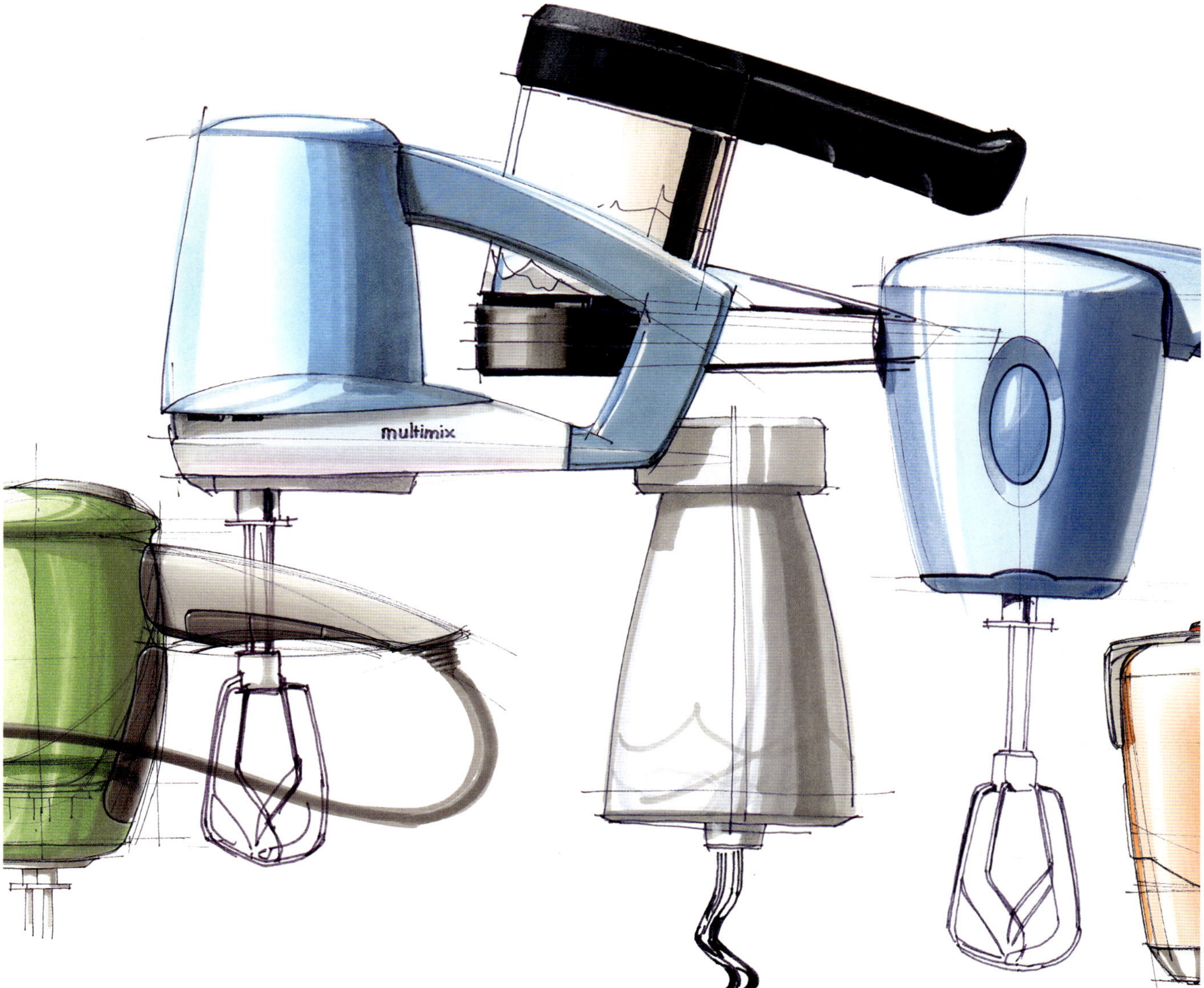

Schatten definieren sowohl die Formen, von denen sie verursacht werden, wie auch die, auf die sie fallen.

Je nach Helligkeit der Farbe wird ein Faserstift in einem hellen oder dunklen Grau zum Abdunkeln verwendet.

Farbige Marker und Pastellstifte sorgen für Farbe.

Ein Farbstift für Glanzlichter und Details rundet die Zeichnung ab.

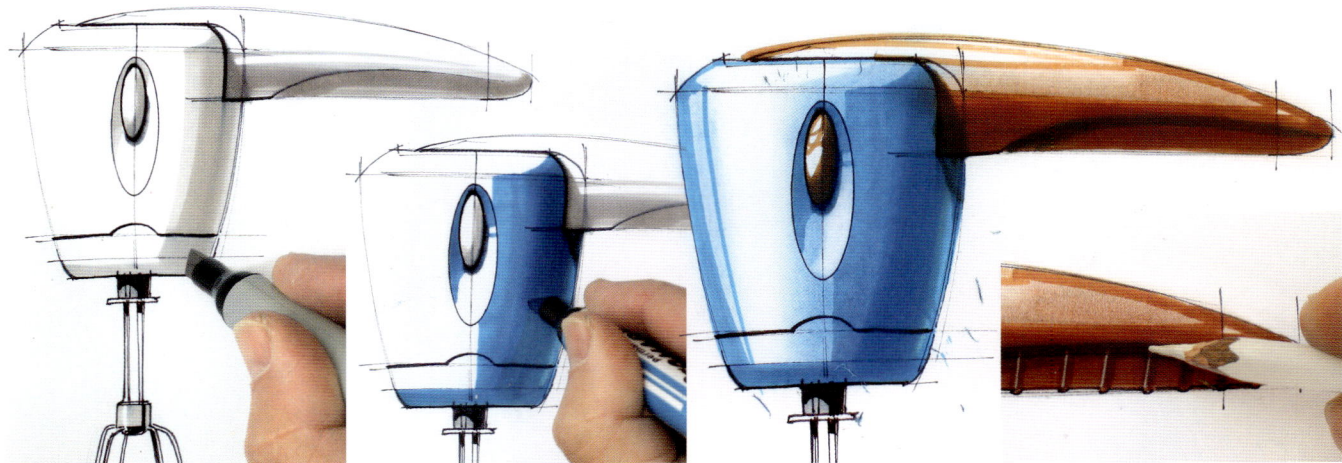

KitchenAid Ultra Power Plus Handmixer. Fotos: Whirlpool Corporation

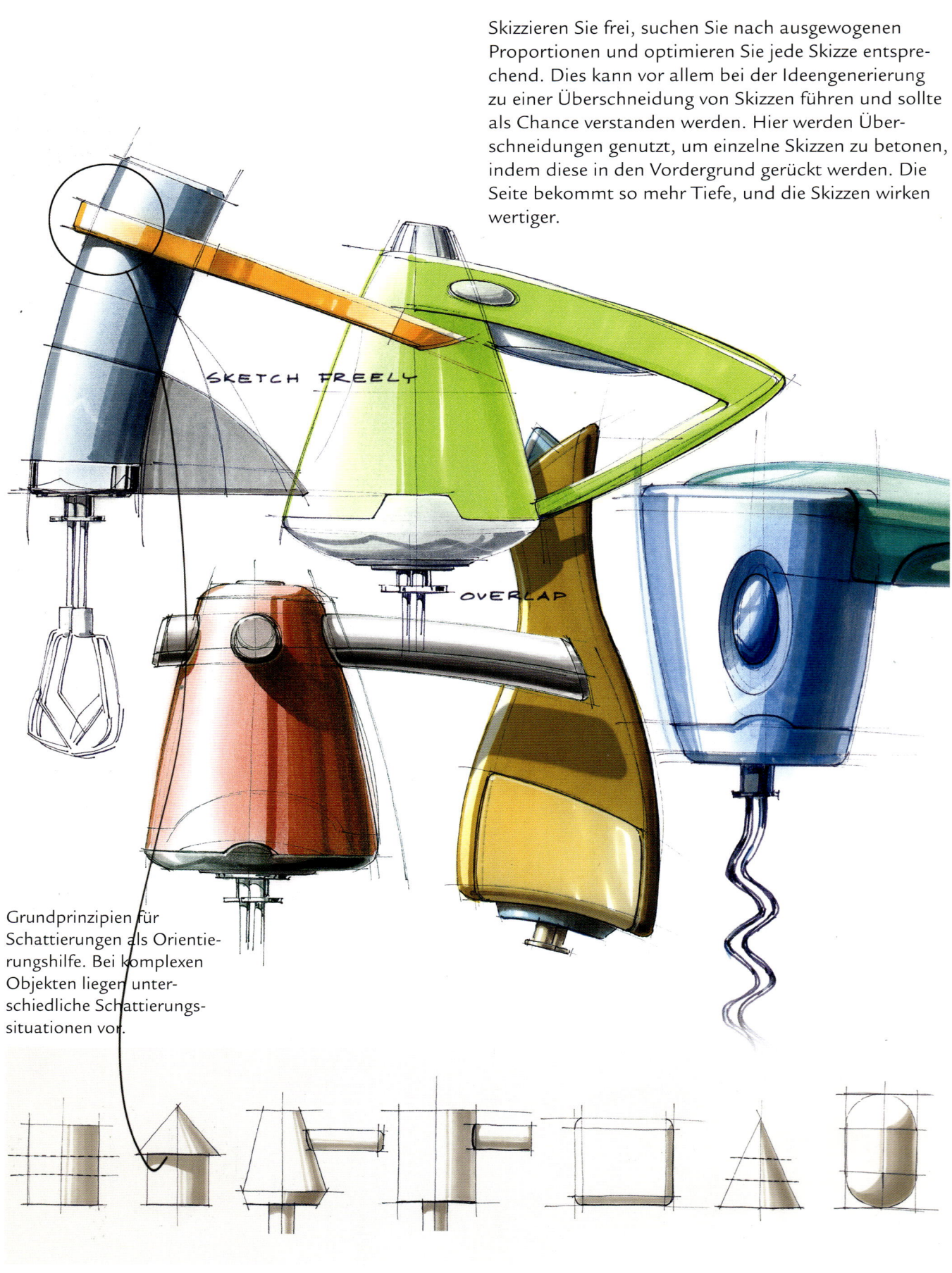

Skizzieren Sie frei, suchen Sie nach ausgewogenen Proportionen und optimieren Sie jede Skizze entsprechend. Dies kann vor allem bei der Ideengenerierung zu einer Überschneidung von Skizzen führen und sollte als Chance verstanden werden. Hier werden Überschneidungen genutzt, um einzelne Skizzen zu betonen, indem diese in den Vordergrund gerückt werden. Die Seite bekommt so mehr Tiefe, und die Skizzen wirken wertiger.

Grundprinzipien für Schattierungen als Orientierungshilfe. Bei komplexen Objekten liegen unterschiedliche Schattierungssituationen vor.

Vor allem bei Verwendung einer Vorlage – in diesem Fall sind alle Skizzen mehr oder weniger gleich groß – können Überschneidungen eine Seite abwechslungsreicher gestalten. Sie wirkt dann dynamischer als mehrere Einzelskizzen.

Seitenansichten werden häufig im Schuhdesign eingesetzt, da Schuhe im Geschäft in der Regel auf diese Weise präsentiert werden, um die Aufmerksamkeit des Kunden zu erregen. Die hier gezeigten Zeichnungen stammen aus der Anfangsphase des Designprozesses – von Konzeptskizzen bis hin zu endgültigen Renderings. Die Zeichnungen dienen nicht nur dazu, Designlösungen zu sondieren oder das Produkt realistisch darzustellen – auch ihr emotionaler Aspekt spielt eine große Rolle. Denn mithilfe der Zeichnungen werden die Mitarbeiter im Unternehmen auf ein neues Projekt eingeschworen oder Sportler und Verbraucher nach ihrer Meinung dazu gefragt.

Adidas AG, Deutschland – Sonny Lim

Viele Schuhdesigner bei Adidas sind ausgebildete Industriedesigner, aber auch Auto- und Mediendesigner arbeiten dort. Jeder Designer hat seinen eigenen Zeichenstil, und jeder benutzt andere Techniken. Dies schafft ein großartiges, funktionsübergreifendes Umfeld für den Austausch von Visualisierungs- und Skizziertechniken. Die blauen und roten Fußballschuhe wurden mit der Hand gezeichnet (blauer Farbstift, Faserstifte, Fineliner und ein Pantone Marker/Airbrush). Die Zeichnungen wurden eingescannt, dann wurden die Glanzlichter in Photoshop hinzugefügt. Die Computerrenderings wurden in Photoshop und Painter erstellt, allerdings wurde häufig eine Handskizze als Vorlage verwendet, um den richtigen Umriss zu erzielen. Logos und andere Details, z.B. Nähte, wurden in Illustrator gezeichnet.

Licht und Schattierung

Wie in der Fotografie kann eine optimale 3-D-Illusion nur über die informationsreichste Perspektive und den richtigen Lichteinfall erreicht werden. Mithilfe von Tonwerten (Licht und Schattierung) kann man Volumen ausdrücken. Ein Zylinder sollte rund aussehen, eine flache Oberfläche flach. Die Analyse von Objekten und Lichtverhältnissen hilft einem dabei, den Zusammenhang zwischen Formen und Schattierungen zu verstehen, und liefert die Informationen, die man braucht, um bei einer zweidimensionalen Skizze für Tiefe zu sorgen. Manche Produkte, z.B. Radiowecker, Mikrowellen und Waschmaschinen, haben eine Seite, die die meisten Informationen liefert. In anderen Fällen muss man entscheiden, aus welcher Perspektive die meisten Eigenschaften eines Produkts (oder einer Form) vermittelt werden können.

Licht, das in einem steileren Winkel als 45° und aus einer Richtung leicht vom Betrachter weg in Richtung des Objekts einfällt, lässt nicht nur die beiden schattierten (und mit Highlights versehenen) Seiten deutlicher werden, sondern auch den Schlagschatten.

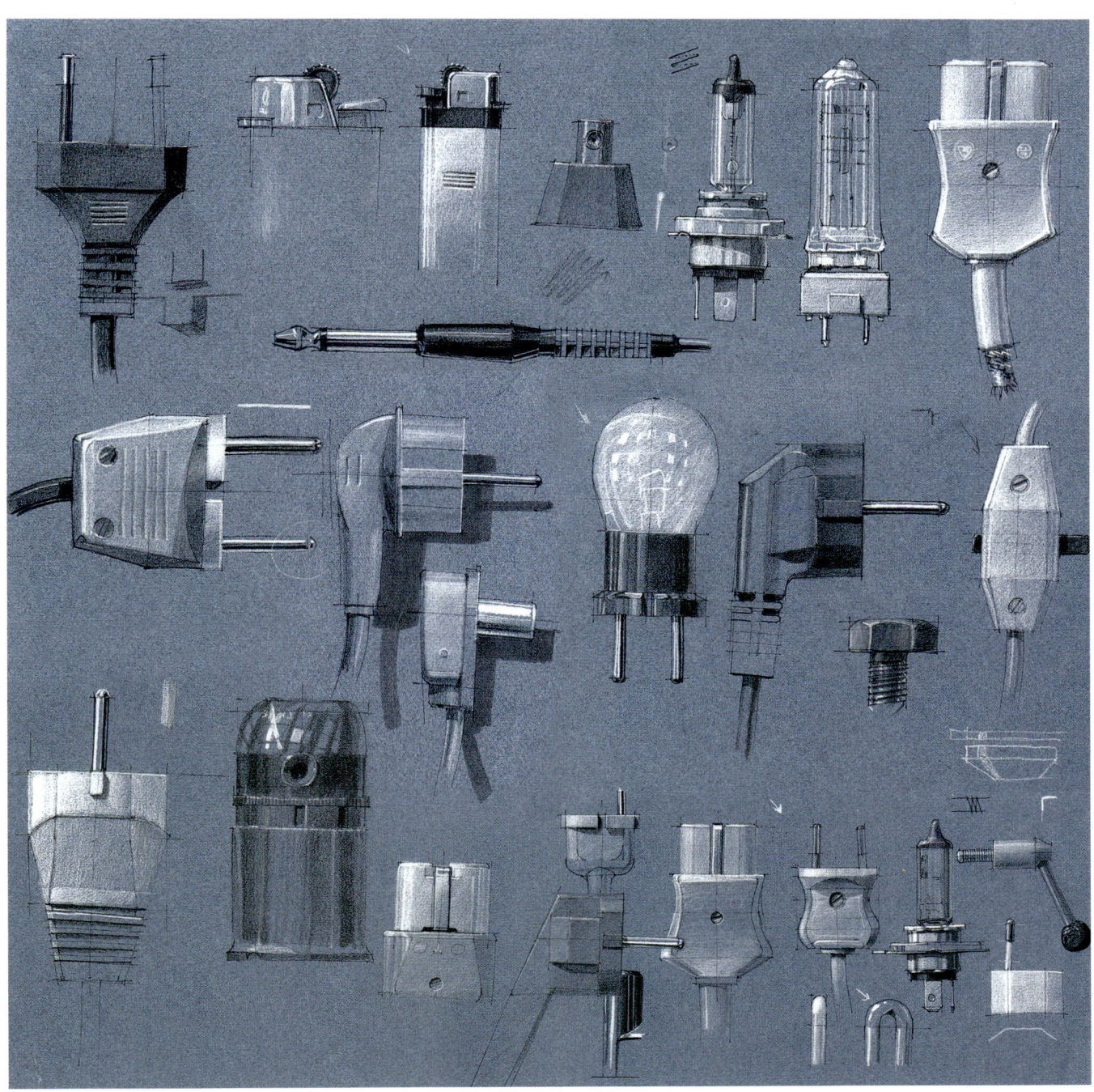

Farbiges Papier statt weißes ist eine attraktive Alternative für einfarbige Skizzen. Verwenden Sie die Farbe des Papiers als Mittelton. Mit Weißstift können hellere Töne und Glanzlichter hinzugefügt werden, schwarzer Bleistift sorgt für die dunkleren Bereiche.

Nach der Natur zu zeichnen oder, anders ausgedrückt, die Realität aufs Papier zu bringen, ist eine nützliche Übung für Schattiereffekte. Sie schaffen sich dadurch eine visuelle Bibliothek von Schattiersituationen, sodass Sie irgendwann Zeichnungen schattieren können, ohne dabei nachdenken zu müssen.

Kapitel 1 Seitenansichten

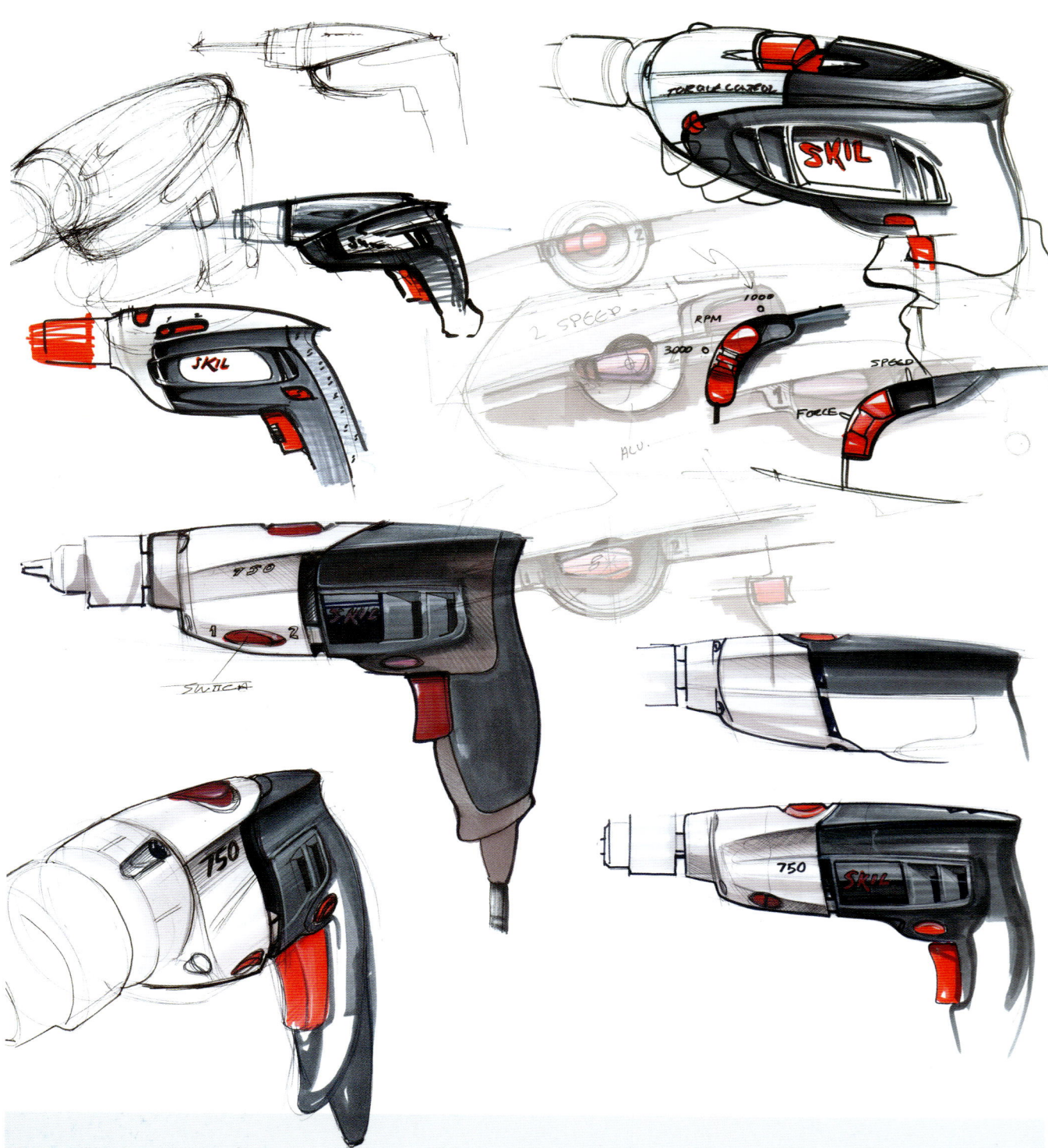

Bei diesem Projekt haben verschiedene Designer zusammengearbeitet. Die visuelle Sprache und Handschrift sollte dabei kompatibel sein. Außer den Zeichnungen wurden für ergonomische Studien auch Modelle im Maßstab 1:1 angefertigt. Die Modelle waren dann der Ausgangspunkt für genauer ausgearbeitete Zeichnungen. Obwohl die meisten Zeichnungen Seitenansichten sind, sind dreidimensionale Darstellungen ebenfalls notwendig, um Formübergänge und -beziehungen festzulegen, die ansonsten nicht sichtbar wären.

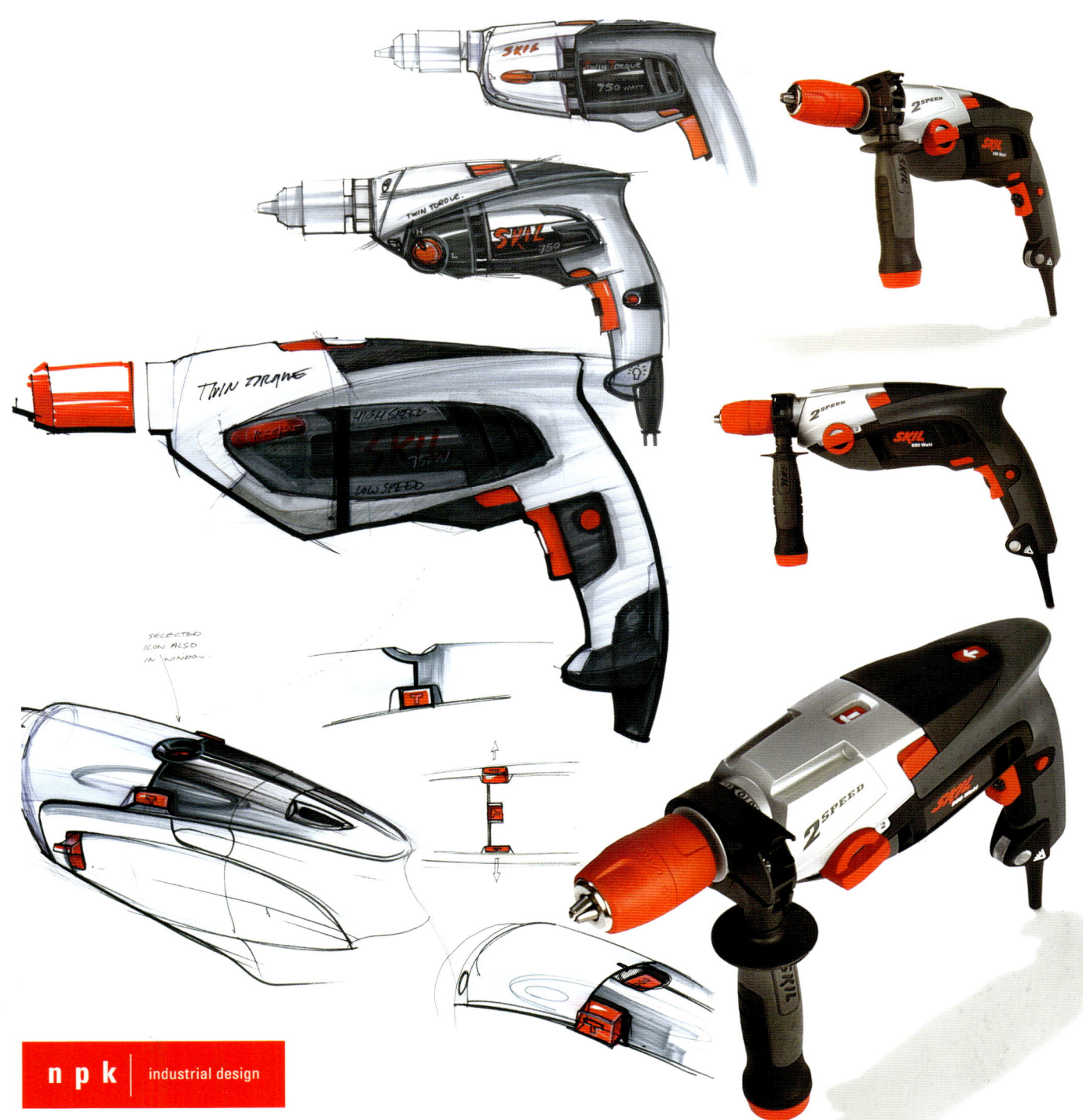

npk industrial design

Diese beiden Zweigang-Schlagbohrmaschinen für Skill (2006) sind die ersten Werkzeuge einer neuen Produktlinie, bei der Ergonomie und Design im Vordergrund stehen. Für diese Formenstrategie wurde eine starke Linienführung mit weichen Griffen kombiniert, ganz im Einklang mit der Corporate Identity von Skill. npk entwickelte das Gehäuse, die Modelle und die Produktgrafik.

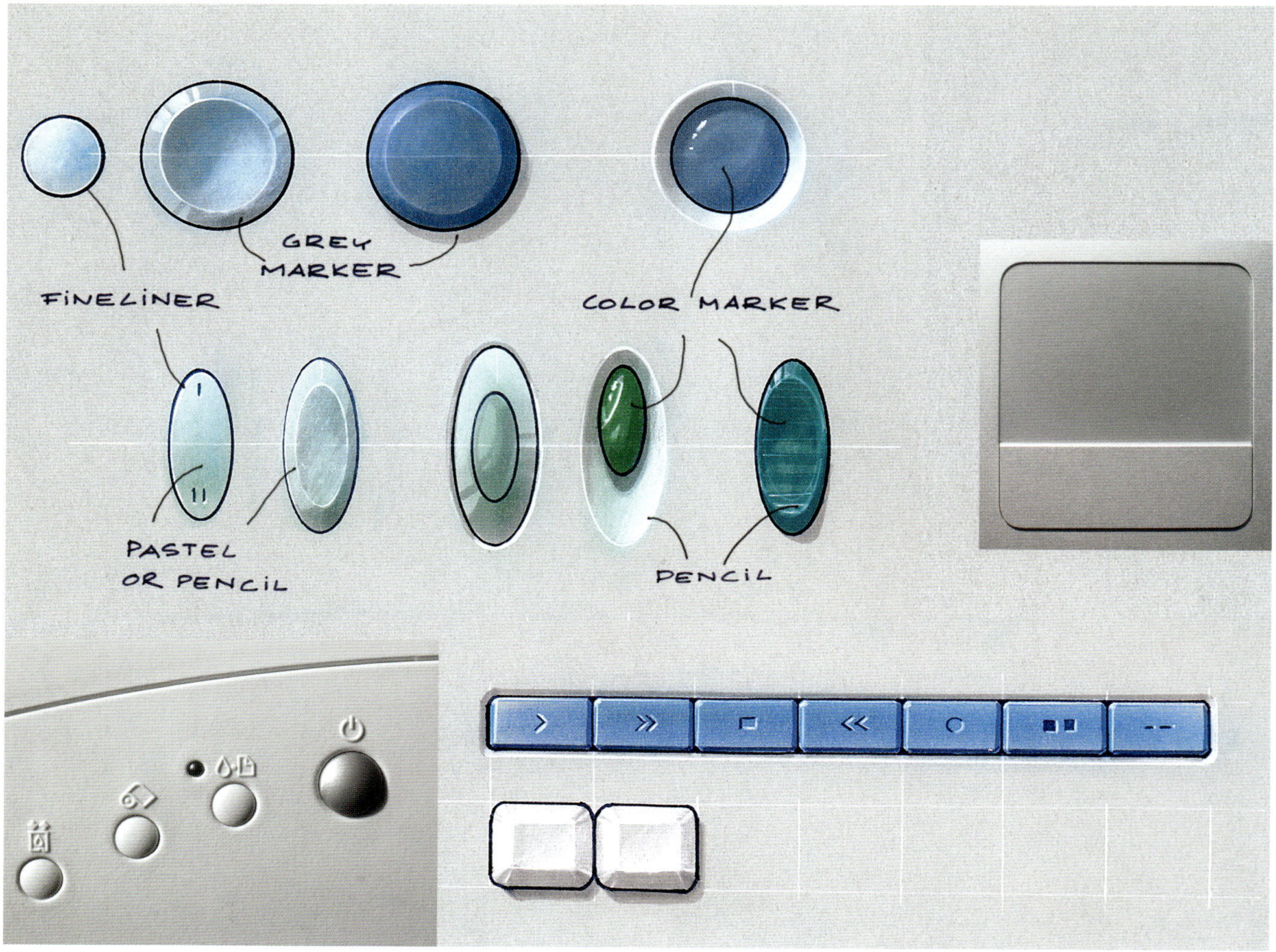

Details

Details lassen eine Skizze erheblich realistischer wirken und können Hinweise auf die Gesamtgröße eines Objekts geben. Bilder von Produktdetails zeigen die Grundprinzipien für Schattierungen.

Ford USA – Laurens van den Acker

Die Skizzen von der Seite vermitteln einen ersten Eindruck von Aussehen und Ausstattung des SUV. Das Auto soll schlicht und kraftvoll wirken, was durch die Details noch weiter verstärkt wird. Bei komplexen Formen wie einem Auto beschleunigen frühe Skizzen mit Seitenansichten den Designprozess und machen eine klare Aussage zum visuellen Design.

Als Anregung für das Konzept des Ford Bronco SUV von 2004 diente dessen berühmter Vorgänger von 1965 (Designer: Paul Axelrad). Die Vorgaben – einfache Formen und Wirtschaftlichkeit – wurden durch gerade Scheiben, schlichte Stoßfänger und einen Kastenprofil-Leiterrahmen umgesetzt. Das Modell wurde zu einem beliebten Offroader. Bei der Konzeptstudie orientierte sich Ford am Original, fügte aber moderne Antriebstechnologie hinzu.

Chefdesigner: Joe Baker. Fotos: Ford Motor Company, USA

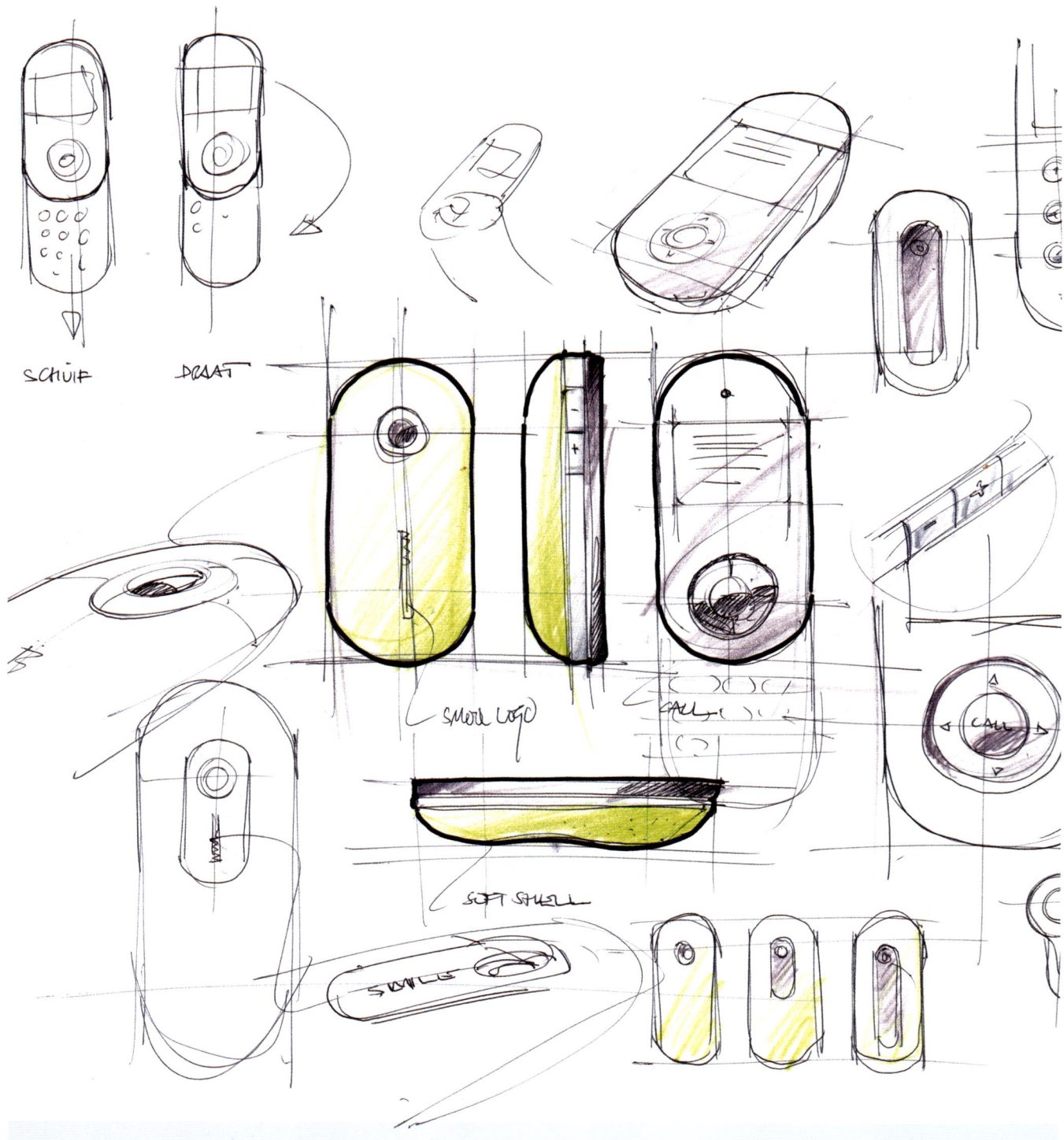

SMOOL Designstudio

Für den Designer Robert Bronwasser sind Freihandskizzen die Grundlage jedes Designs. Das Skizzieren mit der Hand regt die Kreativität an und ist ein schnelles Mittel, um mit Designoptionen zu experimentieren, die richtigen Proportionen zu finden und Details auszuprobieren. Skizzen in verschiedenen Größen und Perspektiven und mit unterschiedlichen Farben lassen Designmöglichkeiten klarer werden. Für das Skizzieren und Entwerfen von Seitenansichten braucht man Vorstellungsvermögen und Kenntnisse darüber, wie man dreidimensional visualisiert.

smool

Das Designstudio SMOOL warb im führenden niederländischen Designmagazin *Items* mit einem Produktredesign. Bei diesen wiedererkennbaren Designs wandte Robert Bronwasser sein eigenes Designidiom an und zeigte damit sein Verständnis von modernem Design. Die detaillierten Seitenansichten wurden mit Adobe Illustrator erstellt. *Item/2,* 2006.

Schlagschatten

Schlagschatten braucht man nicht nur, um Tiefe darzustellen. In der rechts abgebildeten Skizze wird er z.B. verwendet, um zu zeigen, dass einige Teile der Kaffeemaschine durchsichtig sind. Dieser Schatten ist vereinfacht worden; die Kontur des Produkts ist der Umriss dieses „Schlagschattens", der auf eine imaginäre Oberfläche hinter dem Produkt geworfen wird. Das ist erheblich einfacher zu zeichnen als ein perspektivisch korrekter Schatten.

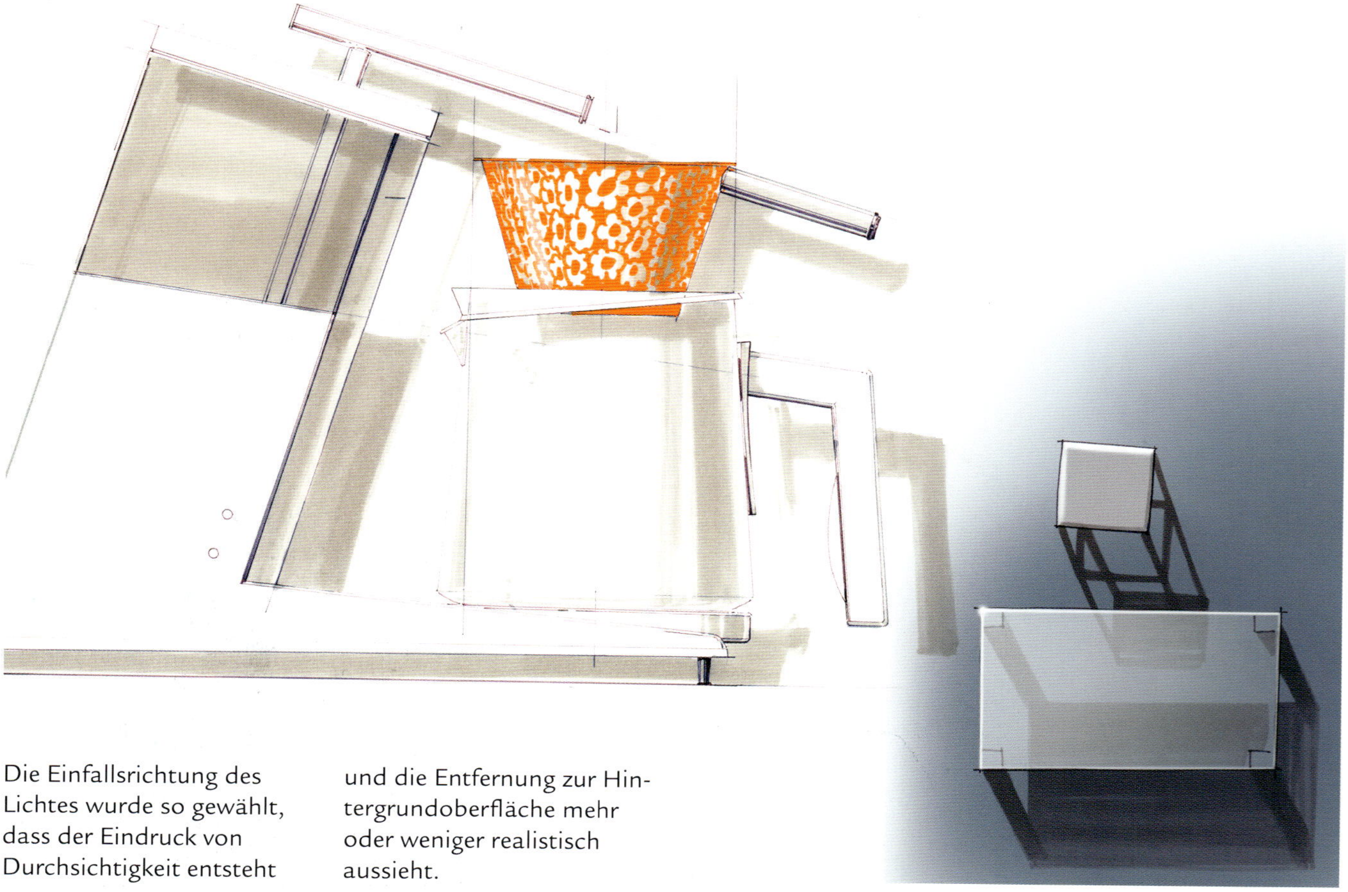

Die Einfallsrichtung des Lichtes wurde so gewählt, dass der Eindruck von Durchsichtigkeit entsteht und die Entfernung zur Hintergrundoberfläche mehr oder weniger realistisch aussieht.

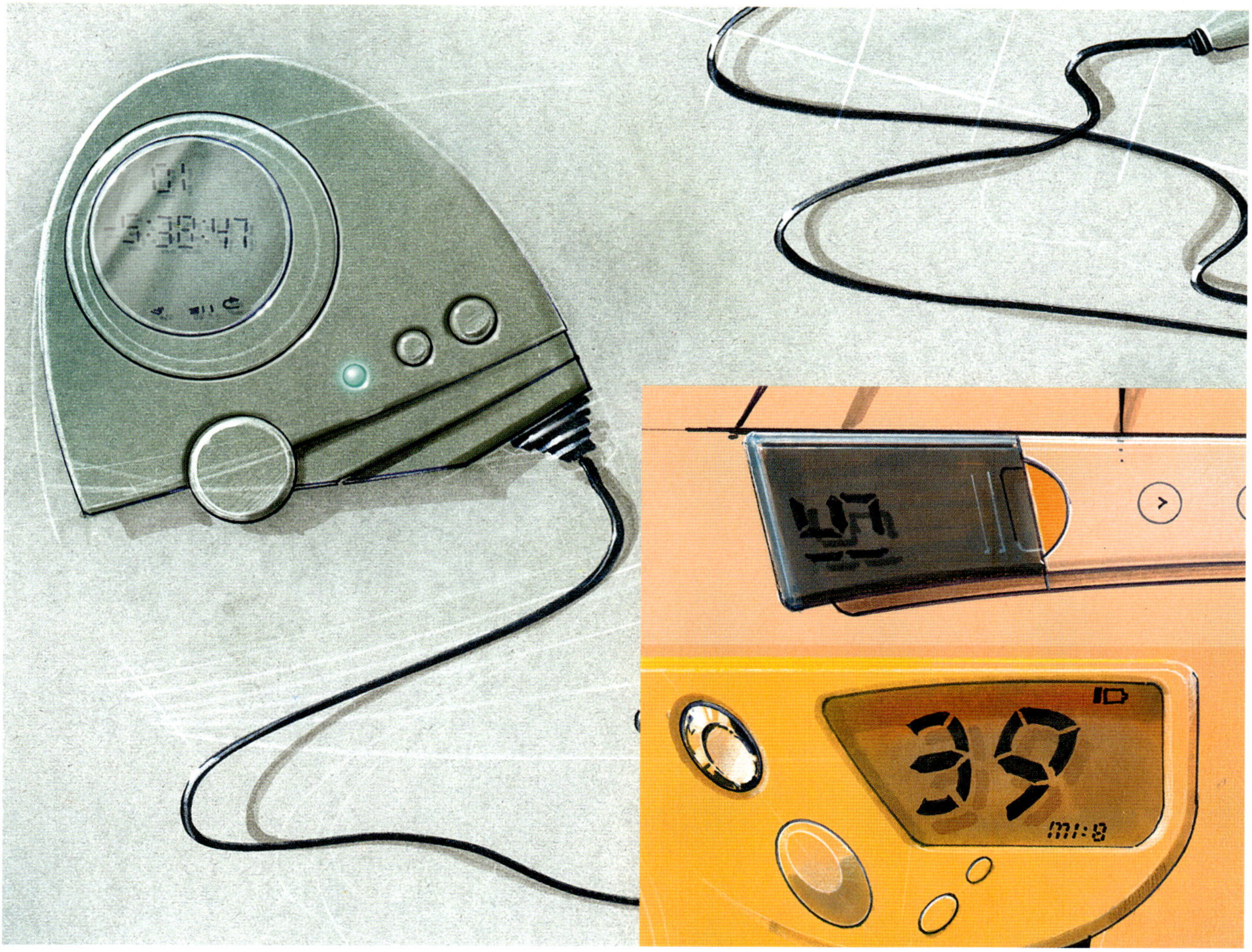

Displays

Displays sind Details, die bei Produkten recht häufig vorkommen. Um sie darzustellen, zeichnen wir die Buchstaben oder Zahlen ins Display und fügen einen Schlagschatten hinzu, der Tiefe vermittelt. Spiegelungen können später mit weißer Kreide hinzugefügt werden. Meist ist die unterschiedliche Lichtdurchlässigkeit wichtiger als die genaue Platzierung der Reflexionen, die diese verursachen.

Kapitel 1 Seitenansichten

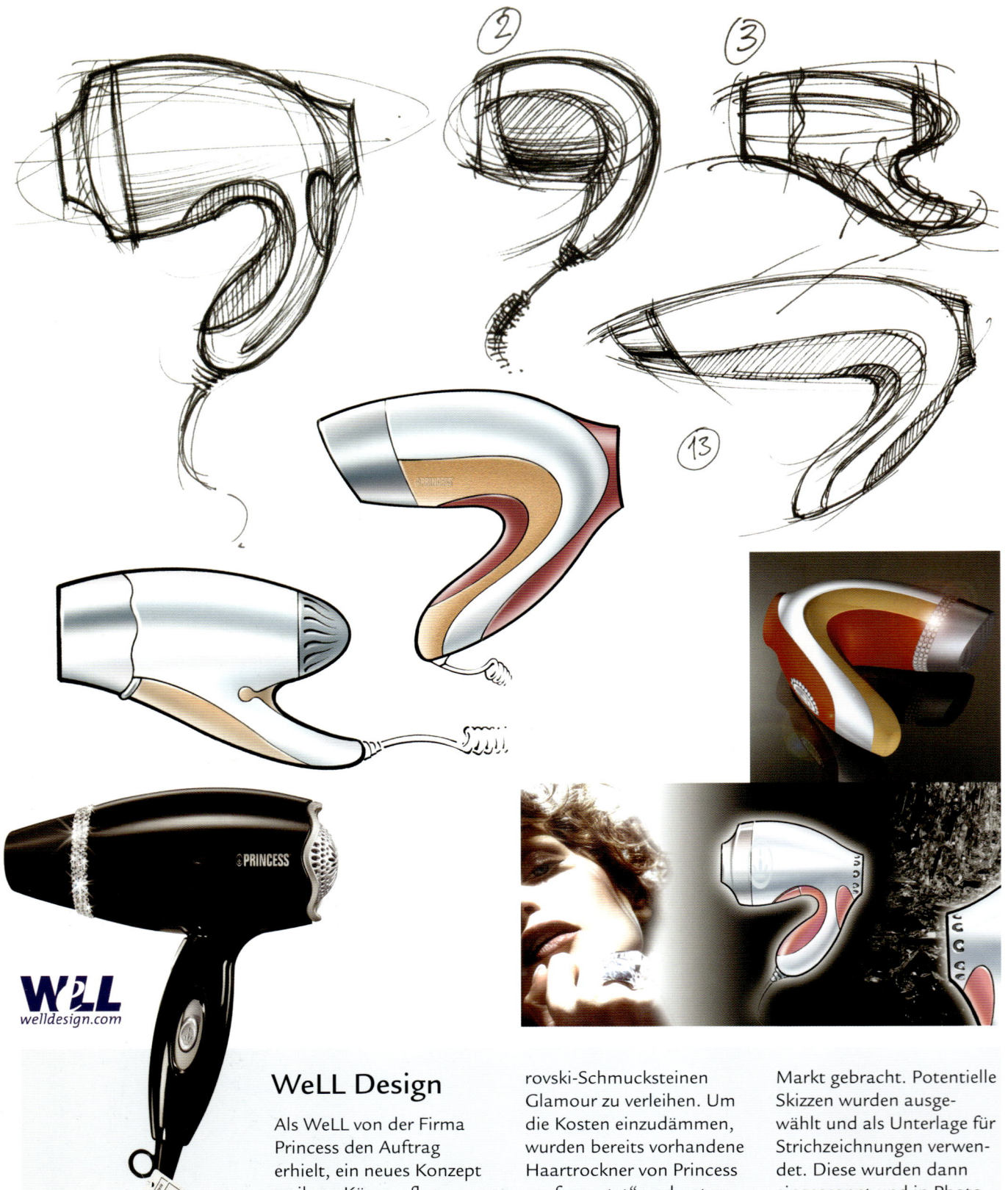

WeLL Design

Als WeLL von der Firma Princess den Auftrag erhielt, ein neues Konzept zu ihren Körperpflegeprodukten zu entwerfen, kam WeLL auf die Idee, den Produkten mit Swarovski-Schmucksteinen Glamour zu verleihen. Um die Kosten einzudämmen, wurden bereits vorhandene Haartrockner von Princess „aufgewertet" und unter den Modellnamen „Crystal", „Royal Bling" (Foto) und „Super Bling" auf den Markt gebracht. Potentielle Skizzen wurden ausgewählt und als Unterlage für Strichzeichnungen verwendet. Diese wurden dann eingescannt und in Photoshop fertiggestellt.

Designer: Gianni Orsini und Mathis Heller. Produktfotos: Princess

Kapitel 2

Perspektivisches Zeichnen

Um perspektiv zeichnen zu können, muss man natürlich auch die Grundlagen der Perspektive beherrschen. Trotzdem kann ein und dasselbe Objekt sehr unterschiedlich dargestellt werden. Eine Skizze kann präzise Informationen zur Form eines Produkts vermitteln. Andererseits kann sie ein Objekt auch als winzig oder groß und beeindruckend darstellen. Die visuellen Informationen, die eine Skizze vermittelt, werden von der Auswahl des Augenpunkts, den Größenverhältnissen und der Verwendung der Perspektiveregeln beeinflusst. Beherrscht man diese Mittel, kann man die Realität unterschiedlich darstellen.

Maßstab

Der Maßstab ist entscheidender Faktor. Bei „Maßstabselementen" wird die Größe des Menschen als Standardmaß angesehen, da alle Objekte einen Bezug zur menschlichen Größe und Wahrnehmung haben. Ein Objekt über dem Horizont liegt z.B. über der normalen Augenhöhe und muss daher größer sein als ein Mensch, wird es im Stehen gesehen. Die Größe eines Objekts kann auch durch Vergleichsobjekte angegeben werden. Diese „Maßstabselemente" können etwas groß oder klein aussehen lassen. Katzen, Menschen, Hände oder Streichhölzer haben eine bestimmte Größe und dienen so als Anhaltspunkt für die Größe eines Produkts neben ihnen. Die Wäscheklammer rechts zeigt die Größe des Verbandkastens.

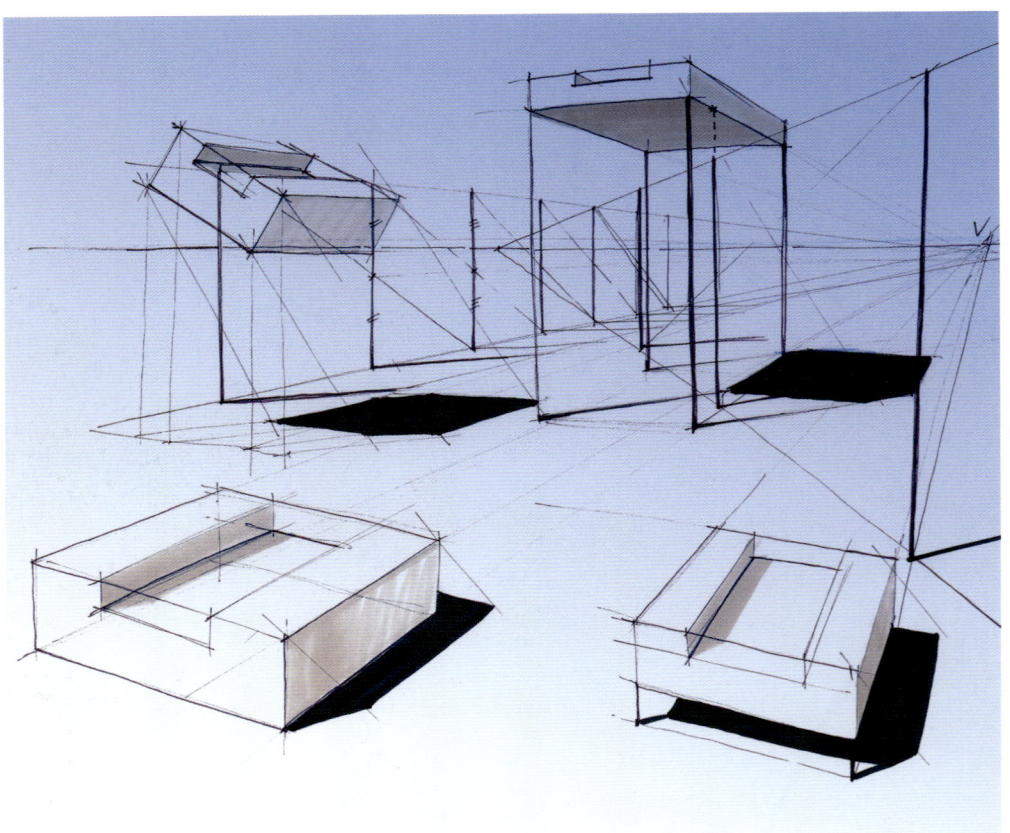

Der Maßstab bezieht sich immer auf das, was wir kennen und als Vergleich heranziehen können.

Bei Aufnahmen von Gebäuden kommt es zu stürzenden Linien – die Gebäude scheinen nach hinten zu kippen, da die senkrechten Linien in einem dritten Fluchtpunkt zusammenlaufen. In der Realität ist dieser optische Effekt schwer zu erkennen, da das menschliche Gehirn die Wahrnehmung korrigiert – senkrechte Formen sollen als senkrecht wahrgenommen werden. Da man diesen Effekt berücksichtigt, bleiben senkrechte Linien in Zeichnungen in der Regel auch senkrecht. Arbeitet man jedoch mit stürzenden bzw. leicht gekrümmten Linien, kann das einer Zeichnung eine dramatische Wirkung verleihen.

Perspektivische Konvergenz

Die scheinbare Größe eines Objekts wird auch vom Maß der Konvergenz beeinflusst. Bei dem Bild des Verbandkastens oben rechts laufen die Linien zu stark zusammen, sodass das Objekt als viel zu groß wahrgenommen wird. Laufen die Linien hingegen weniger stark zusammen, sieht das Objekt natürlicher aus.

Kapitel 2 Perspektivisches Zeichnen

Verzerrung

Wie stark die Linien zusammenlaufen, hängt von der Distanz eines Objekts zum Beobachter ab; je näher wir sind, desto stärker bewegen sich die Linien aufeinander zu. Wichtig ist hier, das Gleichgewicht zwischen Augenpunkt und perspektivischer Konvergenz zu finden.

Wenn die Linien in einer Zeichnung zu extrem zusammenlaufen, wird das Objekt verzerrt dargestellt. Obwohl der Innenwinkel dieses Apple Powerbook weniger als 90° beträgt, was mit bloßem Auge gar nicht zu erkennen ist, ordnen wir diese Abbildung nicht sofort als falsch ein. Bis zu einem gewissen Punkt korrigiert unser Verstand das Bild. Dazu trägt natürlich auch das Wiedererkennen von Formen bei.

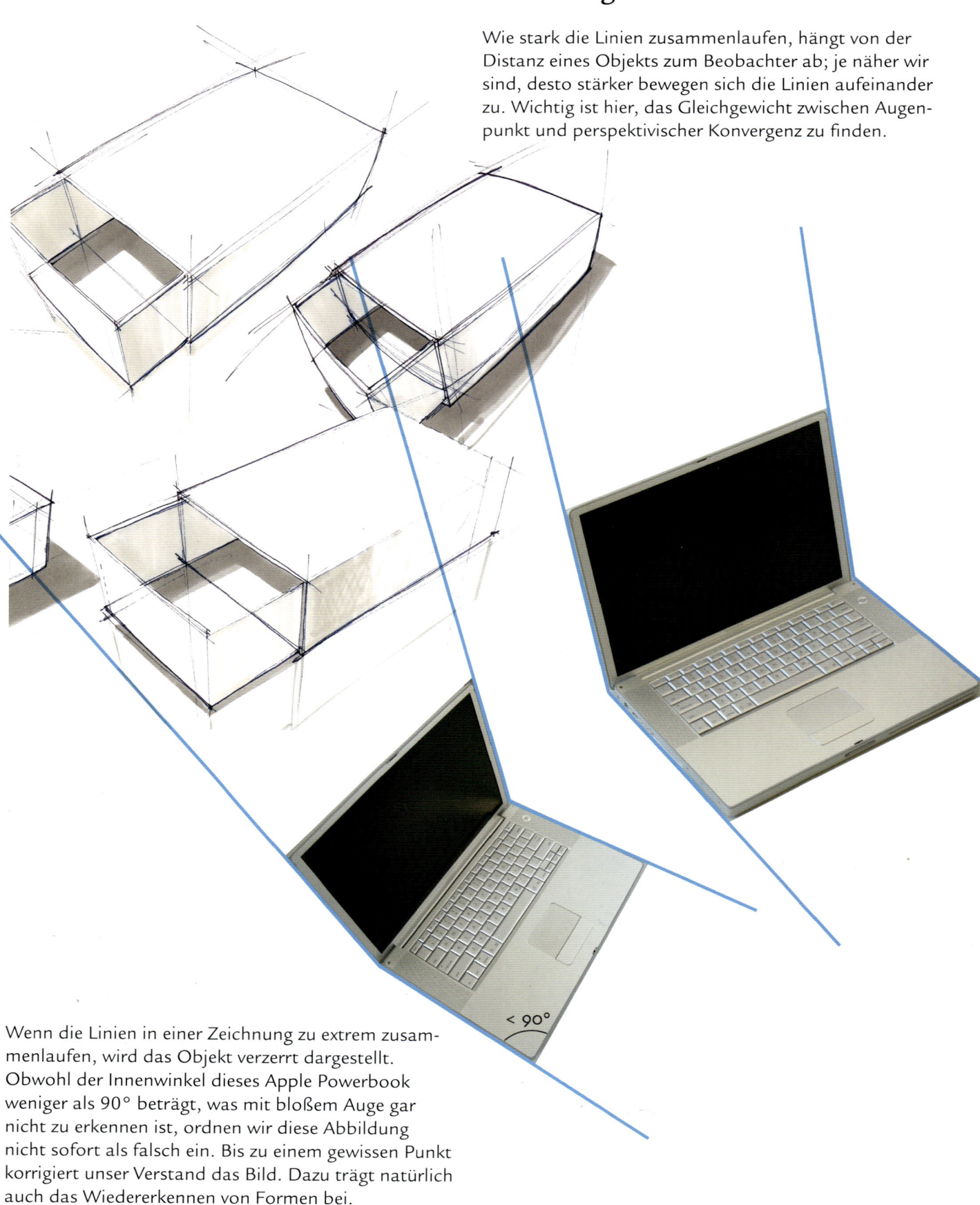

Die verzerrte Darstellung der Ellipsen oben liegt auch daran, dass die Linien zu stark zusammenlaufen. Sogar die waagrechte Oberfläche, auf der die Schalen stehen, scheint sich zu krümmen. Die Verzerrung zeigt sich zudem durch den Größenunterschied zwischen der grünen und der pinkfarbenen Schale.
Ein Kreis wird in der Perspektive durch eine Ellipse – also eine mathematische Form – dargestellt.

Die großen und kleinen Achsen dienen als Hilfslinien für Größe und Ausrichtung. Auf einer waagrechten Oberfläche werden die langen Achsen waagrecht gezeichnet.

Kapitel 2 Perspektivisches Zeichnen

Verkürzung

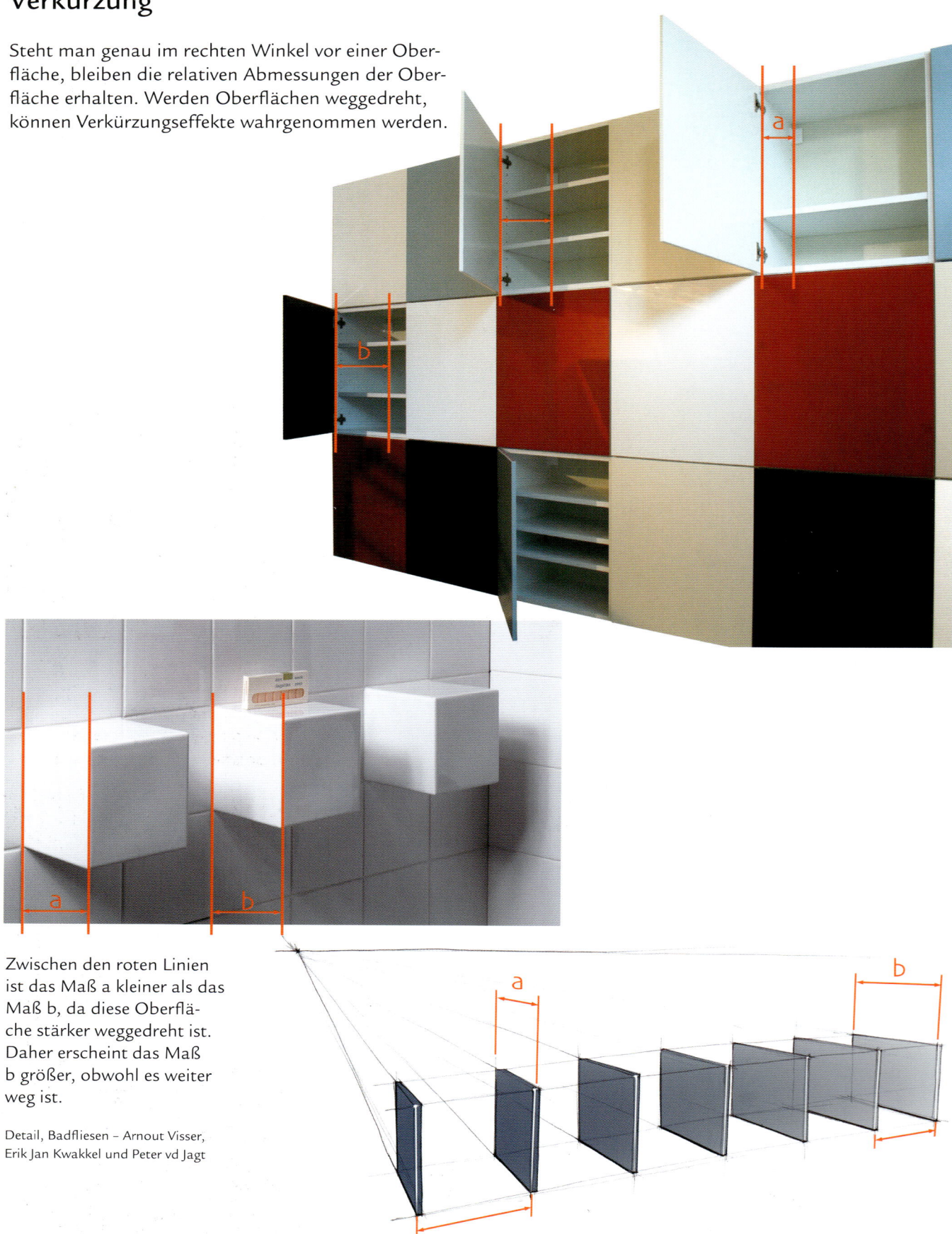

Steht man genau im rechten Winkel vor einer Oberfläche, bleiben die relativen Abmessungen der Oberfläche erhalten. Werden Oberflächen weggedreht, können Verkürzungseffekte wahrgenommen werden.

Zwischen den roten Linien ist das Maß a kleiner als das Maß b, da diese Oberfläche stärker weggedreht ist. Daher erscheint das Maß b größer, obwohl es weiter weg ist.

Detail, Badfliesen – Arnout Visser, Erik Jan Kwakkel und Peter vd Jagt

Küchenfliesen – Arnout Visser, Erik Jan Kwakkel und Peter vd Jagt

Die Fliesen werden je nach Ausrichtung unterschiedlich groß gesehen, aber als gleich groß empfunden. Verschiedene Augenpunkte zeigen: Wird eine Oberfläche von einem höheren Augenpunkt aus gesehen, wirkt sie weniger verzerrt. Ein perspektivischer Kreis sieht so runder aus.

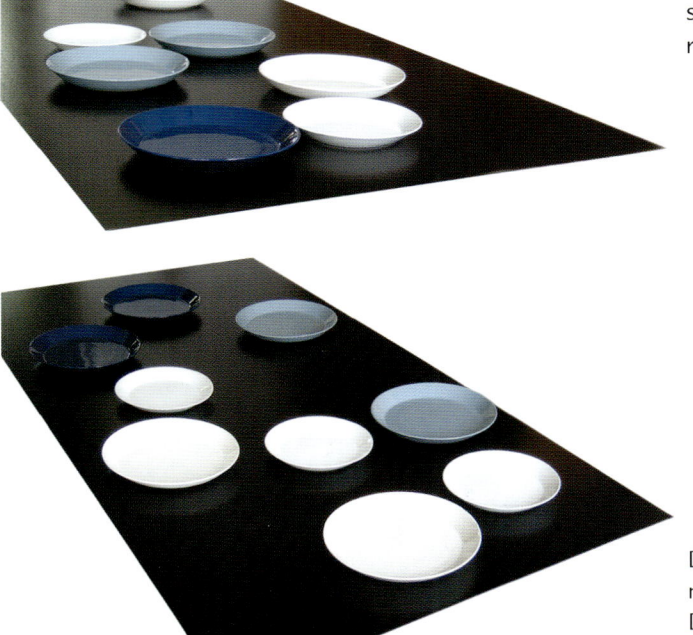

Die Teller werden mit zunehmender Distanz zum Betrachter immer flacher.

Kapitel 2 Perspektivisches Zeichnen 33

WeLL Design

Für Etna Vending Technologies entwickelten die Designer Gianni Orsini und Mathis Heller eine Serie vollautomatischer Espressomaschinen. Nach einer gründlichen Analyse des Marktes wurde die Konzepthase im Wettbewerb mit zwei anderen großen niederländischen Designstudios durchgeführt. Ziel war ein Design, das eleganter wirken sollte als das Dutzender anderer Maschinen auf gleichem Preisniveau. Zudem sollte der Entwurf zur eigenen und zu zwei internationalen Marken passen und drei verschiedene Strukturkomponenten in ein und demselben Gehäusedesign unterbringen können.

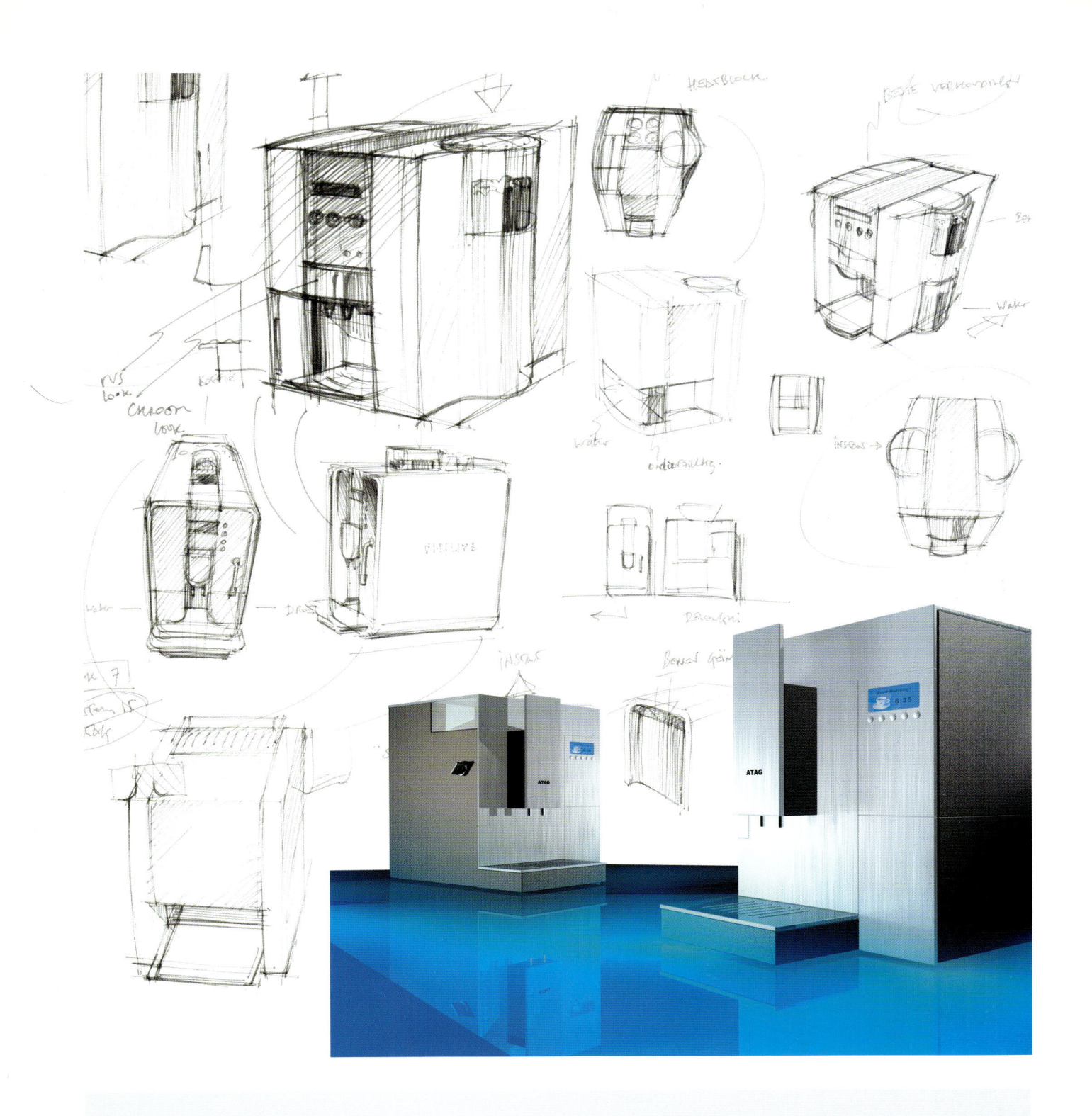

Zur Visualisierung von Produktideen wurden zahlreiche Skizzen angefertigt, die nicht nur den Ideenfluss fördern sollten, sondern auch benutzt wurden, um später über die Ideen zu diskutieren oder mit einer weiteren Zeichnung darauf zu reagieren. Das Skizzieren von Ideen hilft auch dabei, den Designprozess zu planen.

Kapitel 2 Perspektivisches Zeichnen

Augenpunkt

Den besten Blickwinkel für ein Objekt zu finden, um es möglichst vollständig und informativ darzustellen, ist mitunter schwierig. Man kann ein Objekt aus ganz unterschiedlichen Höhen und Richtungen betrachten. Dabei hängt es immer vom Augenpunkt ab, ob bestimmte Teile und Einzelheiten verborgen oder dargestellt werden.

In der Regel gibt es eine Seitenansicht des Objekts, die die meisten Informationen liefert. Wird diese dann nur leicht verkürzt, so enthält eine Zeichnung für gewöhnlich die meisten Eigenschaften (und Informationen) eines Objekts.

Je verkürzter eine Oberfläche dargestellt wird, desto weniger Informationen liefert sie.

Für einen Designvorschlag braucht man in der Regel mehr als eine Zeichnung, um alle wichtigen Informationen zu vermitteln.

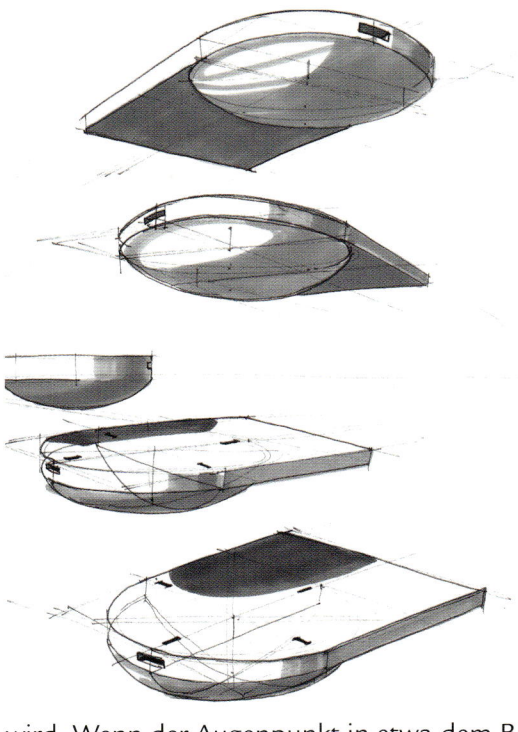

Zu dieser Fernbedienung werden unterschiedliche visuelle Informationen gegeben. Im unteren Bild werden besonders die abgerundete Form und die Details betont. Will man vor allem die Form darstellen, dann ist ein relativ hoher Augenpunkt allgemein besser dafür geeignet, da so ein informativer Überblick gewährt wird. Wenn der Augenpunkt in etwa dem Blickwinkel des Benutzers entspricht, kann sich der Betrachter zudem besser mit dem Produkt identifizieren.

Kapitel 2 Perspektivisches Zeichnen

BMW Group, Deutschland – Adriaan van Hooydonk

Diese Skizze für eine Konzeptstudie des BMW Z9 wurde aus einem interessanten Winkel gezeichnet. Der gewählte Augenpunkt lässt das Fahrzeug noch kraftvoller wirken, da der Einfluss der Radkästen auf die Karosserie aus dieser Perspektive am besten zu sehen ist. Dieser Eindruck wird durch die starke Linienführung und die Hochglanzflächen noch weiter verstärkt. Das schnittige Design des BMW Z9, der als Sportcoupé konzipiert wurde, zeigt den Trend im Automobildesign.

Neben der Leichtbauweise des Fahrzeugs ist auch das Design für den Innenraum Ausdruck einer interessanten neuen Philosophie hinsichtlich Audiokommunikation und Fahrkomfort.

Die Skizzen von Adriaan van Hooydonk – die erste für die BMW 6er-Baureihe, die zweite für einen Roadster – wurden aus verschiedenen Blinkwinkeln gefertigt. Bei beiden wurde erst mit Bleistift, dann mit Marker – bei der unteren kamen noch Pastellfarben auf beiden Seiten des Velinpapiers hinzu – gearbeitet.

Kapitel 2 Perspektivisches Zeichnen

DAF Trucks NV

DAF Trucks gehört zu PACCAR, einem führenden Unternehmen für Nutzfahrzeuge. Das DAF Design Center liegt im niederländischen Eindhoven und ist für das Design aller DAF-Lkws verantwortlich. 2006 brachte DAF sein neues Flaggschiff, den XF 105, auf den Markt, der 2007 die Auszeichnung „International Truck of the Year" erhielt. Ein Vergleich des realen DAF XF 105 mit den Zeichnungen zeigt eine bemerkenswerte Übereinstimmung in Bezug auf den Charakter des Lkws. Augenpunkt und Perspektive der verschiedenen Bilder wurden jeweils ganz gezielt gewählt. Ein extrem flacher Blickwinkel lässt den gewaltigen Langstrecken-Lkw noch länger wirken, während die gekippte Darstellung für mehr Dynamik sorgt. Eine extreme Perspektive kann Effekte schaffen und darüber hinaus bestimmte Details betonen wie z.B. die Dachscheinwerfer.

Designer: Bart van Lotringen, Rik de Reuver

Für diese Handhelds wurde ein sehr hoher Augenpunkt gewählt, da dieser dem Blickwinkel des Benutzers entspricht. Begonnen wurde mit der Deckfläche der Produkte, die so gut wie keine perspektivische Konvergenz aufweist. Das vereinfacht auch das Hinzufügen von Grafiken oder Details wie Bedienelementen, da die Oberfläche fast die Funktion einer Seitenansicht erfüllt.

PASTING GRAPHICS

Perspektive in Augenhöhe

Während die Vogelperspektive Überblick und Form vermittelt, zeigt die Perspektive in Augenhöhe die Größe in Bezug auf den Menschen an. Für die Perspektive in Augenhöhe kann man natürlich den Horizont als Anhaltspunkt festlegen. Aber auch bei einer Zeichnung in Vogelperspektive lässt sich die Augenhöhe anwenden. Dazu eine Oberfläche auf Augenhöhe zeichnen, die sich mit dem Objekt überschneidet. Linien über dieser liegen dann über dem Horizont. Alle senkrechten Längen bleiben wie sie sind, ebenso ihre Position in der Waagrechten, z.B. die Breite der Zeichnung – nur in der Senkrechten sind sie anders angeordnet.

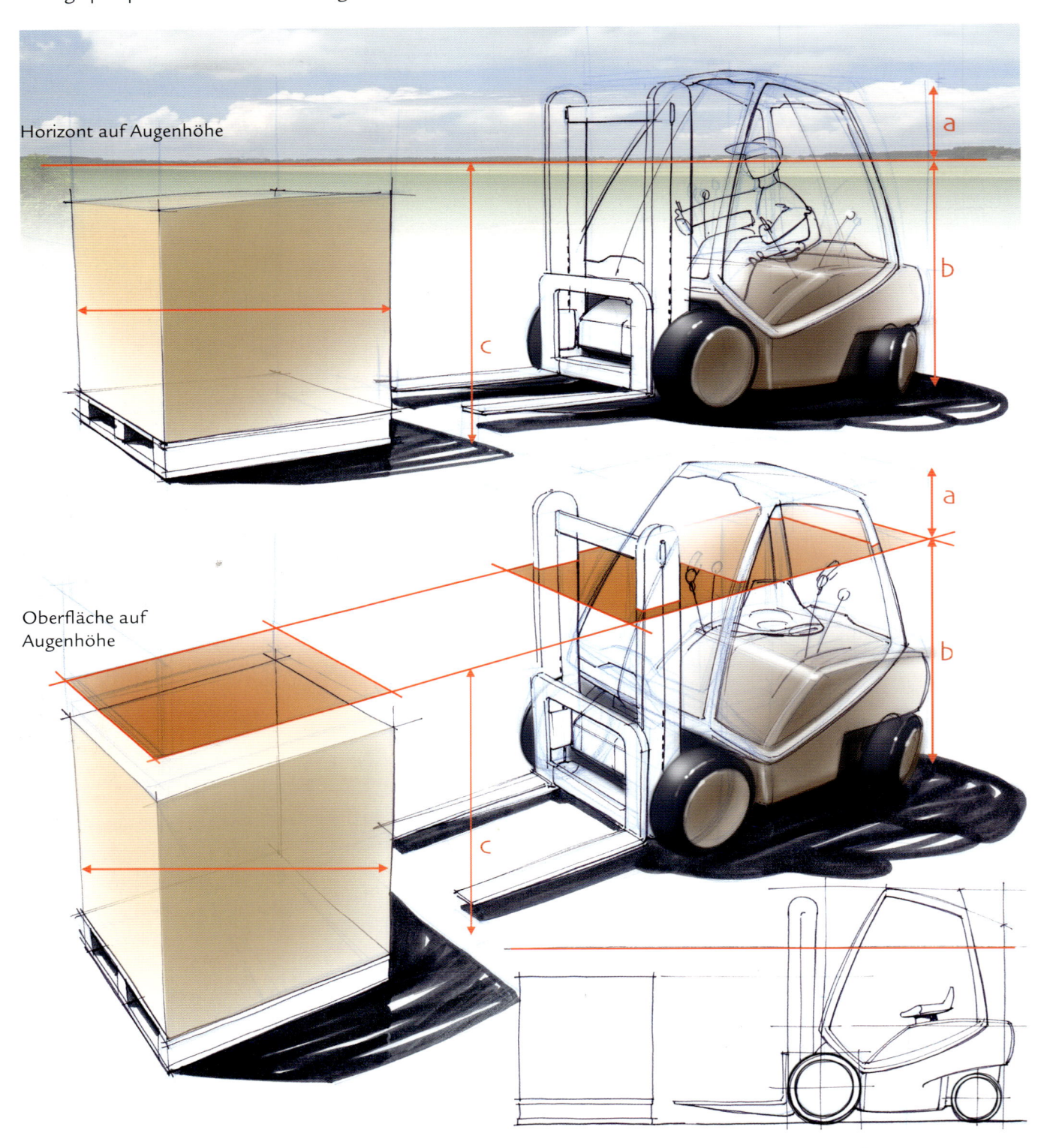

Horizont auf Augenhöhe

Oberfläche auf Augenhöhe

Extremperspektive

Diese Perspektive besteht aus einem ungewöhnlichen Augenpunkt in Kombination mit einer Übersteigerung der Perspektive. Ein sehr niedriger Augenpunkt, bei dem die Oberfläche des Bodens mit dem Horizont übereinstimmt (Froschperspektive) kann das Objekt imposanter wirken lassen. Dadurch wird ein dritter Fluchtpunkt erzeugt, in dem die senkrechten Linien zusammenlaufen.

Kapitel 2 Perspektivisches Zeichnen

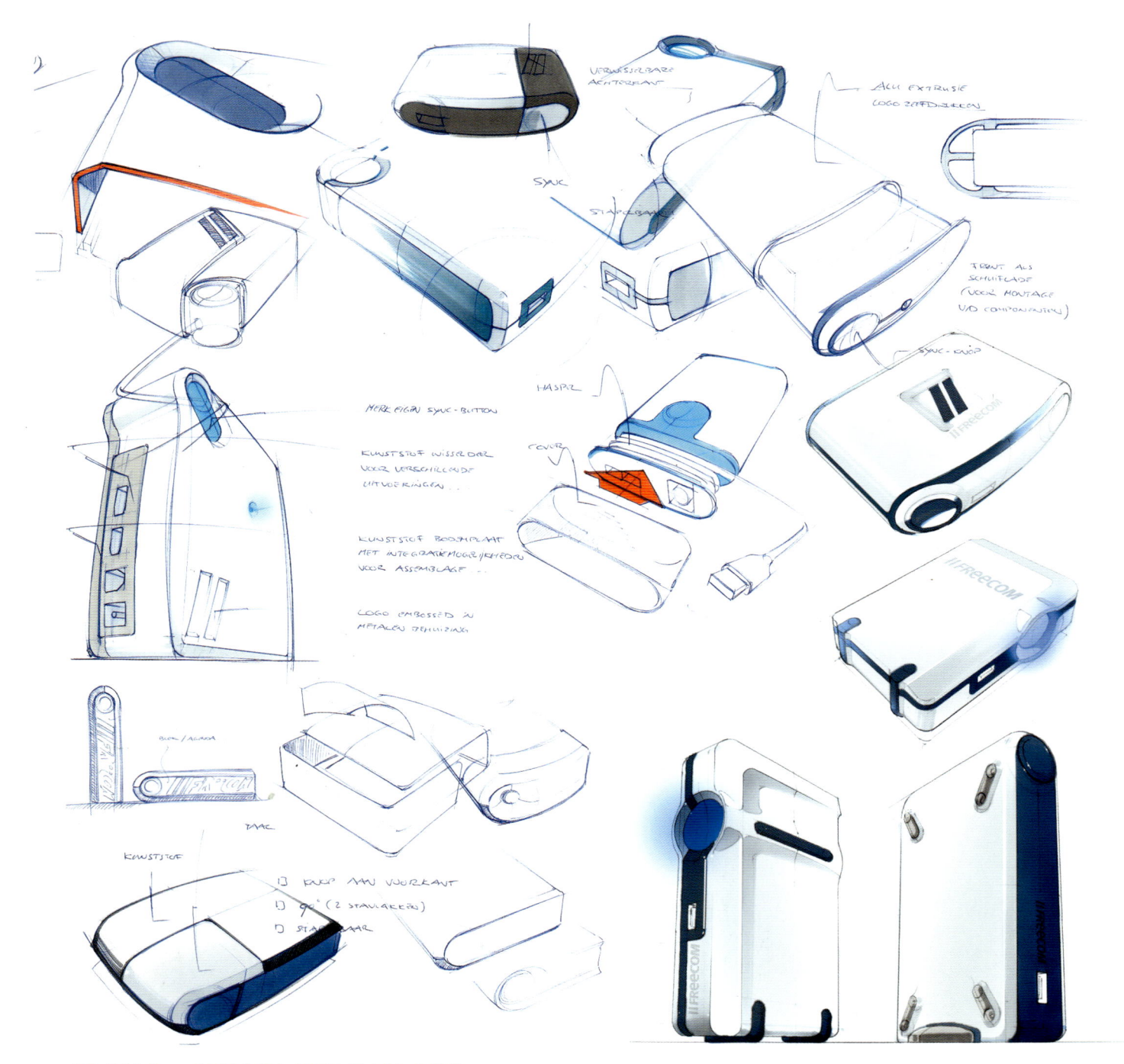

FLEX/the**INNOVATIONLAB**®

Tragbare Festplatte für Freecom, 2004. Das Produkt hat eine klare Identität und dient als Designaushängeschild für die gesamte Produktpalette von Freecom. Die Verwendung extremer Augenpunkte und die Betonung von Materialspiegelungen und Lichteffekten vermittelt eine klare Vorstellung des Designkonzepts.

Beim ersten Beispiel wurden anhand der Skizzen Möglichkeiten einer neuen Designsprache für Freecom untersucht. Der nächste Schritt bestand darin, drei verschiedene Konzepte zu definieren und Optik und Wahrnehmung der Produkte zu kommunizieren.

Fotografie: Marcel Loermans

Kapitel 2 Perspektivisches Zeichnen **45**

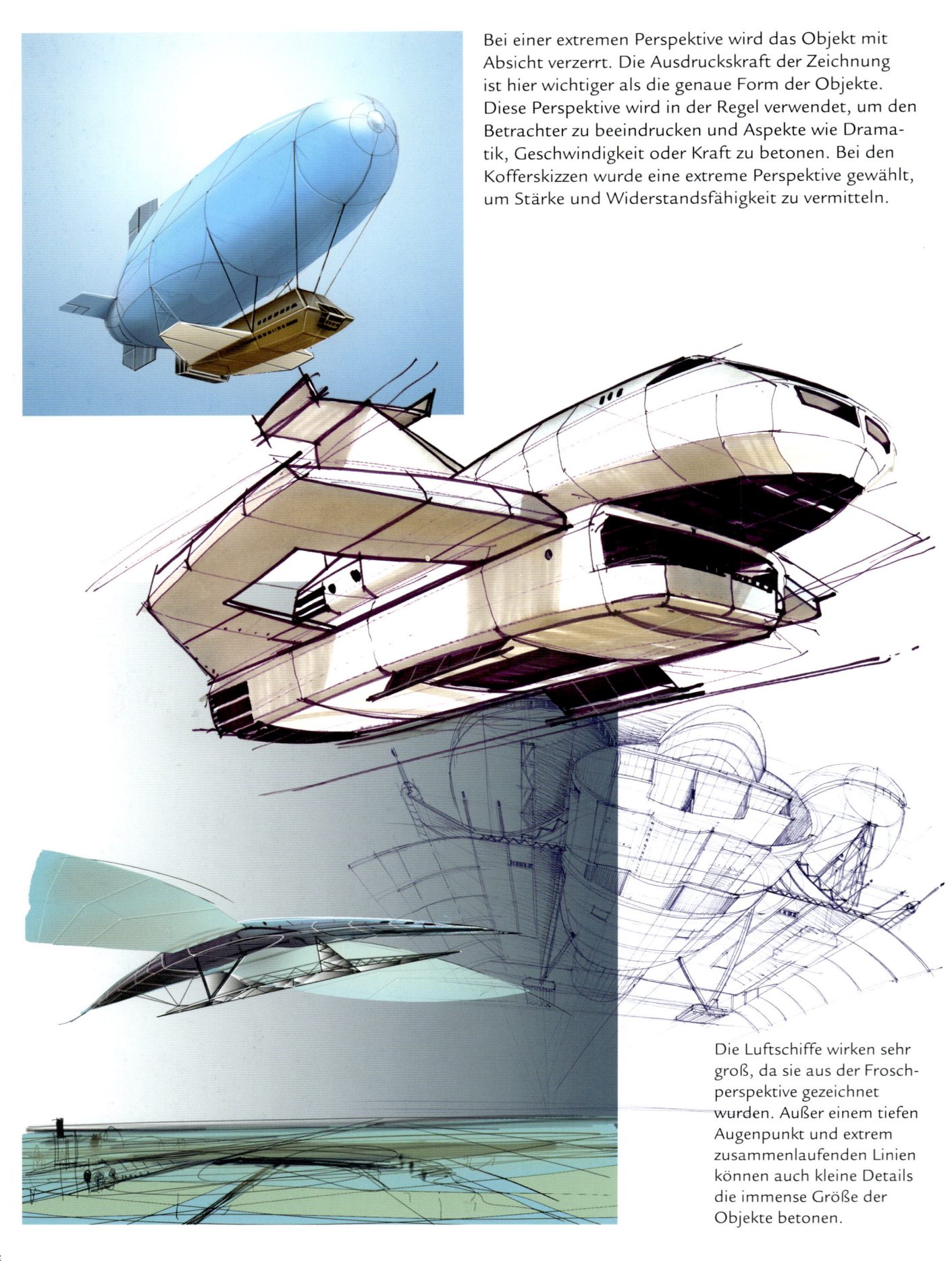

Bei einer extremen Perspektive wird das Objekt mit Absicht verzerrt. Die Ausdruckskraft der Zeichnung ist hier wichtiger als die genaue Form der Objekte. Diese Perspektive wird in der Regel verwendet, um den Betrachter zu beeindrucken und Aspekte wie Dramatik, Geschwindigkeit oder Kraft zu betonen. Bei den Kofferskizzen wurde eine extreme Perspektive gewählt, um Stärke und Widerstandsfähigkeit zu vermitteln.

Die Luftschiffe wirken sehr groß, da sie aus der Froschperspektive gezeichnet wurden. Außer einem tiefen Augenpunkt und extrem zusammenlaufenden Linien können auch kleine Details die immense Größe der Objekte betonen.

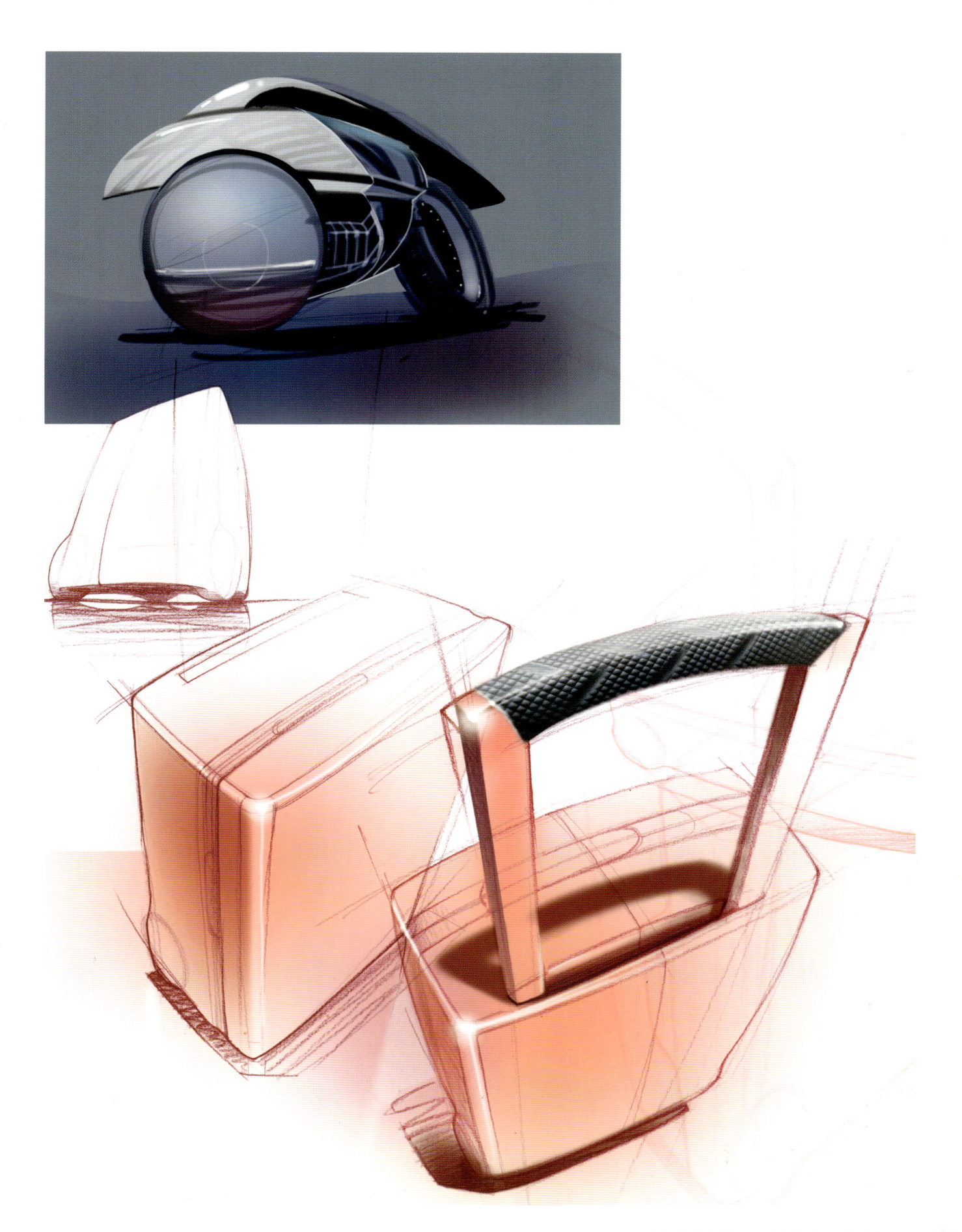

Kapitel 2 Perspektivisches Zeichnen

DAF Trucks NV

Innenraum DAF XF105/CF/LF, 2006. Beim Zeichnen von Interieurs ist der richtige Augenpunkt von entscheidender Bedeutung. Um einen Überblick über die Ausstattung zu gewähren und gleichzeitig das Gefühl zu vermitteln, im Innern des Lkws zu sitzen, wird die Perspektive manchmal übersteigert.

Designer: Bart van Lotringen, Rik de Reuver, Gerard Baten

Der Augenpunkt stimmt in etwa mit der Position des Fahrers überein. Hier waren erklärende Skizzen zur Anordnung der Armaturen- und Schaltelemente erforderlich, um das optimale Layout des Fahrercockpits zu finden. Die Details, die sich daraus ergaben, wurden separat gezeichnet und betonen die Präzision des Armaturenbretts. Das durchsichtige Kreisband visualisiert den Bewegungsradius des Fahrers. Anhand später gemachter Fotos wird der Designprozess analysiert, um aus ihm zu lernen und neue Anregungen zu finden.

Kapitel 2 Perspektivisches Zeichnen

WARM & FULL COLOR

DESATURATED COLOR

Luftperspektive

Um den Eindruck von Tiefe zu erwecken, sind Farbwerte wichtig. Objekte, die man aus der Nähe sieht, haben mehr Kontraste und gesättigtere Farben. Je weiter ein Objekt entfernt ist, umso mehr werden Farbe und Schattierung mit weniger Kontrast und weniger Sättigung wahrgenommen. In weiter Ferne haben Objekte dann einen bläulichen Schimmer. Daher werden satte, warme Farben in der Regel näher empfunden als kalte Farben. Objekte mit viel Kontrast erscheinen ebenso meist näher als Objekte mit wenig Kontrast.

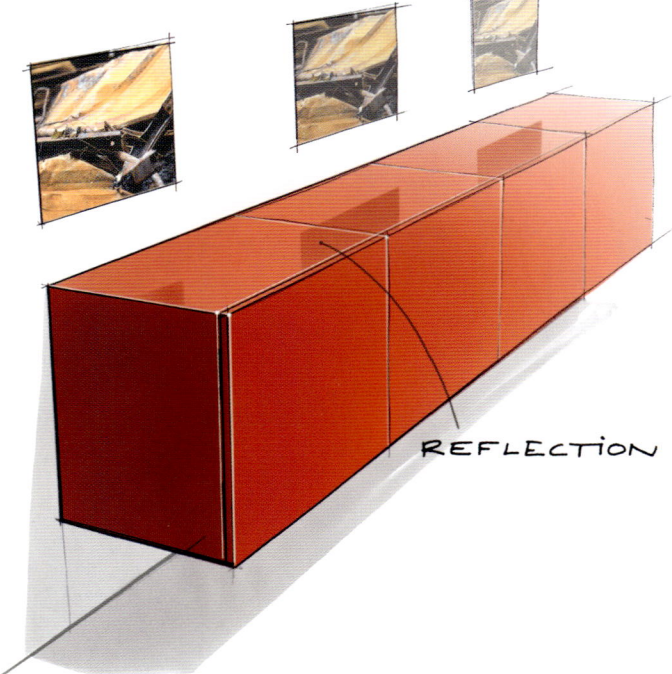

REFLECTION

Beim Zeichnen großer Produkte kann die Luftperspektive deren Größe betonen. Aber auch bei Skizzen kleiner Objekte kann so ein Eindruck von Tiefe vermittelt werden. Lässt man ein Objekt mit dem Hintergrund „verschmelzen", so ist dies eine Kombination verschiedener Effekte – Luftperspektive, aber auch die Unschärfe aus der Fotografie wird angewendet. Auch Lichtspiegelungen auf glänzenden Oberflächen lassen Objekte mit zunehmender Entfernung blasser wirken.

LESS CONTRAST   MORE CONTRAST

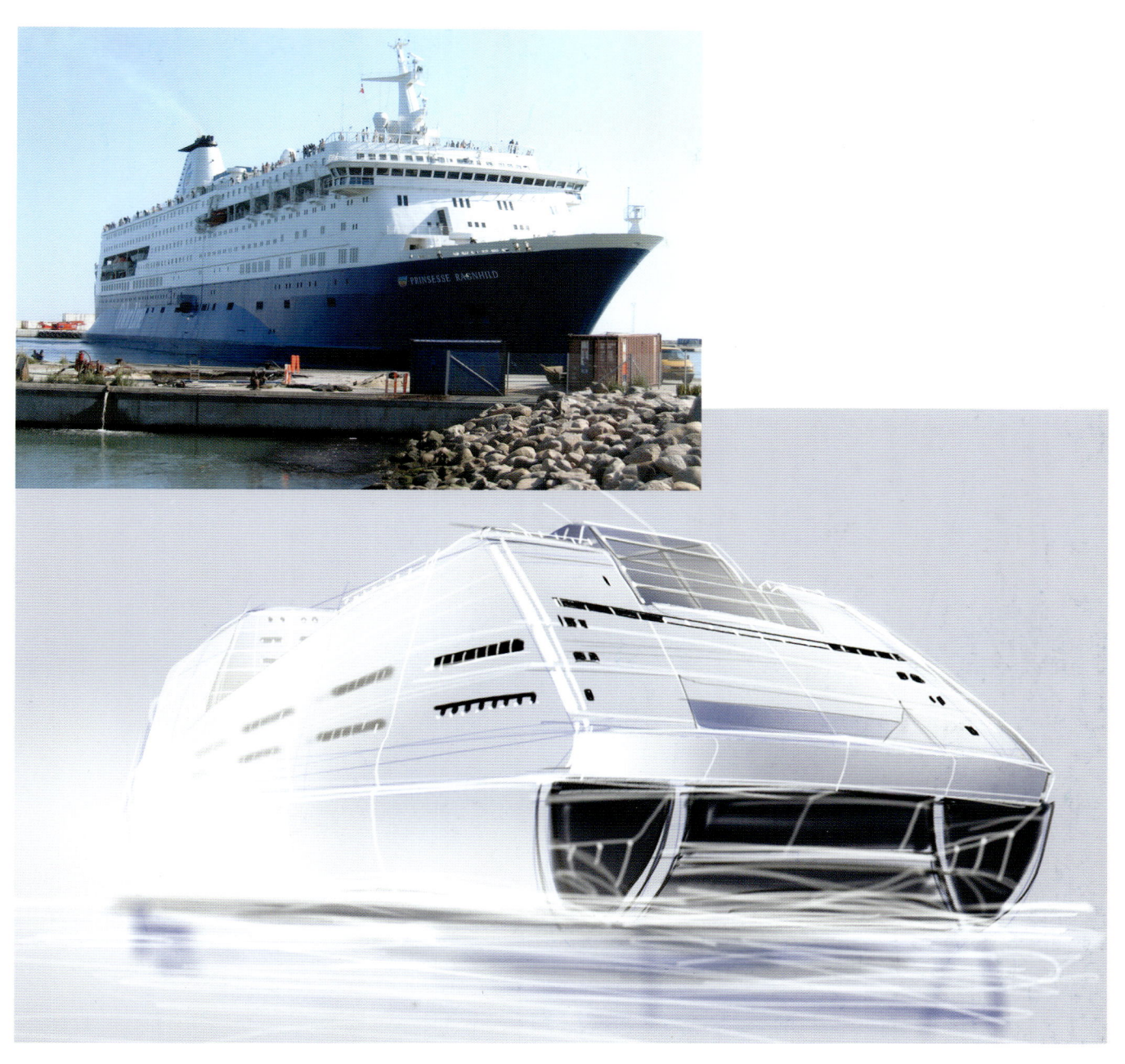

Kapitel 2 Perspektivisches Zeichnen

Guerrilla Games

Dieses junge, aber rasant wachsende Studio gilt zunehmend als führend in der europäischen Spieleentwicklung. Nach dem Erfolg von *Killzone* wurde das Unternehmen 2005 von Sony Computer Entertainment gekauft. Guerrilla produziert seine Spiele inhouse und entwirft sie von Grund auf neu. Die verhältnismäßig große Concept-Art-Abteilung entwickelt und visualisiert die verschiedenen Umgebungen, Charaktere und Fahrzeuge in den Spielen. Im Vergleich zu anderen Spielestudios legt Guerrilla großen Wert darauf, Konzepte zu entwickeln, die funktional glaubwürdig sind. Da die Spiele virtuell sind, müssen diese Konzepte nicht voll funktionstüchtig sein, aber zumindest den Eindruck dessen erwecken, um ein Eintauchen in die Spieleumgebung zu ermöglichen. Auf diesen Seiten sind Konzeptarbeiten für den Trailer von Killzone2 abgebildet, Guerrillas Spiel für die Playstation 3 von Sony. Obwohl die Endprodukte der Spieleindustrie computergenerierte Realitäten sind, werden bei der Entwicklung viele Entwürfe von Hand gezeichnet – nicht nur zu Beginn der Vorproduktion, sondern auch später im Designprozess, wenn z.B. mithilfe von digitalen Skizziertechniken Formen optimiert und Details ausgearbeitet werden.

Designer: Roland IJzermans und Miguel Angel Martínez

Kapitel 2 Perspektivisches Zeichnen

Die Spieleentwickler versuchen, mit möglichst wenig Speicherplatz größtmöglichen Realismus zu erzeugen. Bevor die endgültigen Modelle für das Spiel produziert werden, wird mithilfe von Grafiken, wie der oben gezeigten, die optimale Verwendung von Texturen ermittelt. Diese Zeichnungen wurden digital gezeichnet – als Referenz dienten 3-D-Modelle und Fotos – und zeigen das Design und dessen Platzierung innerhalb der Spieleumgebung. Anhand solcher Zeichnungen wird beurteilt, ob das Konzept zu Charakter und Stil des Spieles passt. Auch für diese Zeichnungen wurde eine übersteigerte Luftperspektive genutzt. Diese wird in der Spieleindustrie häufig als Werkzeug gesehen, um Perspektive zu schaffen. Sie erzeugt Tiefe und Realismus und lässt sich mit weniger Speicher rendern.

Kapitel 3

Vereinfachung von Formen

Das Zeichnen komplexer Formen hat viel mit der Fähigkeit zur Vereinfachung zu tun. Beim Zeichnen einer Form ist das Wissen um die ihr zugrunde liegende Struktur genauso wichtig wie die Anwendung der Perspektivregeln.

Entscheidungen beim Zeichnen haben viel mit der Fähigkeit zur Destrukturalisierung zu tun – ein gängiger Ansatz im Design, der vielfach berücksichtigt wird. Sehen oder analysieren lernen hilft einem Designer dabei, komplexe Situationen in leicht verständliche Schritte aufzugliedern. Denn jedes Produkt lässt sich in seiner Struktur analysieren: Wie sieht seine Grundform aus, wie hängen die einzelnen Teile zusammen, wie sehen die relevanten Details aus? Durch einen Plan mit den notwendigsten Einzelheiten wird klar, womit man beginnen muss, was als Nächstes kommt und wie man die Zeichnung fertigstellt. Diese Analyse definiert also den Zeichenansatz. Eine nachhaltige Analyse ergibt eine stimmige Zeichnung. In diesem Kapitel werden komplexe und einfache Zeichnungen gegenübergestellt, um diesen Ansatz zu verdeutlichen.

Analyse

Ein durchdachter Plan vereinfacht und beschleunigt den Zeichenprozess. Es kann äußerst nützlich sein, die Reduktion einer komplexen Form zu üben, indem man Gestalt und Eigenschaften analysiert. Eine solche Analyse ist auch für die Anwendung räumlicher Effekte möglich.

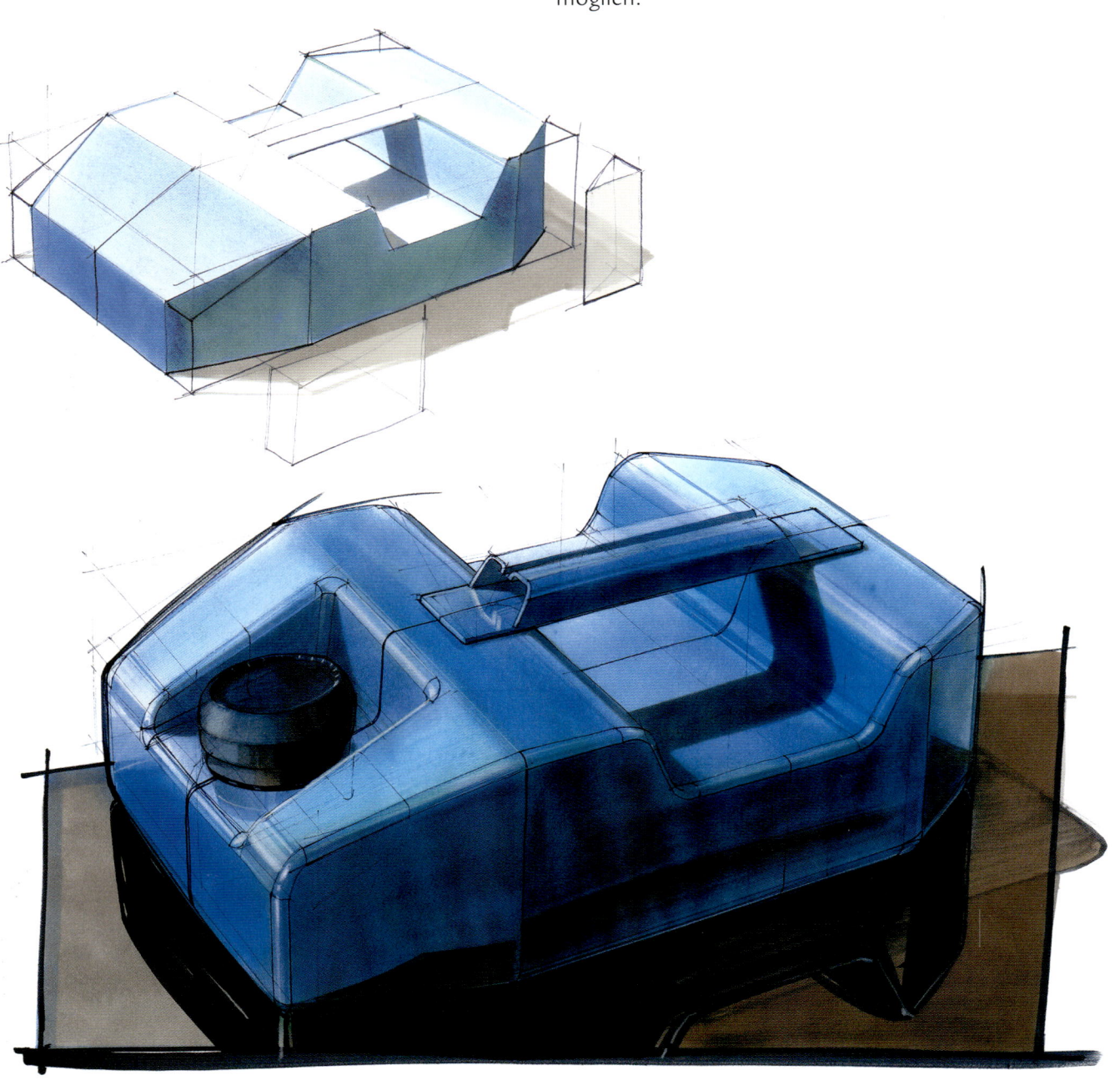

Eine vereinfachte Umgebung kann, wie in dieser Skizze zu sehen ist, den Gegenstand betonen. Darüber hinaus verstärkt sie den Eindruck von Tiefe oder kann allgemeine Aspekte des Layouts wie Kontrast oder Aufbau beeinflussen.

Honda Außenborder BF90 –
Honda Nederland BV

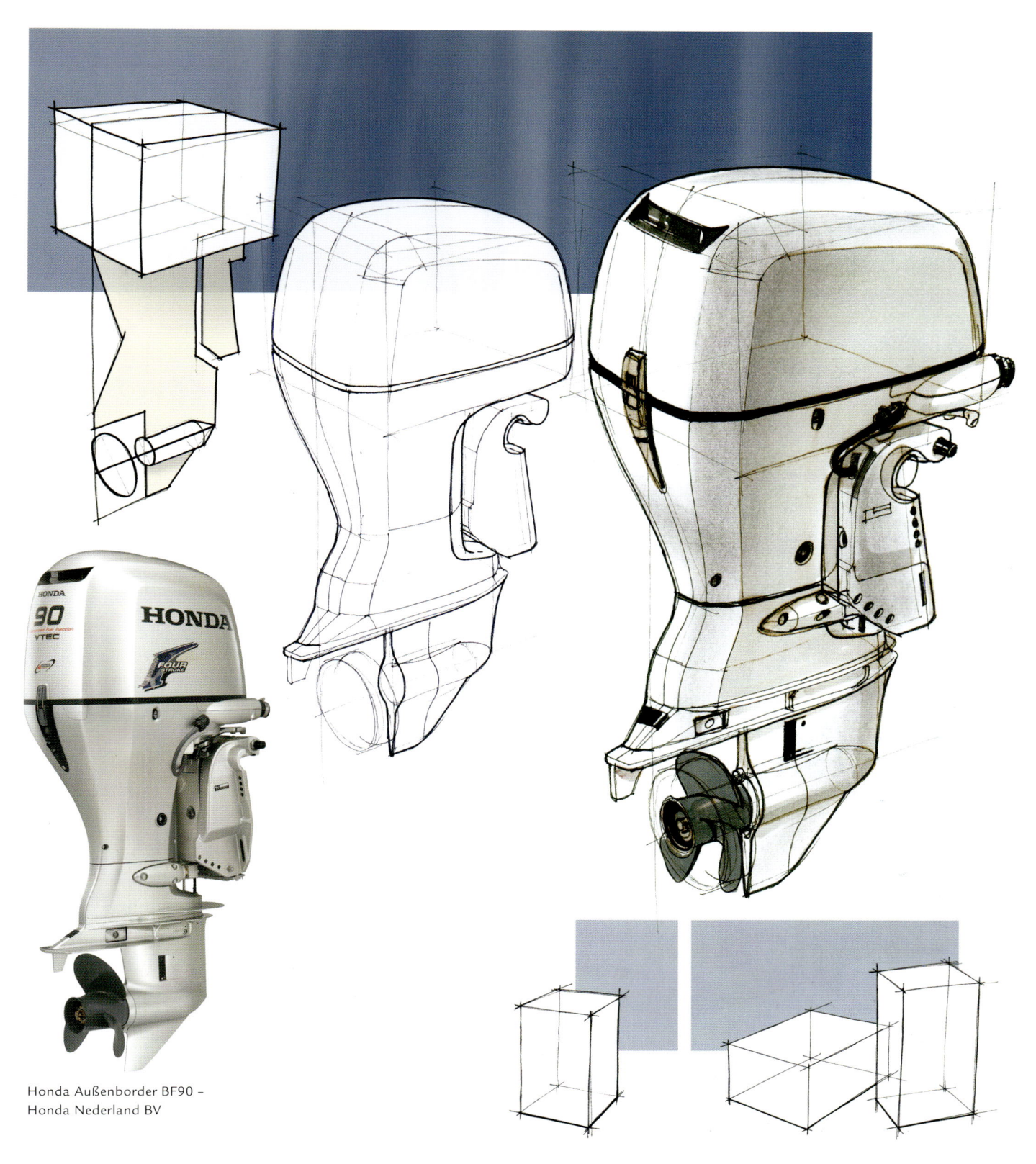

Die Grundform dieses Außenbordmotors kann zu einer Blockform mit einer vertikalen Fläche darunter vereinfacht werden. Das Gehäuse schmiegt sich wie ein Handschuh um die Motorteile. Die Formübergänge sind fließend und graduell. Man sieht diese besser, wenn man Details und Grafik außen vor lässt.

Der rechteckige Hintergrund basiert auf dem Prinzip des Überschneidens. Er gibt der Skizze mehr Tiefe, da er eine weiter entfernte Ebene präsentiert, und lässt die Skizzen stärker hervortreten, besonders wenn kalte oder entsättigte Farben verwendet werden. Zudem entsteht durch den Hintergrund der Eindruck einer Gruppe.

Kapitel 3 Vereinfachung von Formen

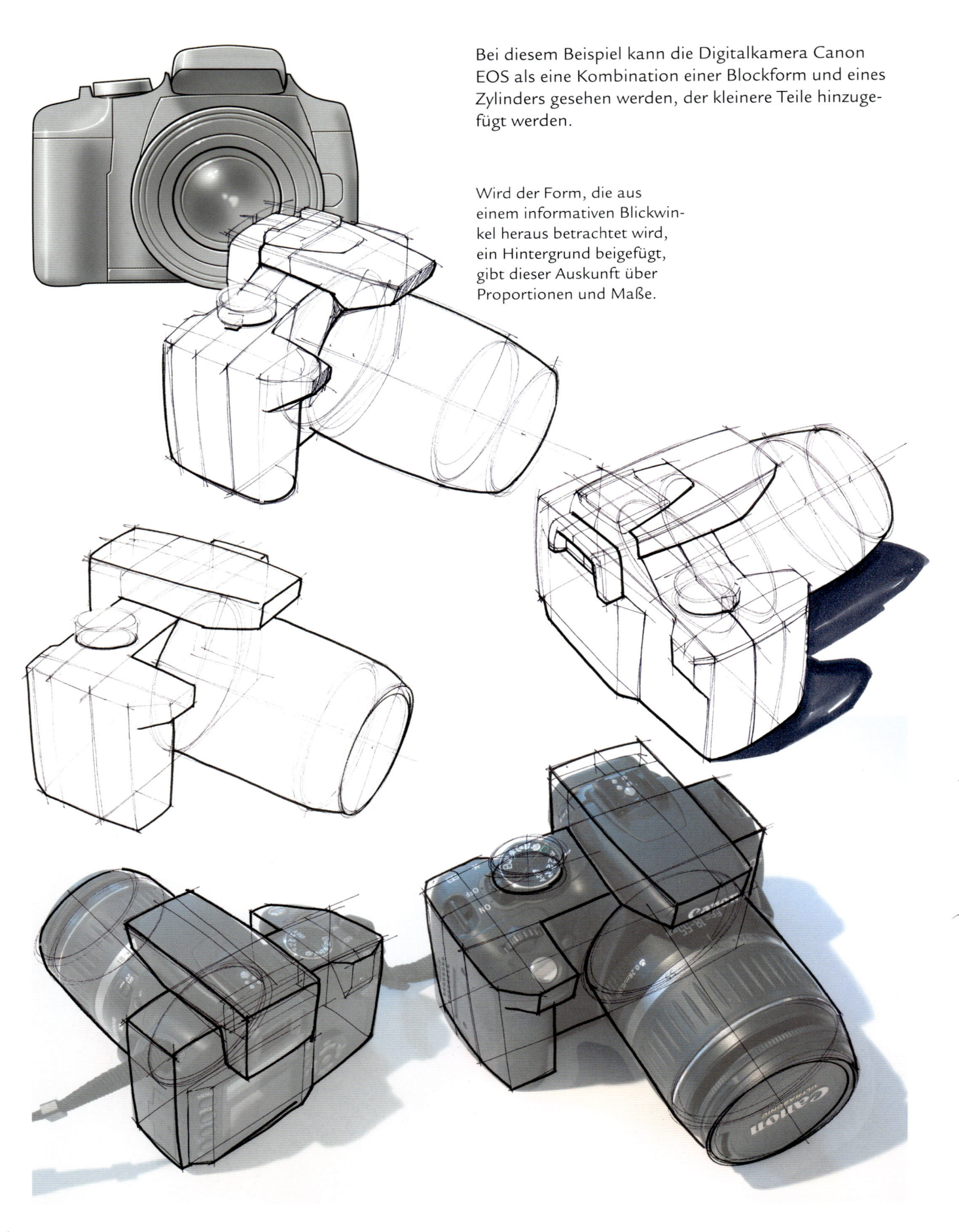

Bei diesem Beispiel kann die Digitalkamera Canon EOS als eine Kombination einer Blockform und eines Zylinders gesehen werden, der kleinere Teile hinzugefügt werden.

Wird der Form, die aus einem informativen Blickwinkel heraus betrachtet wird, ein Hintergrund beigefügt, gibt dieser Auskunft über Proportionen und Maße.

Der Zeichenansatz

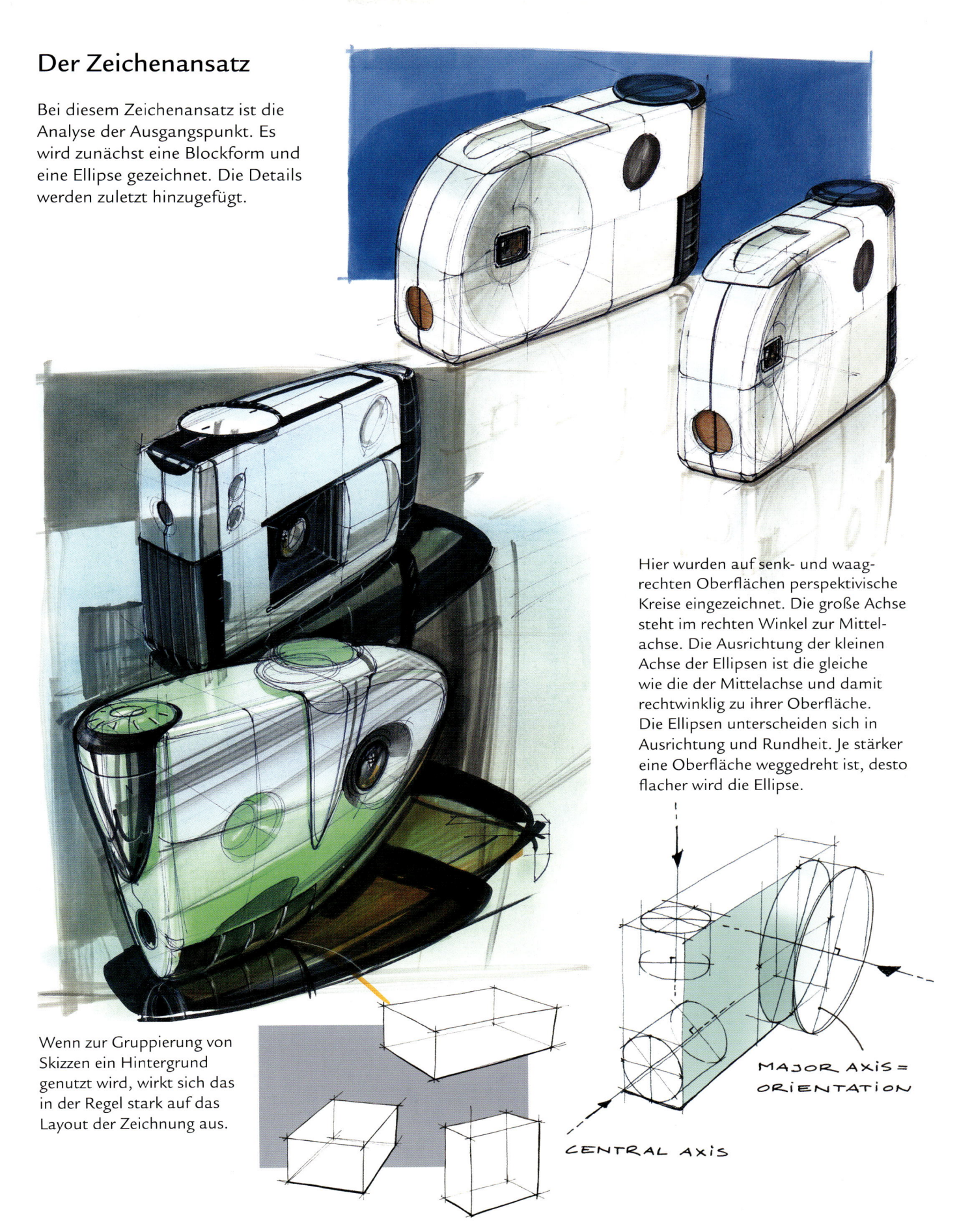

Bei diesem Zeichenansatz ist die Analyse der Ausgangspunkt. Es wird zunächst eine Blockform und eine Ellipse gezeichnet. Die Details werden zuletzt hinzugefügt.

Hier wurden auf senk- und waagrechten Oberflächen perspektivische Kreise eingezeichnet. Die große Achse steht im rechten Winkel zur Mittelachse. Die Ausrichtung der kleinen Achse der Ellipsen ist die gleiche wie die der Mittelachse und damit rechtwinklig zu ihrer Oberfläche. Die Ellipsen unterscheiden sich in Ausrichtung und Rundheit. Je stärker eine Oberfläche weggedreht ist, desto flacher wird die Ellipse.

Wenn zur Gruppierung von Skizzen ein Hintergrund genutzt wird, wirkt sich das in der Regel stark auf das Layout der Zeichnung aus.

MAJOR AXIS = ORIENTATION

CENTRAL AXIS

Kapitel 3 Vereinfachung von Formen

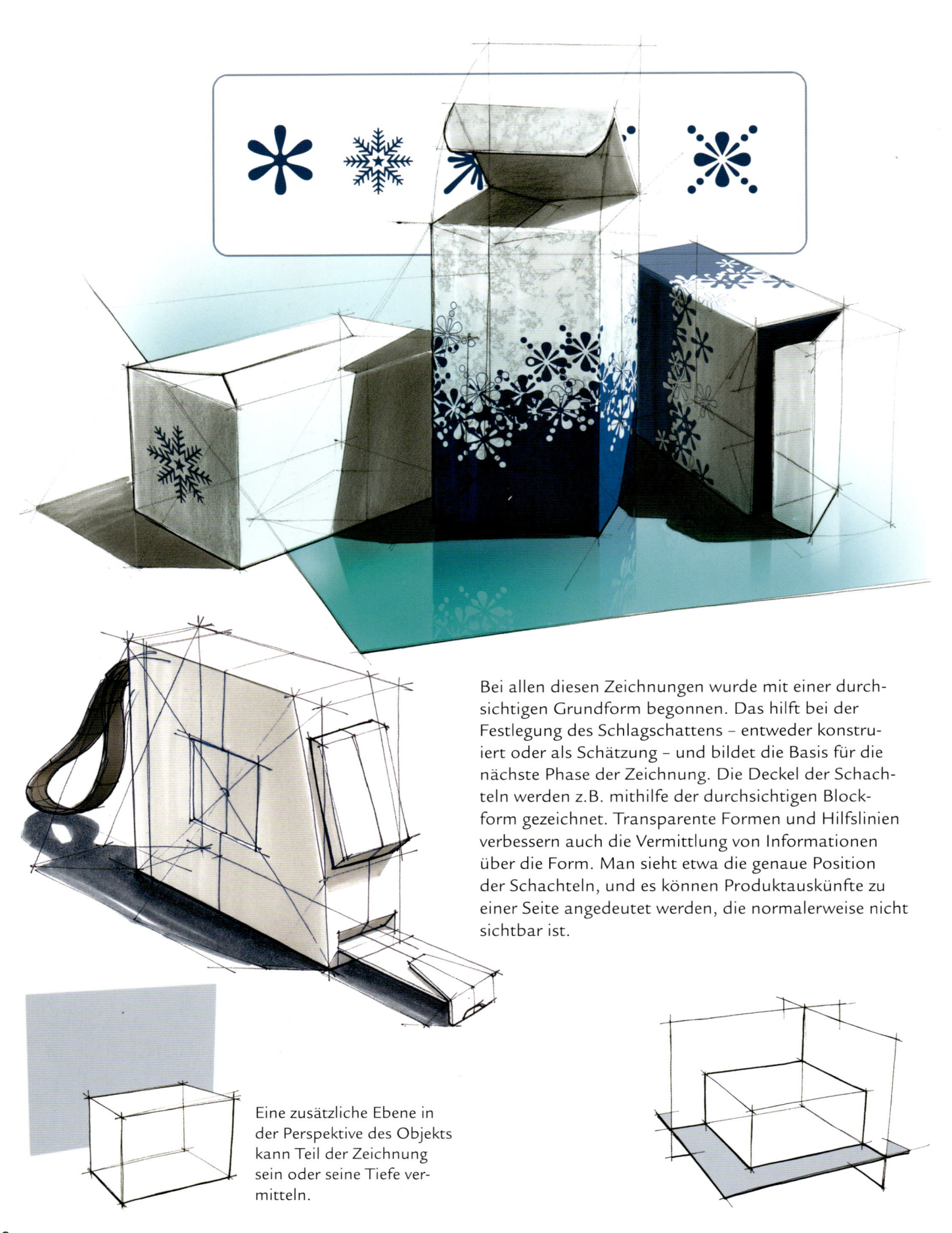

Bei allen diesen Zeichnungen wurde mit einer durchsichtigen Grundform begonnen. Das hilft bei der Festlegung des Schlagschattens – entweder konstruiert oder als Schätzung – und bildet die Basis für die nächste Phase der Zeichnung. Die Deckel der Schachteln werden z.B. mithilfe der durchsichtigen Blockform gezeichnet. Transparente Formen und Hilfslinien verbessern auch die Vermittlung von Informationen über die Form. Man sieht etwa die genaue Position der Schachteln, und es können Produktauskünfte zu einer Seite angedeutet werden, die normalerweise nicht sichtbar ist.

Eine zusätzliche Ebene in der Perspektive des Objekts kann Teil der Zeichnung sein oder seine Tiefe vermitteln.

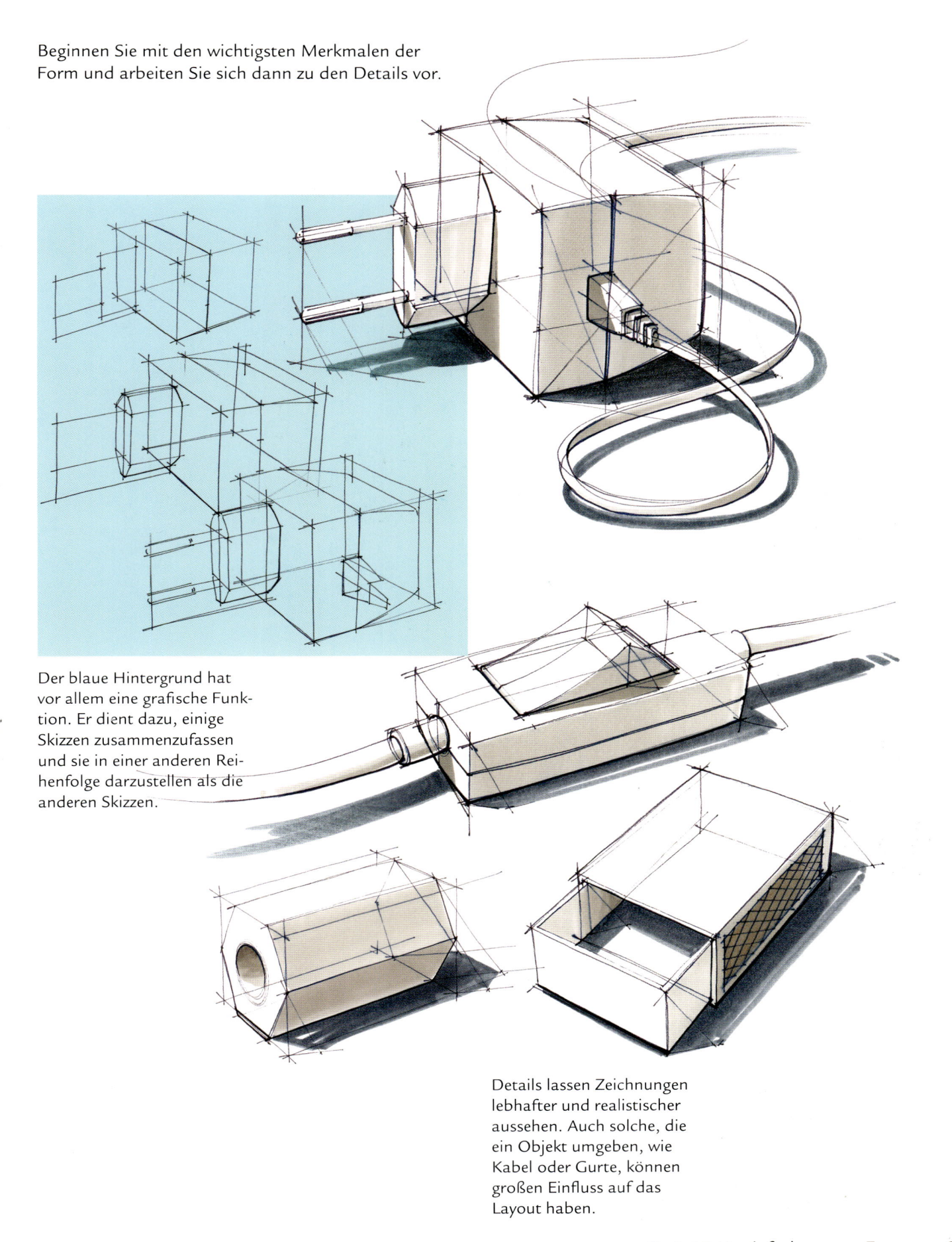

Beginnen Sie mit den wichtigsten Merkmalen der Form und arbeiten Sie sich dann zu den Details vor.

Der blaue Hintergrund hat vor allem eine grafische Funktion. Er dient dazu, einige Skizzen zusammenzufassen und sie in einer anderen Reihenfolge darzustellen als die anderen Skizzen.

Details lassen Zeichnungen lebhafter und realistischer aussehen. Auch solche, die ein Objekt umgeben, wie Kabel oder Gurte, können großen Einfluss auf das Layout haben.

Kapitel 3 Vereinfachung von Formen **61**

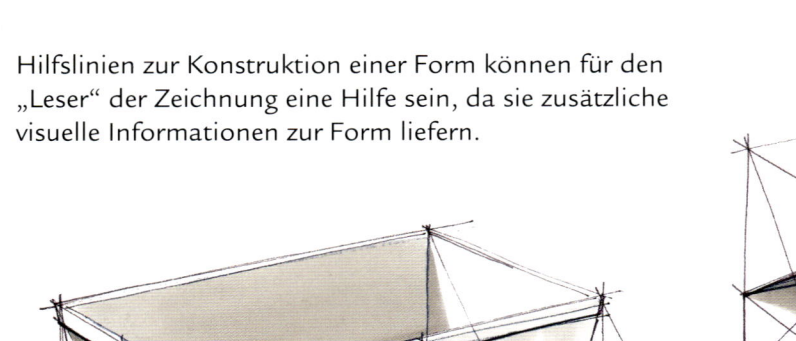

Hilfslinien zur Konstruktion einer Form können für den „Leser" der Zeichnung eine Hilfe sein, da sie zusätzliche visuelle Informationen zur Form liefern.

Eine Tangente am Bogen legt die Richtung der Senkrechten für die Deckelhöhe fest.

Offener und geschlossener Deckel werden gezeichnet und durch einen Bogen verbunden. So kann eine geeignete Deckelposition entlang der Verbindungslinien gewählt werden.

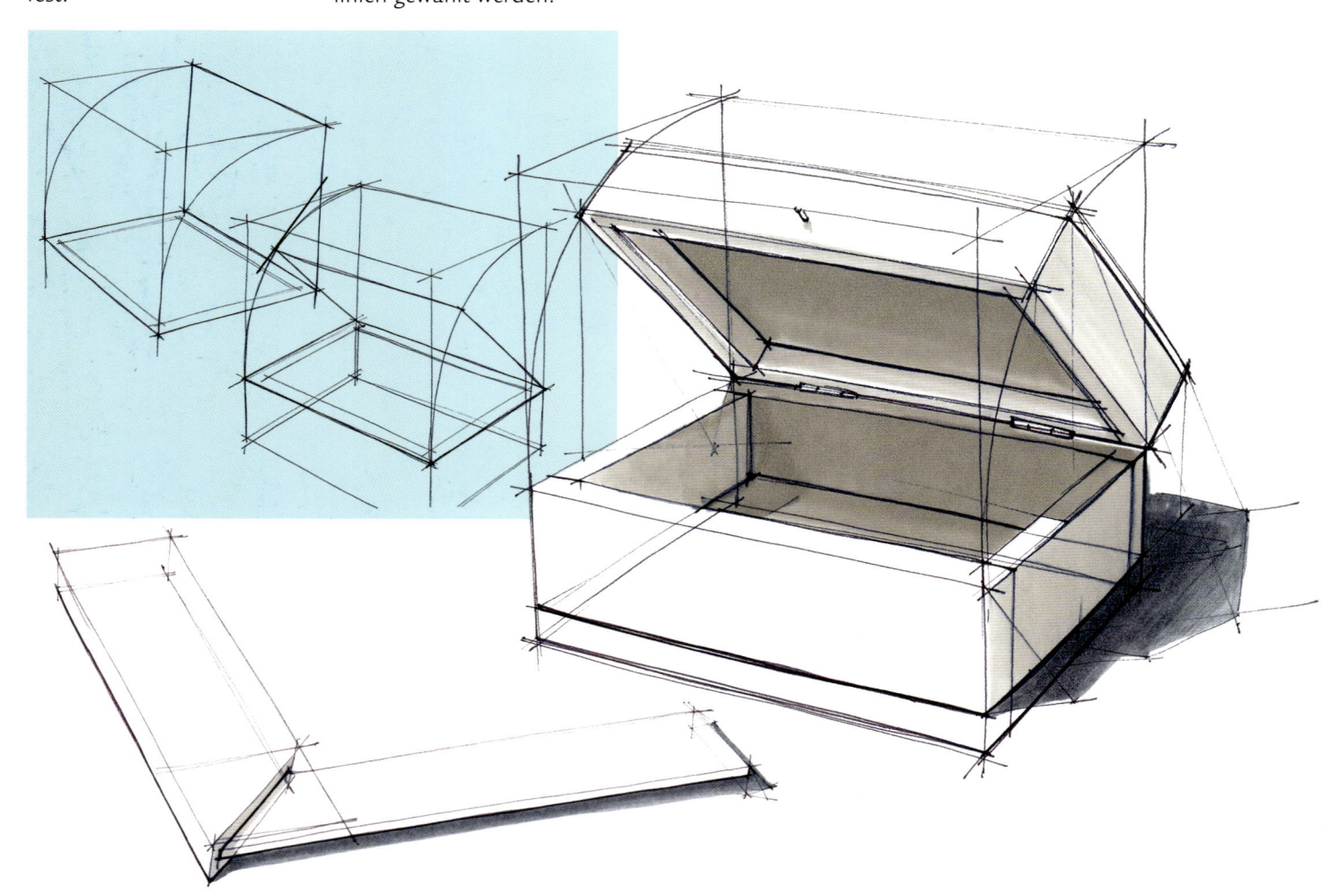

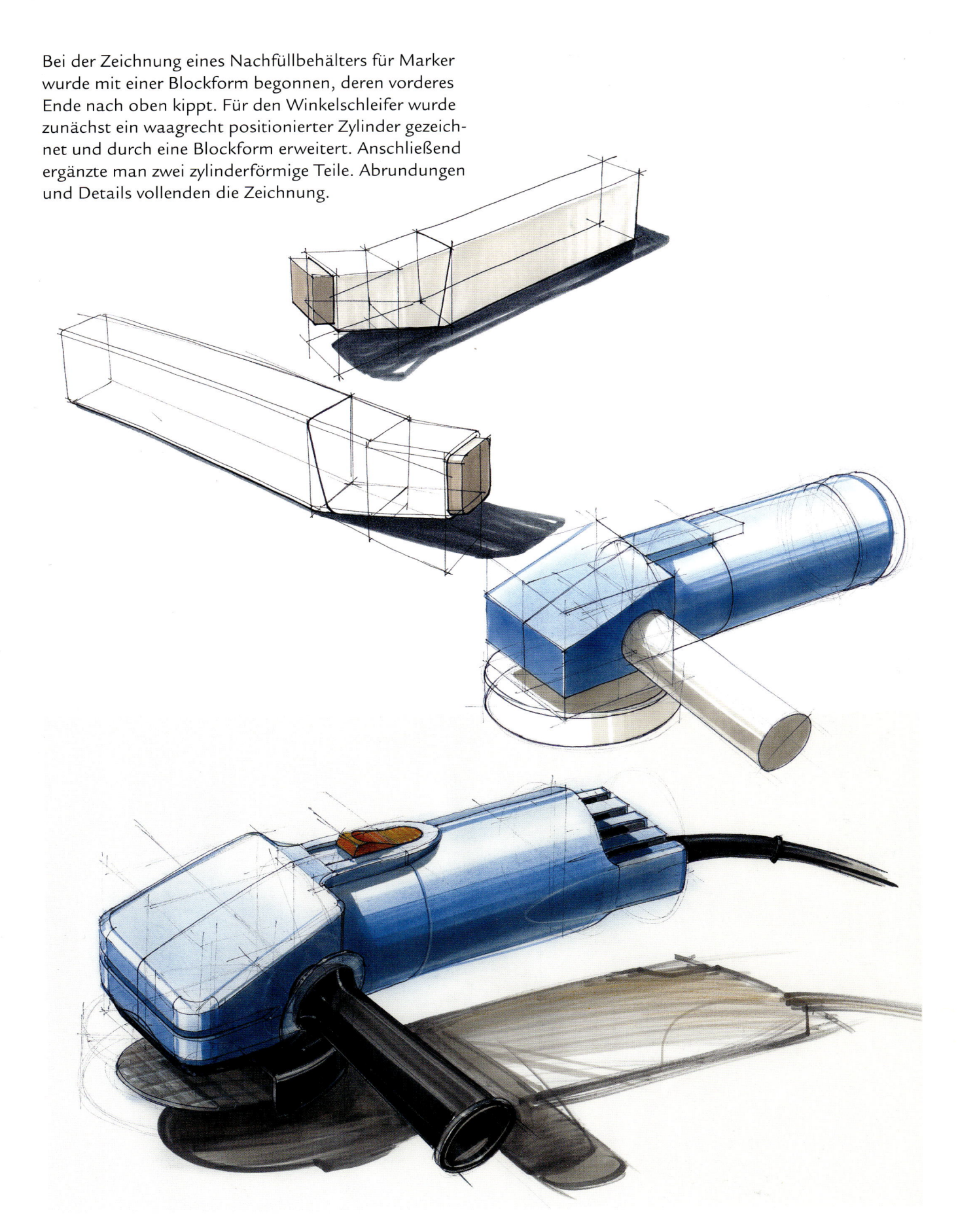

Bei der Zeichnung eines Nachfüllbehälters für Marker wurde mit einer Blockform begonnen, deren vorderes Ende nach oben kippt. Für den Winkelschleifer wurde zunächst ein waagrecht positionierter Zylinder gezeichnet und durch eine Blockform erweitert. Anschließend ergänzte man zwei zylinderförmige Teile. Abrundungen und Details vollenden die Zeichnung.

Kapitel 3 Vereinfachung von Formen

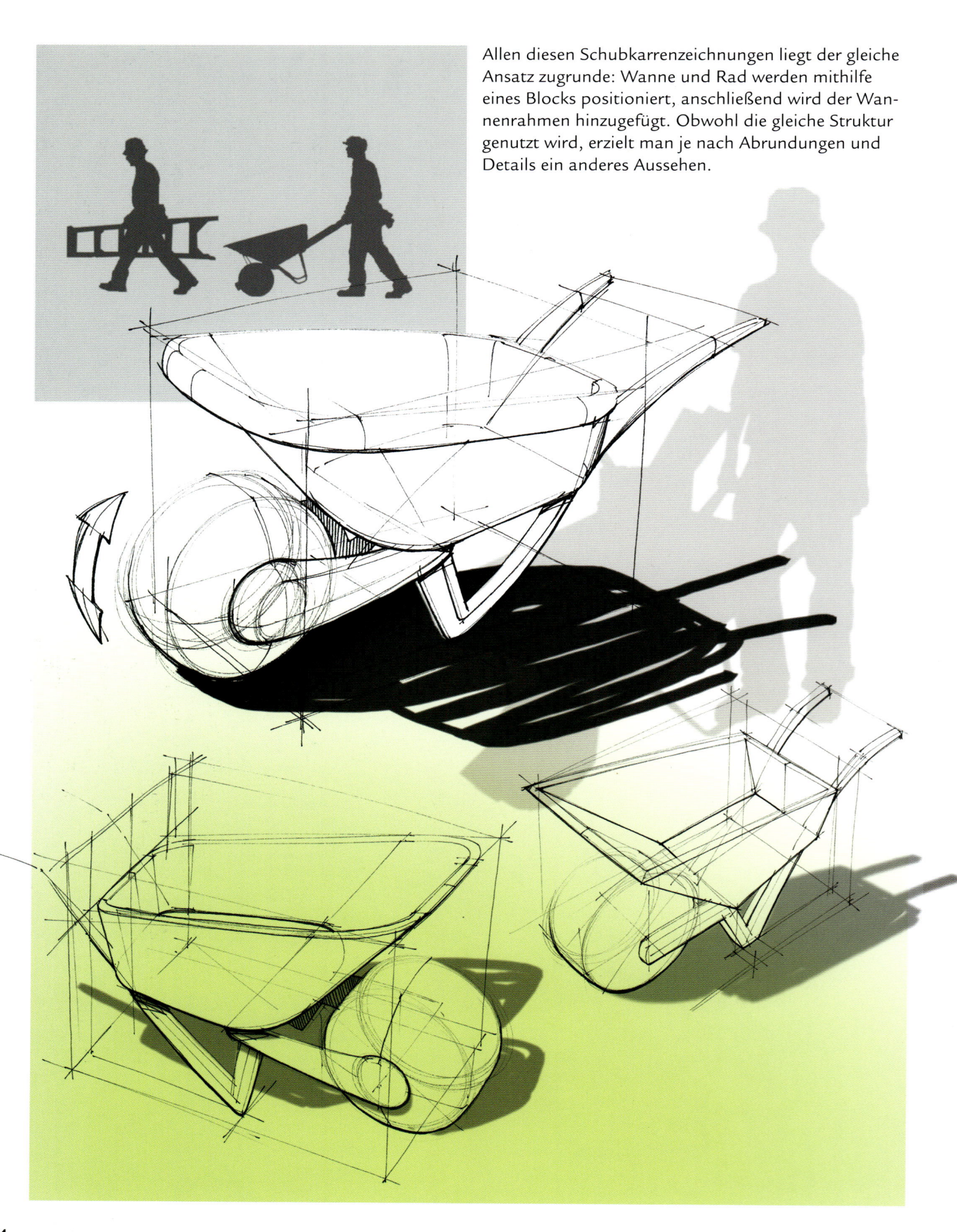

Allen diesen Schubkarrenzeichnungen liegt der gleiche Ansatz zugrunde: Wanne und Rad werden mithilfe eines Blocks positioniert, anschließend wird der Wannenrahmen hinzugefügt. Obwohl die gleiche Struktur genutzt wird, erzielt man je nach Abrundungen und Details ein anderes Aussehen.

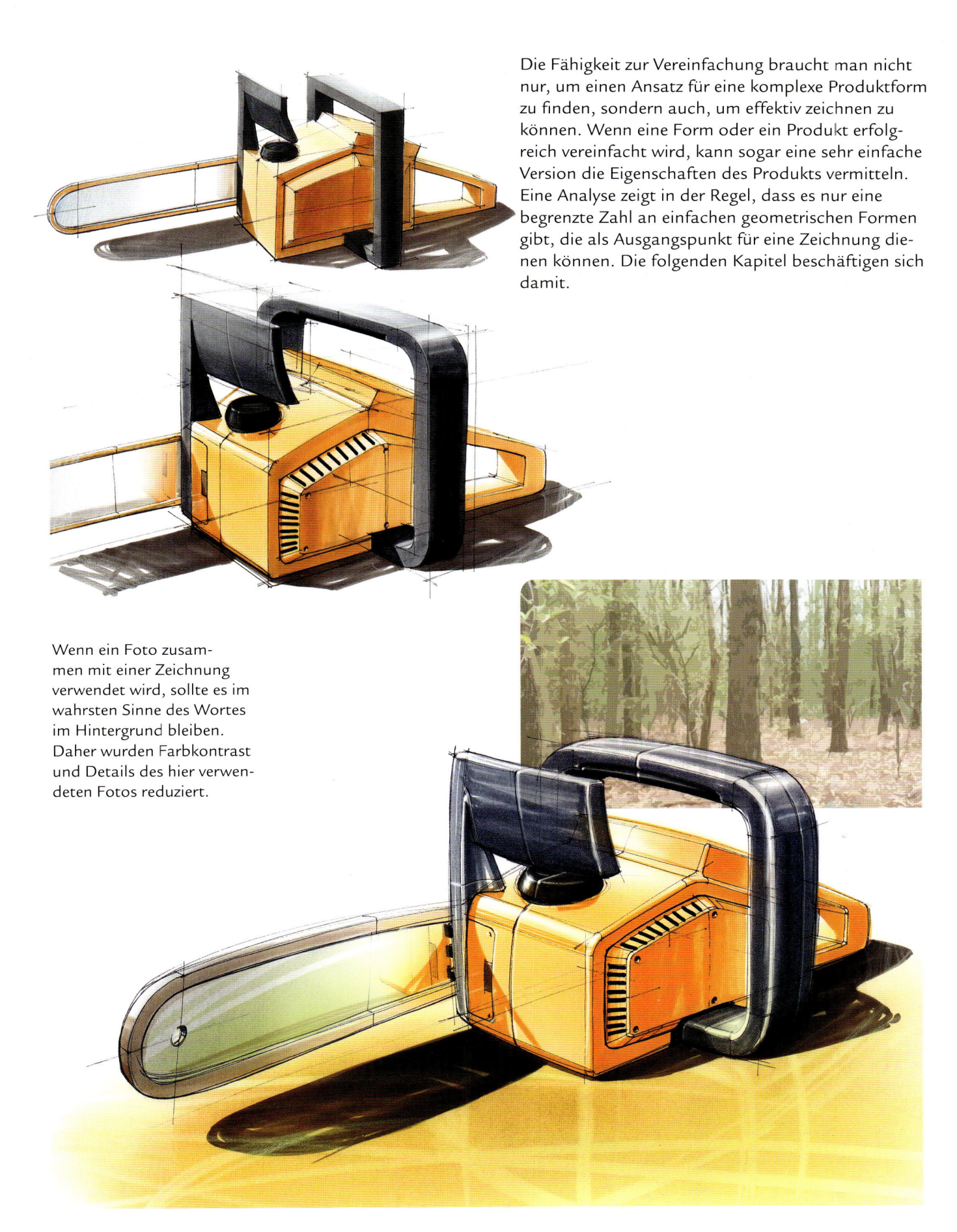

Die Fähigkeit zur Vereinfachung braucht man nicht nur, um einen Ansatz für eine komplexe Produktform zu finden, sondern auch, um effektiv zeichnen zu können. Wenn eine Form oder ein Produkt erfolgreich vereinfacht wird, kann sogar eine sehr einfache Version die Eigenschaften des Produkts vermitteln. Eine Analyse zeigt in der Regel, dass es nur eine begrenzte Zahl an einfachen geometrischen Formen gibt, die als Ausgangspunkt für eine Zeichnung dienen können. Die folgenden Kapitel beschäftigen sich damit.

Wenn ein Foto zusammen mit einer Zeichnung verwendet wird, sollte es im wahrsten Sinne des Wortes im Hintergrund bleiben. Daher wurden Farbkontrast und Details des hier verwendeten Fotos reduziert.

Kapitel 3 Vereinfachung von Formen

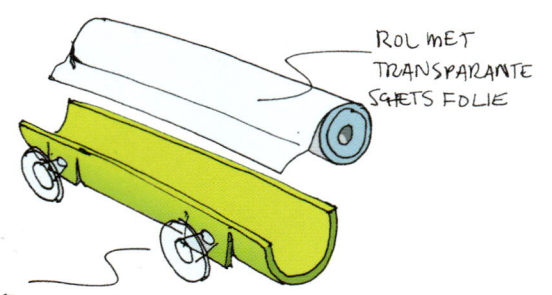

WAACS – Skizzierfolie für den Bildschirm

Kolumne von Joost Alferink für Vrij Nederland, 2006

Neue Produkte in unserem Umfeld provozieren immer auch eine Reaktion. Inzwischen steht z.B. auf jedem Büroschreibtisch ein Flachbildschirm. Wo früher ein klobiger Monitor stand, rasen heute Flüssigkristalle durch die Gegend! Abgesehen von einigen naheliegenden Vorteilen wie geringerem Platzbedarf und mäßigem Bildschirmflackern hat diese Technologie noch weitere Vorzüge. „Denn mittlerweile kommt es in unserem Studio immer häufiger vor, dass zwei Leute während des Designprozesses vor einem Flachbildschirm sitzen, mit einem Faser- oder Bleistift darauf herummalen und die Details von Computervisualisierungen neuer Produkte überarbeiten. Anschließend müssen wir immer zu aggressiven Putzmitteln greifen, um Tinte und Graphit vom Bildschirm zu entfernen. Die Bildschirme sind darauf natürlich überhaupt nicht vorbereitet, und daher wird es Zeit für eine Alternative – Skizzierfolie für den Bildschirm! In einer Halterung hinter dem Bildschirm liegt eine Rolle mit Transparentfolie, und vor dem Bildschirm hängt immer ein Stück Folie herunter, damit man sofort loslegen kann. Wir haben sogar überlegt, ob man die Informationen auf der Folie nicht auch direkt in digitale Informationen umwandeln könnte. Das Zeichnen mit der Hand unterstreicht den Kontrast zwischen analog und digital – und in einem von Nullen und Einsen dominierten Zeitalter brauchen wir so etwas unbedingt!

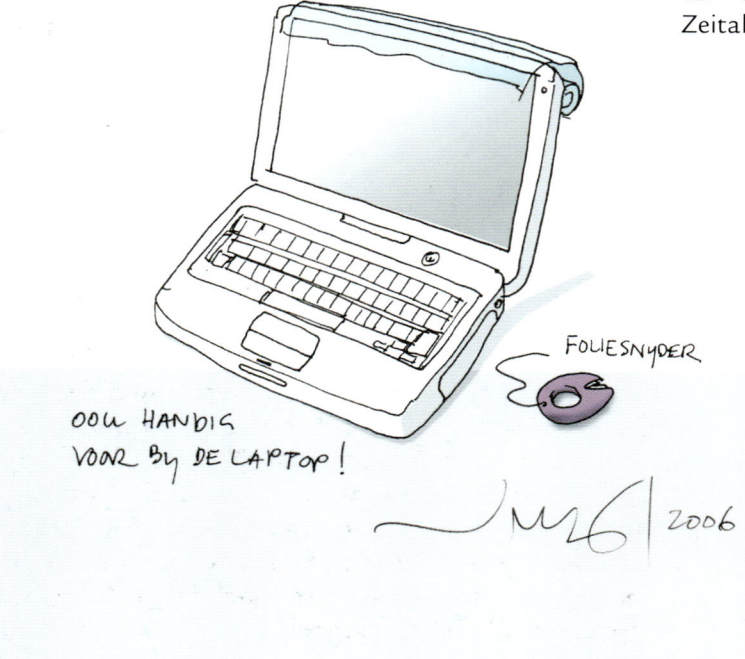

Kapitel 4

Grundformen und Schattierungen

Die räumliche Wirkung einer Zeichnung wird in erster Linie von ihren Schattierungen (die vom Lichteinfall abhängen) bestimmt, da sie den Eindruck von Tiefe vermitteln. Schlagschatten können die Form eines Objekts hervorheben und die Position des Produkts und seiner Teile in Bezug auf eine Oberfläche oder Ebene deutlich machen. Schattierungen sehen vielleicht schwierig aus, lassen sich aber wie die meisten Objekte auf bestimmte Kombinationen aus grundlegenden geometrischen Formen – in der Regel Block, Zylinder und Kegel – reduzieren.

Michael Graves – Isolierkanne Euclid für Alessi, 1993–2001

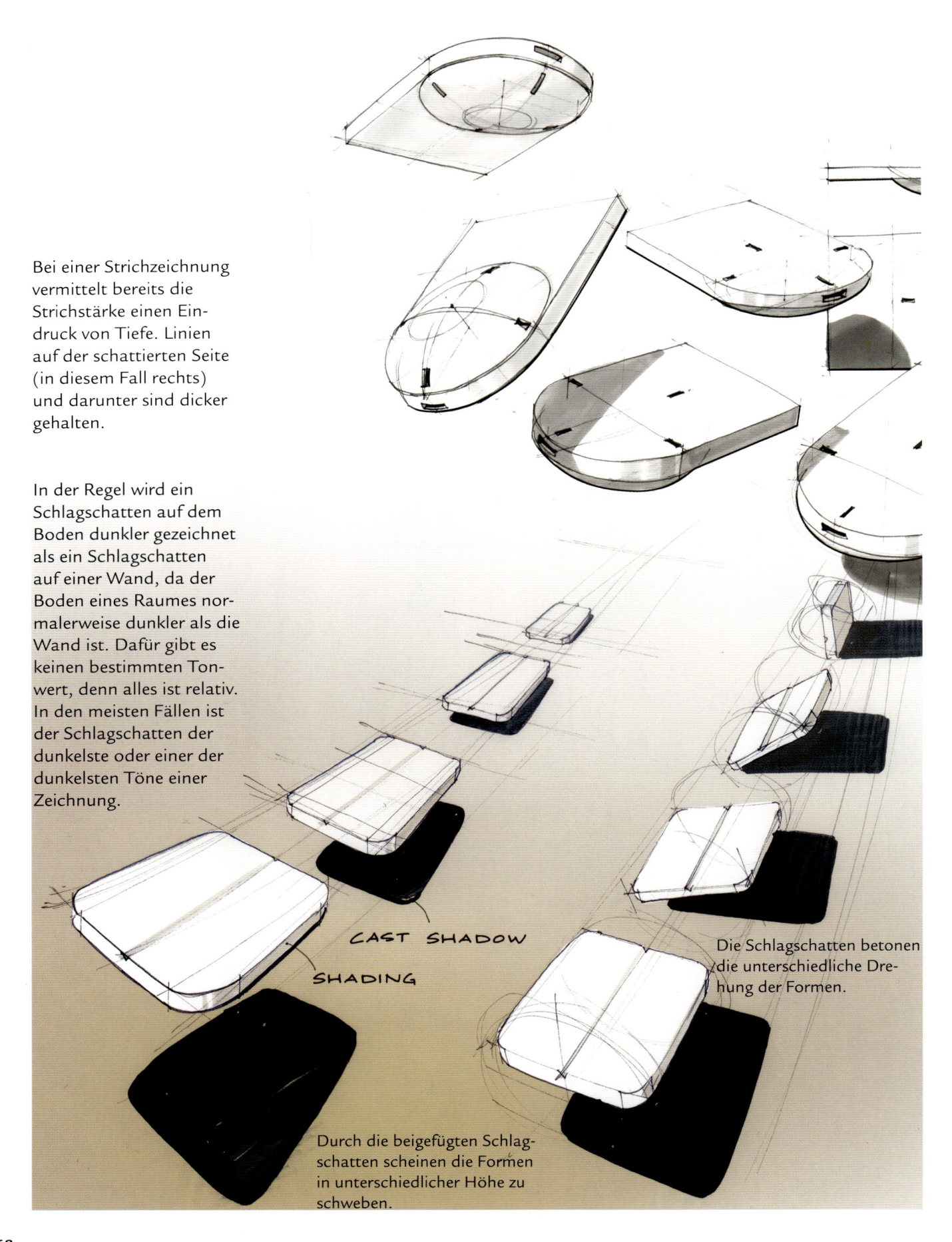

Bei einer Strichzeichnung vermittelt bereits die Strichstärke einen Eindruck von Tiefe. Linien auf der schattierten Seite (in diesem Fall rechts) und darunter sind dicker gehalten.

In der Regel wird ein Schlagschatten auf dem Boden dunkler gezeichnet als ein Schlagschatten auf einer Wand, da der Boden eines Raumes normalerweise dunkler als die Wand ist. Dafür gibt es keinen bestimmten Tonwert, denn alles ist relativ. In den meisten Fällen ist der Schlagschatten der dunkelste oder einer der dunkelsten Töne einer Zeichnung.

CAST SHADOW

SHADING

Die Schlagschatten betonen die unterschiedliche Drehung der Formen.

Durch die beigefügten Schlagschatten scheinen die Formen in unterschiedlicher Höhe zu schweben.

Blockformen

Die Lichtrichtung wird je nach gewünschtem Kontrast und Größe der Schatten ausgewählt. Jede Grundform hat ihren charakteristischen Schlagschatten. Er sollte groß genug sein, um die Form des Objekts zu betonen. Da er aber die Darstellung des Objekts nur unterstützen soll, darf er nicht so groß ausfallen, dass er das Layout der Zeichnung stört.

Detail, Badfliesen – Arnout Visser, Erik Jan Kwakkel und Peter vd Jagt

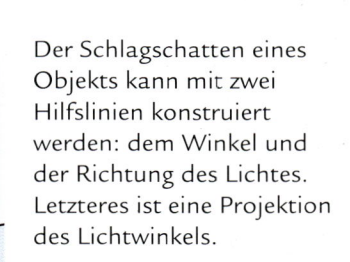

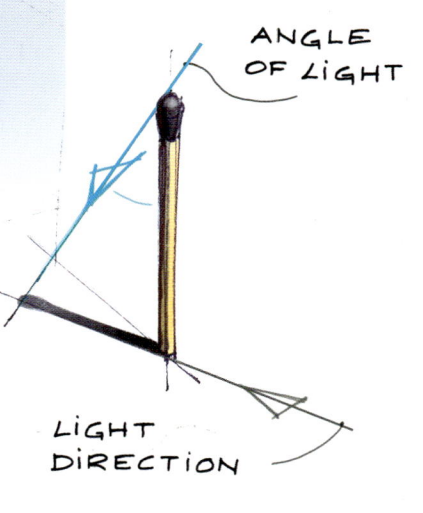

Der Schlagschatten eines Objekts kann mit zwei Hilfslinien konstruiert werden: dem Winkel und der Richtung des Lichtes. Letzteres ist eine Projektion des Lichtwinkels.

ANGLE OF LIGHT

LIGHT DIRECTION

Kapitel 4 Grundformen und Schattierungen

Eine schattierte Oberfläche erscheint umso dunkler, je mehr sie von der Lichtquelle weggedreht wird. Unter dem Einfluss von Licht hat ein Objekt daher auf jeder seiner sichtbaren Seiten einen unterschiedlichen Farbton. Eine Seite wird durch „Vollfarbe" dargestellt und hat die höchste Sättigung. Die im Schatten liegende Seite ist dunkler und weniger gesättigt und wird mit Schwarz gemischt, während die Oberfläche mehr Weiß enthält und heller als die Vollfarbseite ist.

BRIGHTEST

DARKER AND DESATURATED

FULL COLOR

Als Lichtquelle für eine Zeichnung ist Sonnenlicht (parallele Lichtstrahlen) am besten geeignet, da es berechenbare Schlagschatten erzeugt. Lampenlicht führt hingegen zu unterschiedlich ausgerichteten Schatten, je nachdem, wo sich die Lichtquelle befindet.

PARALLEL

CONVERGENT

Wird eine blockähnliche Form tiefer, so kann weniger Umgebungslicht einfallen. Die Tonwerte im Innern müssten dann theoretisch dunkler werden.

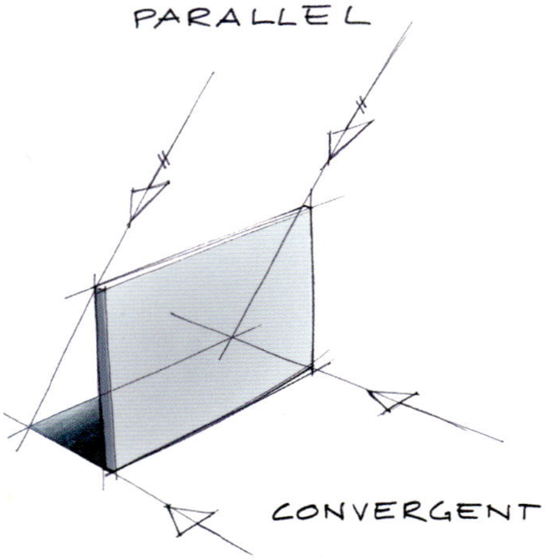

Die Lichtstrahlen bleiben in der gesamten Zeichnung parallel, während die projizierte Lichtrichtung leicht zusammenläuft.

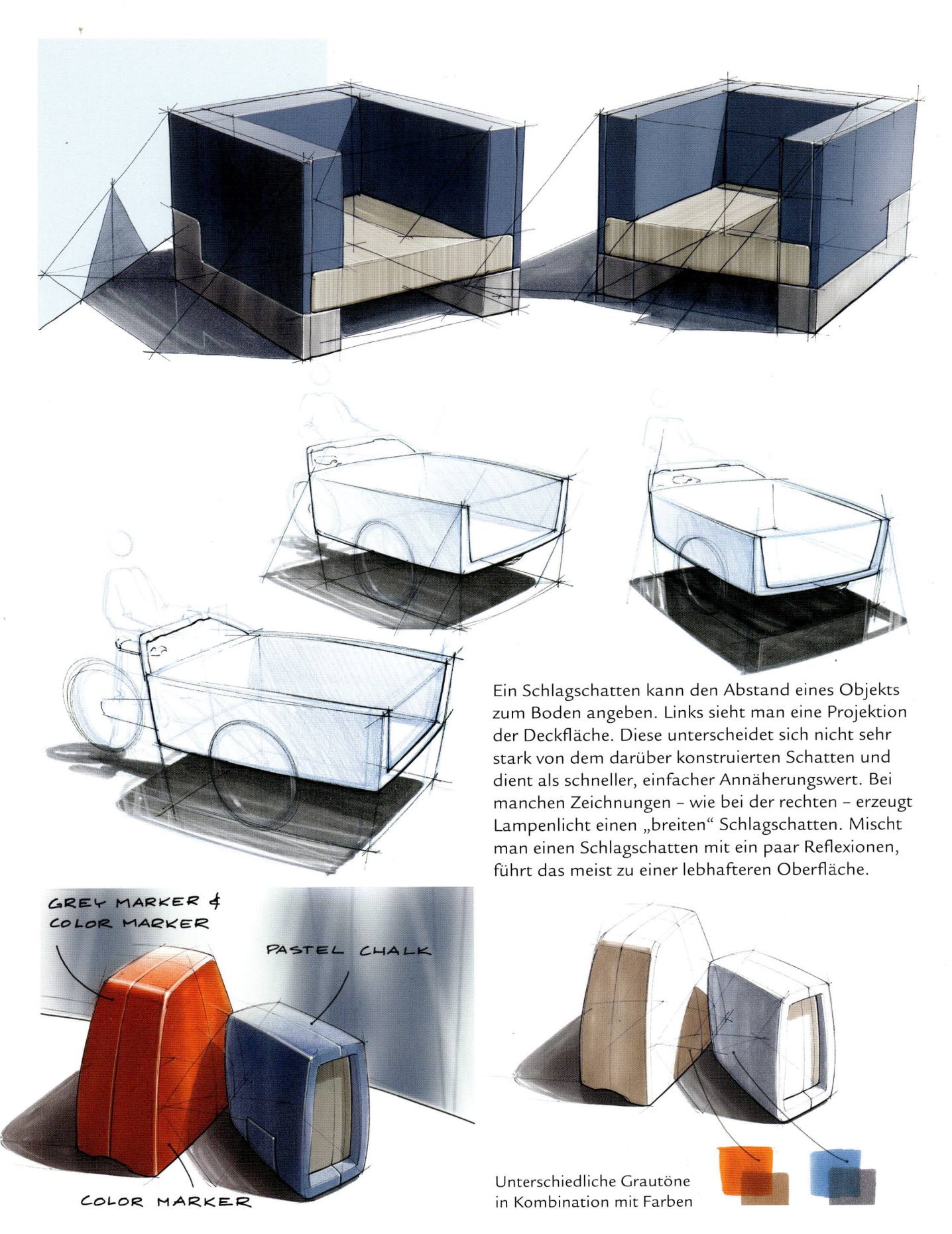

Ein Schlagschatten kann den Abstand eines Objekts zum Boden angeben. Links sieht man eine Projektion der Deckfläche. Diese unterscheidet sich nicht sehr stark von dem darüber konstruierten Schatten und dient als schneller, einfacher Annäherungswert. Bei manchen Zeichnungen – wie bei der rechten – erzeugt Lampenlicht einen „breiten" Schlagschatten. Mischt man einen Schlagschatten mit ein paar Reflexionen, führt das meist zu einer lebhafteren Oberfläche.

GREY MARKER & COLOR MARKER

PASTEL CHALK

COLOR MARKER

Unterschiedliche Grautöne in Kombination mit Farben

Kapitel 4 Grundformen und Schattierungen 71

Studio Chris Kabel – Shady Lace, 2003.
Außenfoto: Daniel Klapsing

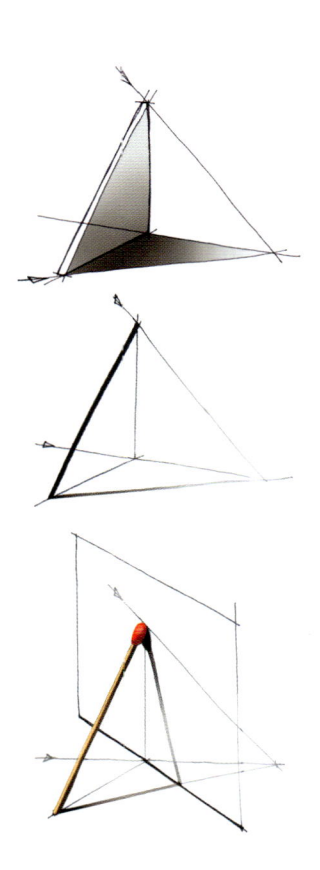

Bei diesen drei Skizzen wurde ein ähnlicher Ansatz für die Schattierungen verwendet.

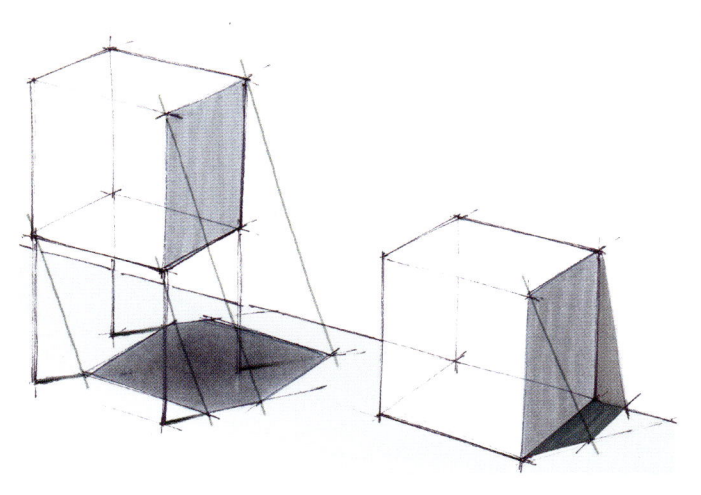

Hugo Timmermans – Leaning Mirror, Foto: Marcel Loermans

Umgebungslicht ist keine Lichtquelle an sich, sondern reflektiertes Licht. Aufgrund von Umgebungslicht verblassen Schlagschatten, je weiter sie sich vom Objekt entfernen. Diese Abstufungen bei der Schattierung machen den visuellen Eindruck oft realistischer. Der offene Charakter des Schlagschattens auf dem Boden betont die offene Struktur der Objekte.

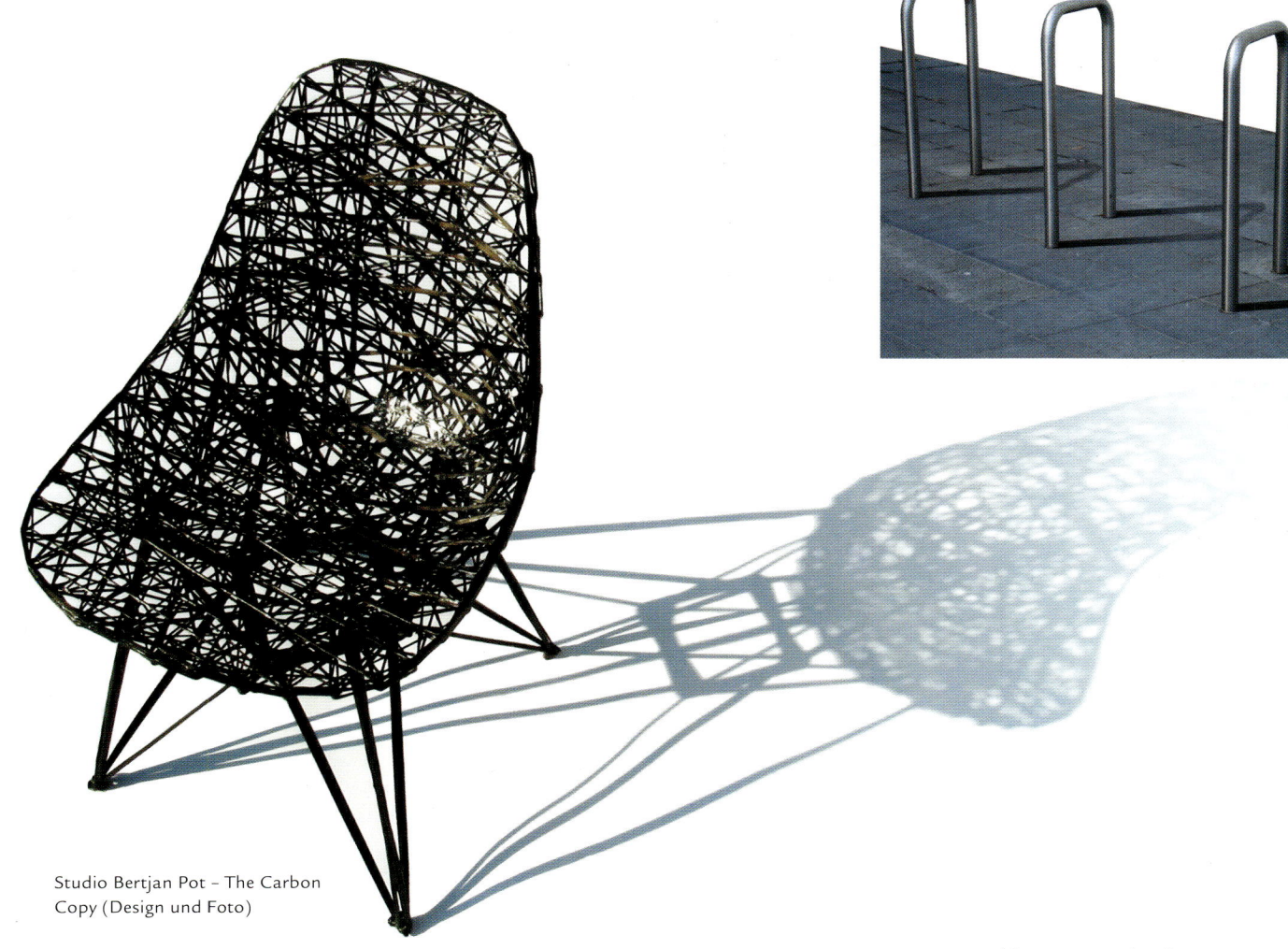

Studio Bertjan Pot – The Carbon Copy (Design und Foto)

Kapitel 4 Grundformen und Schattierungen

Zylinder, Kugeln und Kegel

Die hier abgebildeten Navigationsbojen können als eine Kombination von Zylindern, Kugeln und Kegeln angesehen werden. Analyse und Vereinfachung erfolgen genauso wie bei Blockformen.

Die Schattierungen unterscheiden sich stark. Ein aufrecht stehender Kegel wird stärker beleuchtet als ein Zylinder und hat eine größere beleuchtete Fläche. Auch hier zeigen Schlagschatten unterschiedliche Tiefen an.

CENTRAL AXIS

Die Zeichnung einer zylindrischen Form beginnt mit der Festlegung der Mittelachse. Die Ellipsen stehen mit ihren großen Achsen im rechten Winkel zu dieser Mittelachse. Darüber hinaus beeinflusst die Richtung der Mittelachse eines liegenden Zylinders die Rundung der Ellipsen. Tangenten an den Ellipsen bilden die Form.

Kapitel 4 Grundformen und Schattierungen

Der Schlagschatten eines Zylinders wird durch die Projektion seiner Deckfläche bestimmt. Aufgrund der Perspektive weicht die Abrundung dieser Ellipse kaum von der der Ellipse am Boden des Zylinders ab.

Der Schlagschatten des Kegels wird anhand waagrechter Querschnitte an strategischen Punkten konstruiert, die die Übergänge in der Breite markieren. Aufgrund der Perspektive werden diese Ellipsen nach oben hin flacher. Werden sie auf die Oberfläche des Bodens projiziert und miteinander verbunden, entsteht der Schlagschatten. Umgebungslicht führt dazu, dass der dunkelste Bereich des Schattens nicht an der Umrisslinie, sondern knapp innerhalb davon liegt.

Der elliptische Umriss des Schlagschattens einer Kugel kann anhand der Breite der Form geschätzt werden. Diese Ellipse ist ein wenig abgeschrägt.

DARKEST AREA

Das Zeichnen von Ellipsen bedeutet im Grunde genommen, mehrere gerundete Linien geschmeidig aneinanderzufügen, sodass daraus eine gleichmäßige Form entsteht.
Die Ellipsen sind im rechten Winkel zur Mittelachse des Zylinders ausgerichtet. Wenn der Zylinder weggedreht wird, werden die Ellipsen flacher.

Wenn ein zylinderähnliches Objekt waagrecht positioniert wird, ist der Schlagschatten schwieriger zu berechnen. In diesem Fall kann man ein Quadrat um die ursprüngliche Ellipse zeichnen, den Schlagschatten dieses Quadrats festlegen und dann eine Ellipse hineinzeichnen.

Kapitel 4 Grundformen und Schattierungen

Wird anstelle von geraden zylindrischen und kegelförmigen Teilen eine leicht gewölbte Kontur eingebaut, sieht das Objekt sofort anders aus. Dieser relativ simple Ansatz kann zu interessanten Experimenten anregen und führt manchmal zu überraschenden Ergebnissen.

Die in diesem Kapitel vorgestellten Grundregeln sollen als Anhaltspunkte für das Schätzen von Schlagschatten dienen. Es ist gar nicht so schwer, den Schlagschatten von schräg stehenden perspektivischen Kreisen zu schätzen, wenn man miteinander verbundene Ellipsen zeichnet, die ebenfalls leicht schräg stehen. Besitzt man die Fähigkeit, Schlagschatten zu schätzen, so ist das beim Zeichnen viel effektiver als ihre genaue Konstruktion.

Kapitel 4 Grundformen und Schattierungen

Audi AG, Deutschland – Ivo van Hulten

Innenraumdesign des Audi R8 (Pariser Autoausstellung 2006).
Die Skizzen der Benutzerschnittstellen wurden mit einem Grafiktablett und der Software Painter erstellt. Grundlinien und Ellipsen skizzierte man mit einem dünnen Airbrush, harte Spiegelungen und dunkle Schatten wurden später in der zweiten Phase hinzugefügt. Mit dickem Airbrush sorgte man für weiche Spiegelungen und Schatten – sie vermitteln Atmosphäre und ein Gefühl für das Material. Im letzten Arbeitsgang wurden Glanzlichter und Farben ergänzt. Die Form der Bedienelemente und der Schaltung wurden zusätzlich in Explosionsansicht gezeigt, um die verschiedenen Möglichkeiten des Designs aufzuzeigen.

Chefdesigner: Walter de'Silva

Kapitel 5

Ellipse als Bezugspunkt

Es scheint zwar naheliegend zu sein, eine Zeichnung grundsätzlich mit einer Blockform zu beginnen, in vielen Fällen ist aber ein Zylinder oder eine Ellipse der bessere Ausgangspunkt. Bei diesem Ansatz spielt die Ellipse die größte Rolle, alle anderen Formen werden zu ihr in Bezug gesetzt.

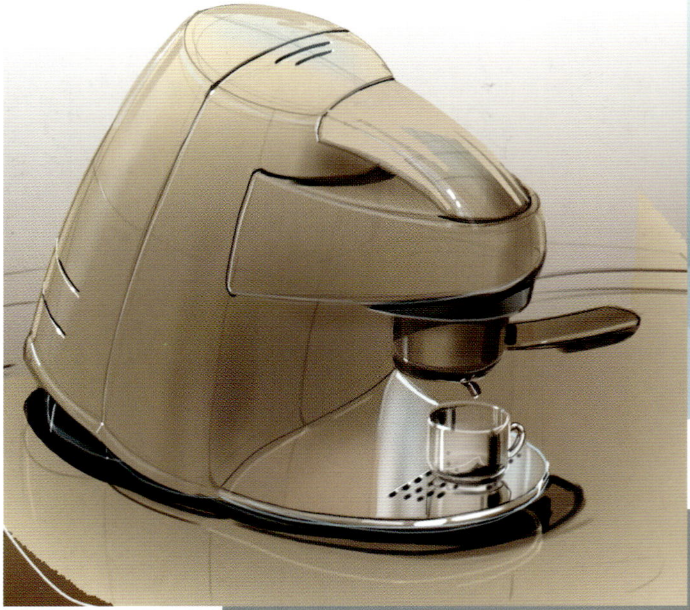

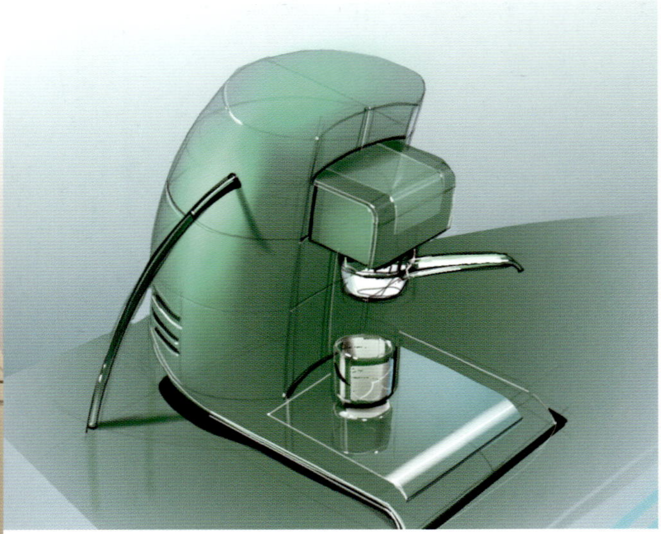

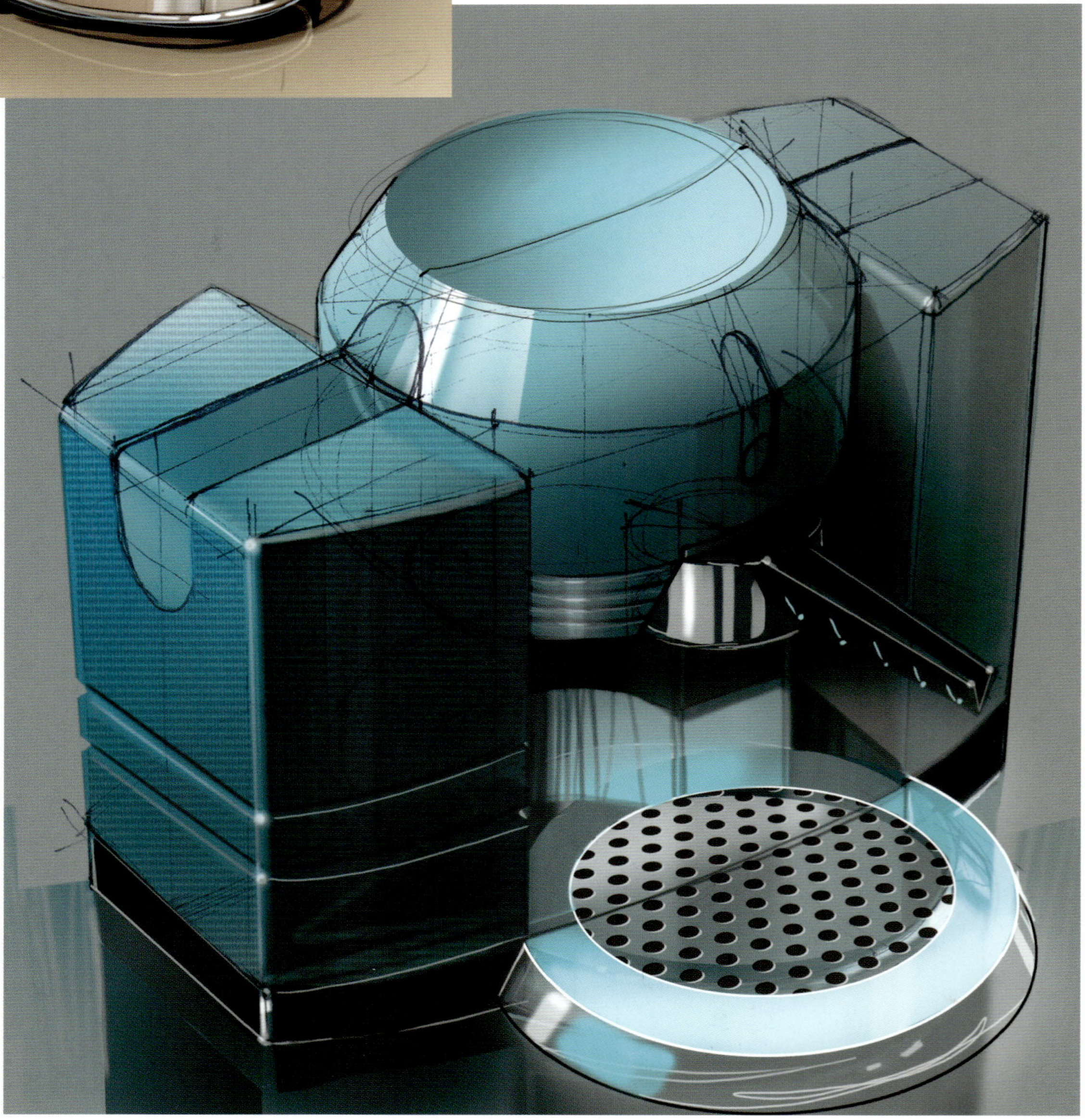

Aufrechtstehende Zylinder

Die Blockform richtet sich an der Achse aus, die durch den Mittelpunkt der obersten Ellipse führt. Leichte Änderungen in Ausrichtung und Blockbreite ermöglichen die Konstruktion verschiedener Formen.

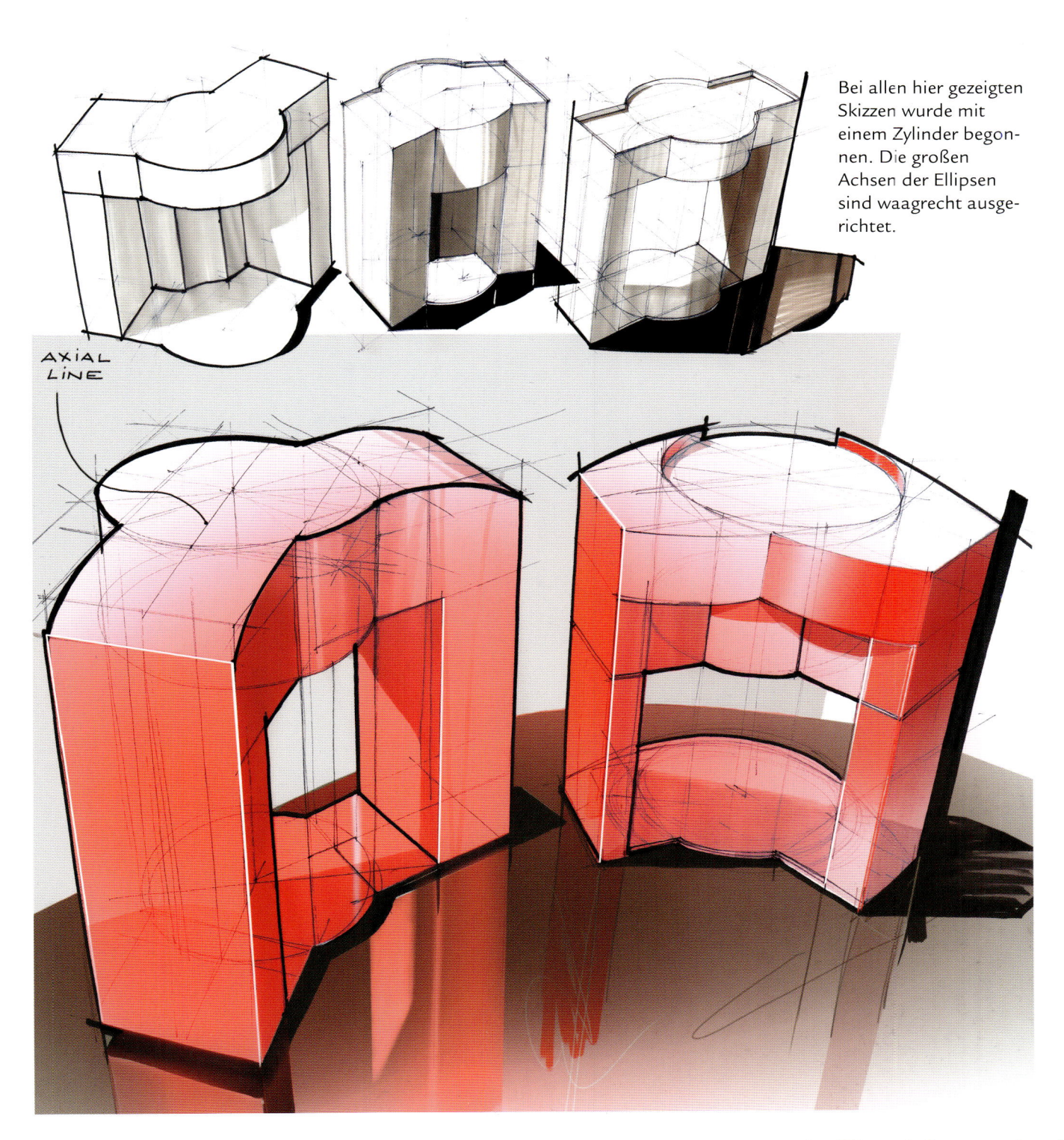

Bei allen hier gezeigten Skizzen wurde mit einem Zylinder begonnen. Die großen Achsen der Ellipsen sind waagrecht ausgerichtet.

AXIAL LINE

Kapitel 5 Ellipse als Bezugspunkt

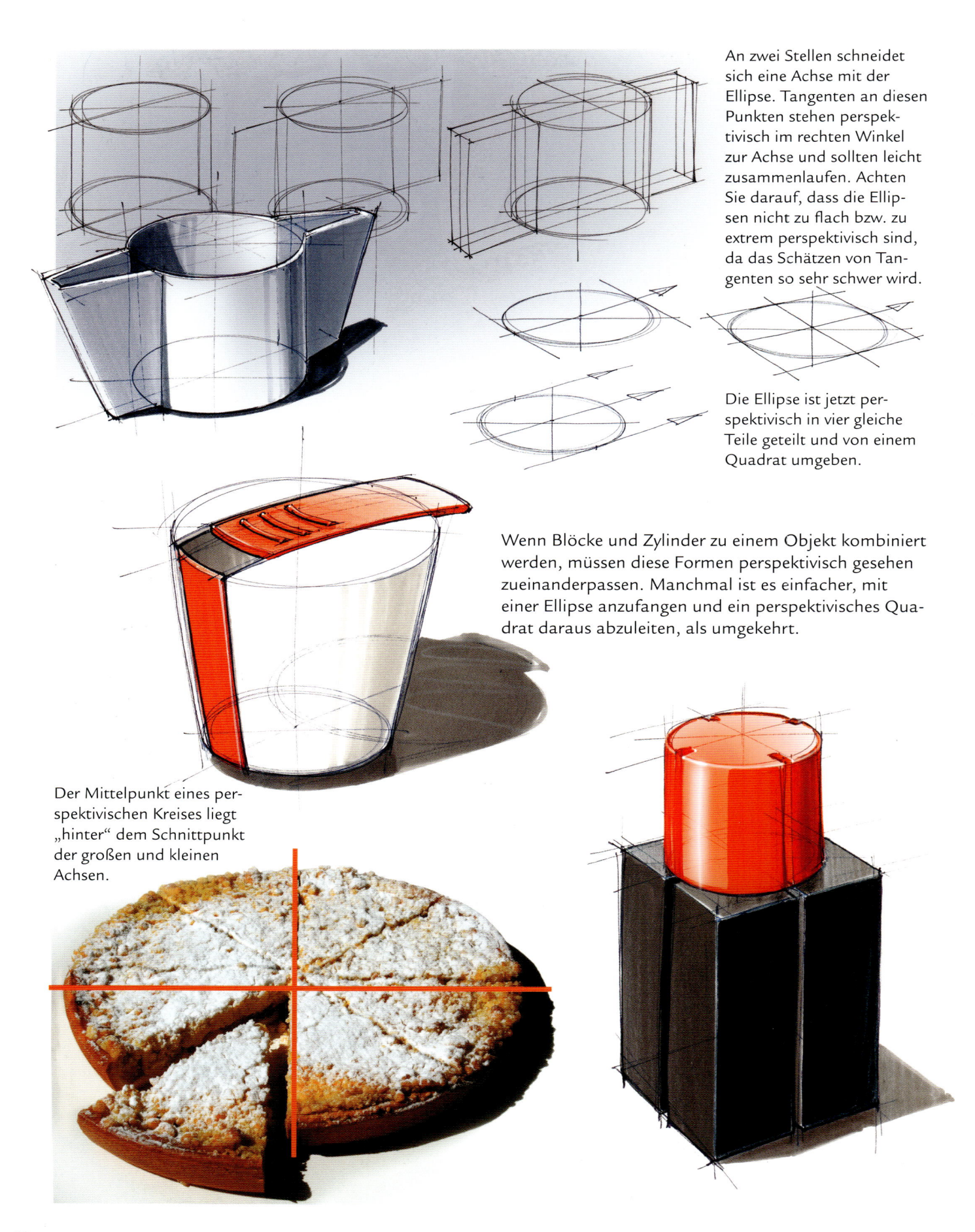

An zwei Stellen schneidet sich eine Achse mit der Ellipse. Tangenten an diesen Punkten stehen perspektivisch im rechten Winkel zur Achse und sollten leicht zusammenlaufen. Achten Sie darauf, dass die Ellipsen nicht zu flach bzw. zu extrem perspektivisch sind, da das Schätzen von Tangenten so sehr schwer wird.

Die Ellipse ist jetzt perspektivisch in vier gleiche Teile geteilt und von einem Quadrat umgeben.

Wenn Blöcke und Zylinder zu einem Objekt kombiniert werden, müssen diese Formen perspektivisch gesehen zueinanderpassen. Manchmal ist es einfacher, mit einer Ellipse anzufangen und ein perspektivisches Quadrat daraus abzuleiten, als umgekehrt.

Der Mittelpunkt eines perspektivischen Kreises liegt „hinter" dem Schnittpunkt der großen und kleinen Achsen.

In welcher Richtung eine Ellipse geschnitten wird, ist unabhängig von großer und kleiner Achse der Ellipse. Diese Achsen bleiben waag- und senkrecht. Jede Ausrichtung führt zu unterschiedlichen Tangenten, wie die Abbildung rechts zeigt.

In jeder Skizze ist das Objekt anders gedreht, da der beste Blickwinkel bei jeder Form anders aussieht.

Mix & Measure von Jan Hoekstra Industrial Design Services für Royal VKB, 2005. Bei diesem Design kann in ein und derselben Schüssel gemischt und abgemessen werden.

Fotos: Marcel Loermans

Kapitel 5 Ellipse als Bezugspunkt **85**

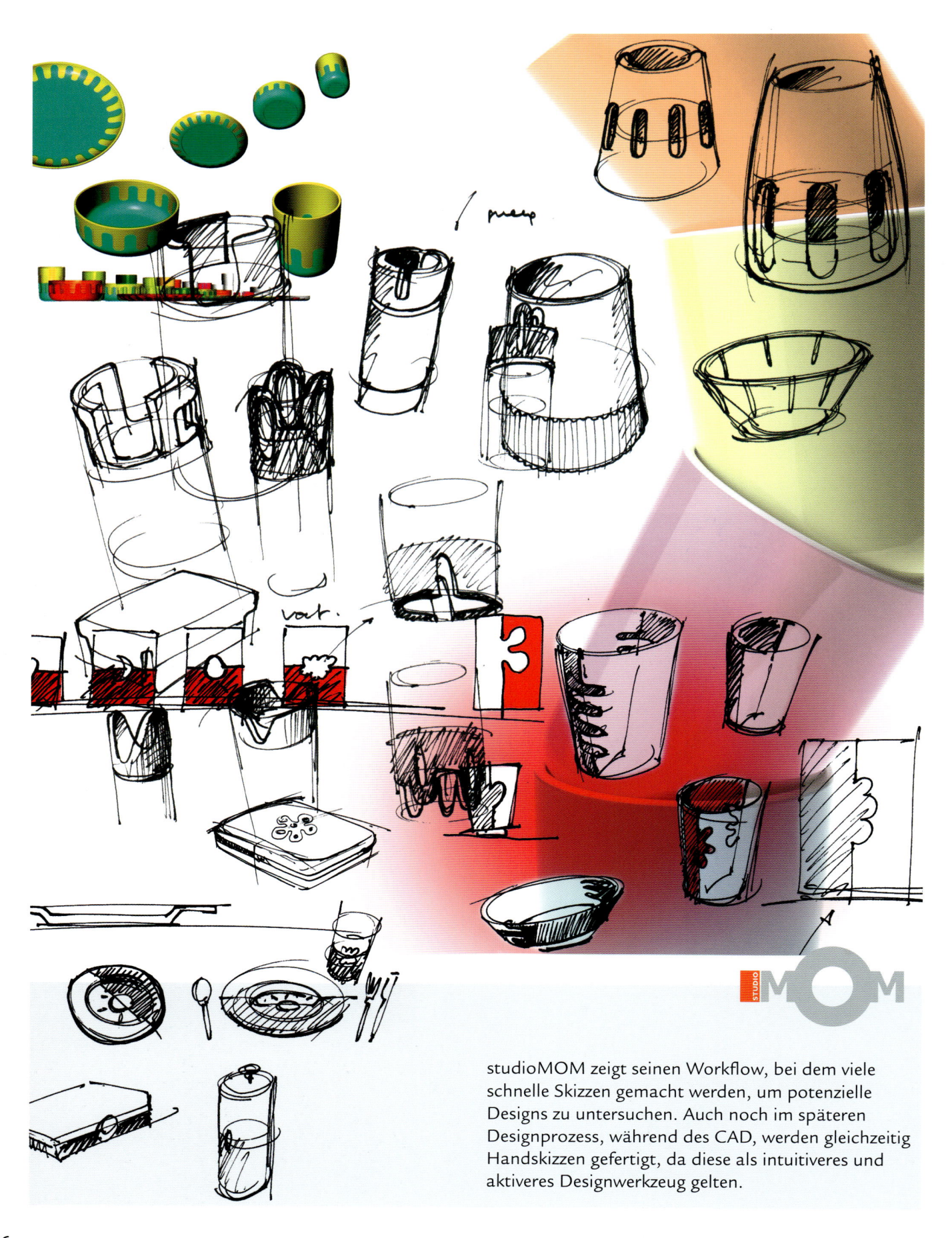

studioMOM zeigt seinen Workflow, bei dem viele schnelle Skizzen gemacht werden, um potenzielle Designs zu untersuchen. Auch noch im späteren Designprozess, während des CAD, werden gleichzeitig Handskizzen gefertigt, da diese als intuitiveres und aktiveres Designwerkzeug gelten.

studioMOM

Dieses Geschirr aus Melamin wurde 2006 für Widget entworfen, einen internationalen Anbieter hochwertiger Haushaltsaccessoires. Grundelemente sind kräftige Farben, klare Formen und ein verspielter, langlebiger Look. Da die Kollektion sich an alle Altersstufen richtet, werden bei der Ideenentwicklung unterschiedliche Themen durchgespielt.
Die Kollektion besteht aus Tellern, Schalen und Tassen und wird laufend durch neu entwickelte Accessoires wie Salatbesteck, Tabletts und Kannen ergänzt.

Designer: studioMOM, Alfred van Elk und Mars Holwerda. Foto: Widget

Ford Motor Company, USA – Laurens van den Acker

Für das Design des Model U (2003) wurde ein neues Profil für Goodyear Reifen entwickelt. Das Profil sollte das Konzept vervollständigen, indem es den Racecharakter des Modells unterstrich.

Wie hier zu sehen ist, führt der Designer Protokoll über seinen Designprozess. So können Designentscheidungen dann später im Kontext betrachtet und mit dem Endergebnis verglichen werden.

Fotos: Ford Motor Company, USA

Zeichnen Sie eine Achse, die einen Radius in zwei Hälften teilt. Dann verschieben Sie eine Tangente auf den Mittelpunkt dieses Radius.

Ellipsen und Zylinder sind nützliche Ausgangspunkte, wenn man Formen wie ein gleichseitiges Dreieck oder ein Fünfeck zeichnet. Eine Ellipse ist vor allem dann praktisch, wenn mehrere Objekte gleicher Form als Gruppe dargestellt werden. Da Sie mit einer Achse durch die Ellipse in jeder beliebigen Richtung anfangen können, erhalten sie frei drehbare Formen.

Wird das Dreieck noch weiter unterteilt, entsteht ein Sechseck.

Mit der gleichen Technik kann man ein Fünfeck skizzieren. Zeichnen Sie zuerst eine Achse, die einen Radius in drei und den anderen in vier gleiche Teile schneidet. Arbeiten Sie wieder mit Tangenten und verschieben Sie diese wie abgebildet.

Kapitel 5 Ellipse als Bezugspunkt **89**

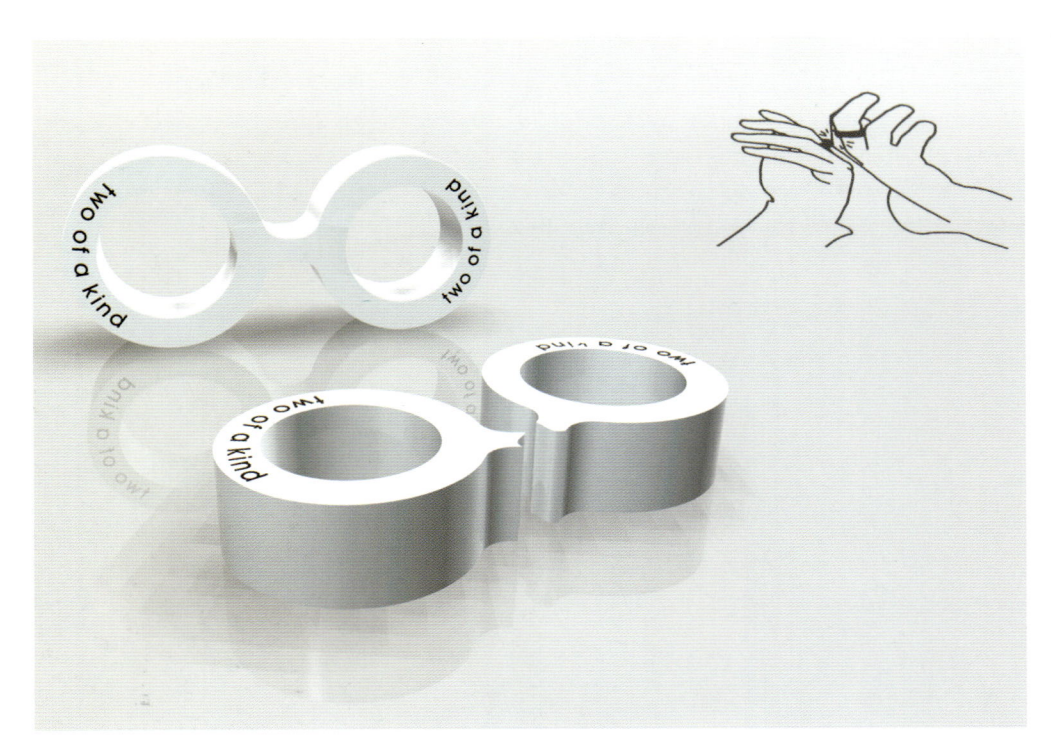

Two of a kind vom Studio Frederik Roije ist ein Doppelring aus Porzellan (2004). Wird der Doppelring zerbrochen, soll damit eine gegenseitige Verpflichtung ausgedrückt werden.

Mit dem Dutchtub von Floris Schoonderbeek soll eine neue Art des Badens im Freien propagiert werden. Man braucht dazu weder Strom noch heißes Wasser, noch eine Rohrinstallation. Die gefüllte Wanne wird durch ein offenes Feuer erhitzt. Das Dutchtub wurde für die Dutch Design Awards 2004 nominiert.

Fotos: Dutchtub USA. Produktfotos: Steven van Kooijk

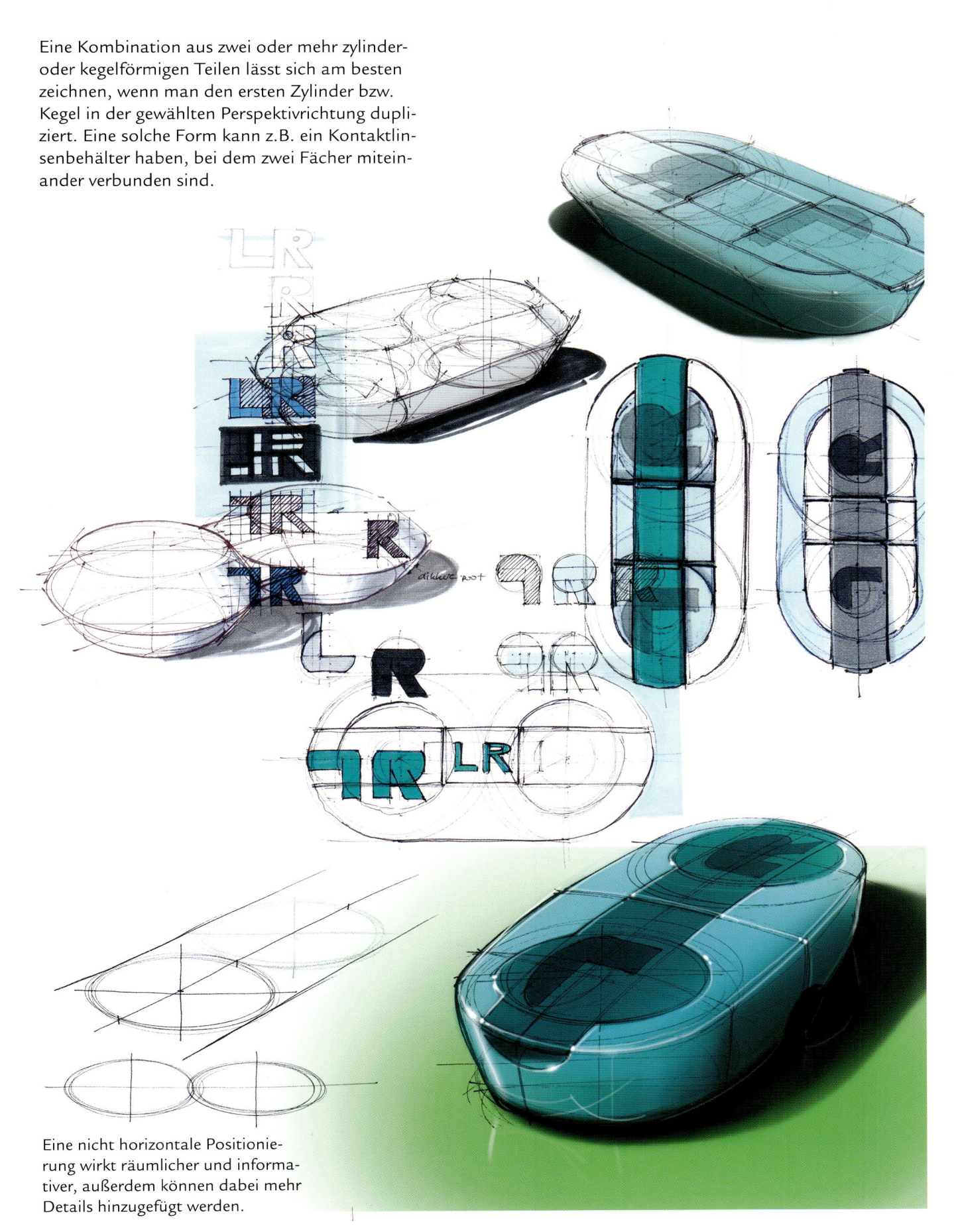

Eine Kombination aus zwei oder mehr zylinder- oder kegelförmigen Teilen lässt sich am besten zeichnen, wenn man den ersten Zylinder bzw. Kegel in der gewählten Perspektivrichtung dupliziert. Eine solche Form kann z.B. ein Kontaktlinsenbehälter haben, bei dem zwei Fächer miteinander verbunden sind.

Eine nicht horizontale Positionierung wirkt räumlicher und informativer, außerdem können dabei mehr Details hinzugefügt werden.

Kapitel 5 Ellipse als Bezugspunkt

Liegende Zylinder

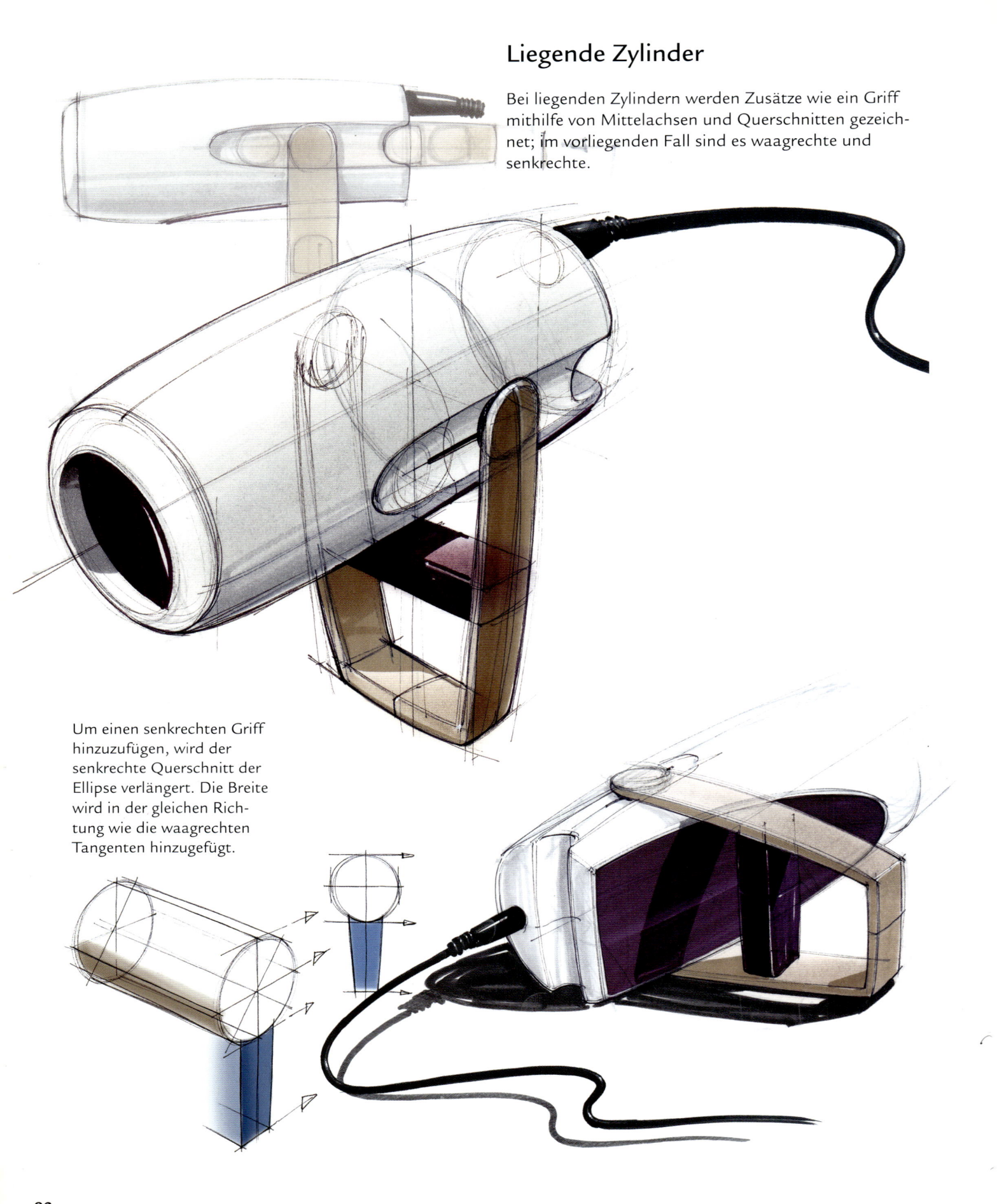

Bei liegenden Zylindern werden Zusätze wie ein Griff mithilfe von Mittelachsen und Querschnitten gezeichnet; im vorliegenden Fall sind es waagrechte und senkrechte.

Um einen senkrechten Griff hinzuzufügen, wird der senkrechte Querschnitt der Ellipse verlängert. Die Breite wird in der gleichen Richtung wie die waagrechten Tangenten hinzugefügt.

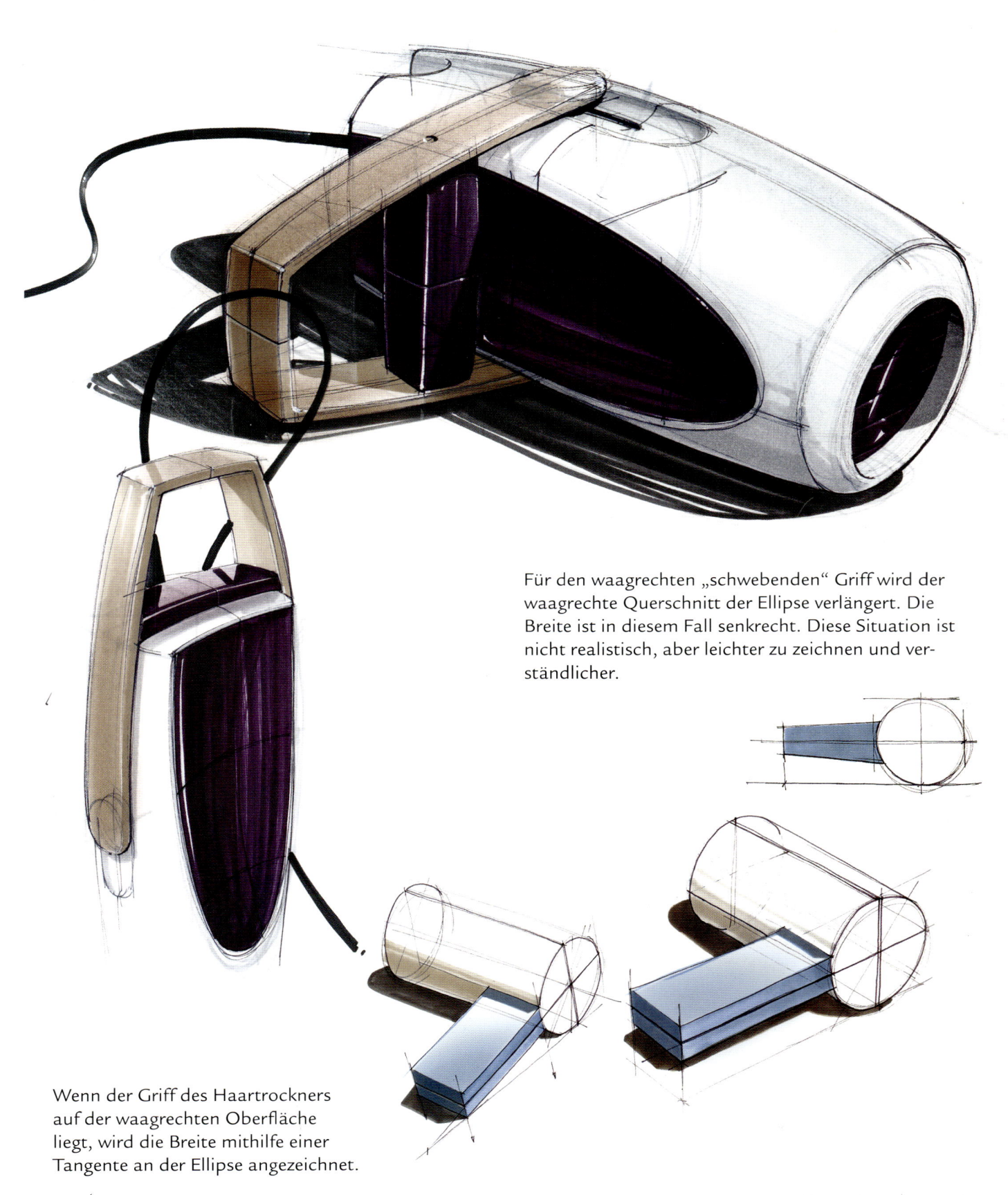

Für den waagrechten „schwebenden" Griff wird der waagrechte Querschnitt der Ellipse verlängert. Die Breite ist in diesem Fall senkrecht. Diese Situation ist nicht realistisch, aber leichter zu zeichnen und verständlicher.

Wenn der Griff des Haartrockners auf der waagrechten Oberfläche liegt, wird die Breite mithilfe einer Tangente an der Ellipse angezeichnet.

Kapitel 5 Ellipse als Bezugspunkt

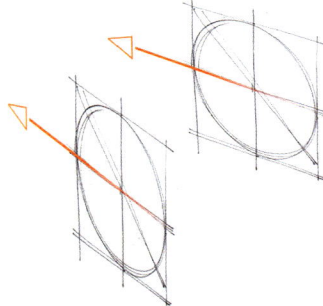

Ferngläser bestehen in der Regel aus zwei miteinander verbundenen Zylindern. Man zeichnet sie, indem man zunächst zwei Zylinder parallel zueinander platziert und dann verbindet.

Ausrichtung und Rundung der ersten Ellipse beeinflussen die Position des zweiten Zylinders.

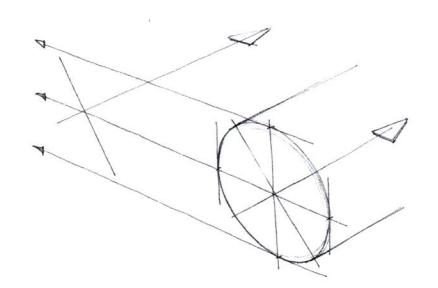

Die am nächsten liegende Ellipse dient als Ausgangspunkt. Danach können perspektivisch waagrechte Hilfslinien gezogen werden. Innerhalb dieser wird nun der zweite Zylinder zentriert.

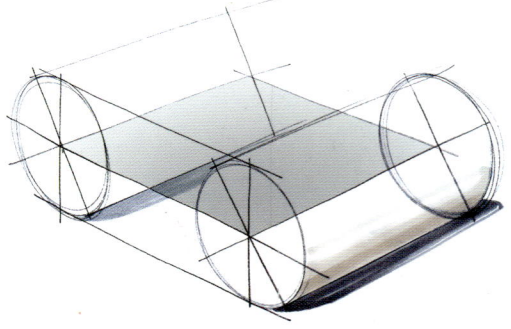

Man kann auch eine waagrechte Fläche zur Positionierung der Ellipse verwenden.

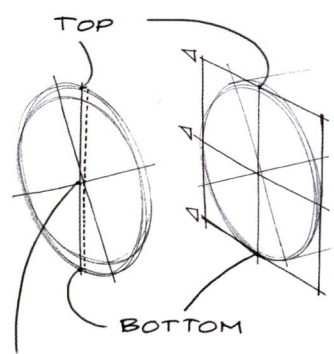

Der Mittelpunkt eines Kreises liegt „hinter" dem Schnittpunkt seiner Achsen. Eine senkrechte Linie durch diesen Punkt verweist auf die Ober- und Unterkante der Ellipse. Die Tangenten an der Ober- und Unterkante sollten leicht zusammenlaufen. Der waagrechte Querschnitt weist zudem an beiden Enden senkrechte Tangenten auf.

Bench gehört zur Innenausstattung der VROM-Kantine in Den Haag und wurde von Remy & Veenhuizen ontwerpers 2002 entworfen.

Fotos: Mels van Zutphen

Kapitel 5 Ellipse als Bezugspunkt

Formkombinationen

Auch wenn Formen aus verschieden ausgerichteten Zylindern bestehen, bleibt es bei der gleichen Zeichenstrategie wie bisher: Fangen Sie mit Ellipsen und Zylindern an und verbinden Sie diese miteinander. Die richtigen Rundungen der Ellipsen spielen hier eine große Rolle. Die verschiedenen Querschnitte, im rechten Winkel oder anders ausgerichtet, sollten perspektivisch genau zueinanderpassen.

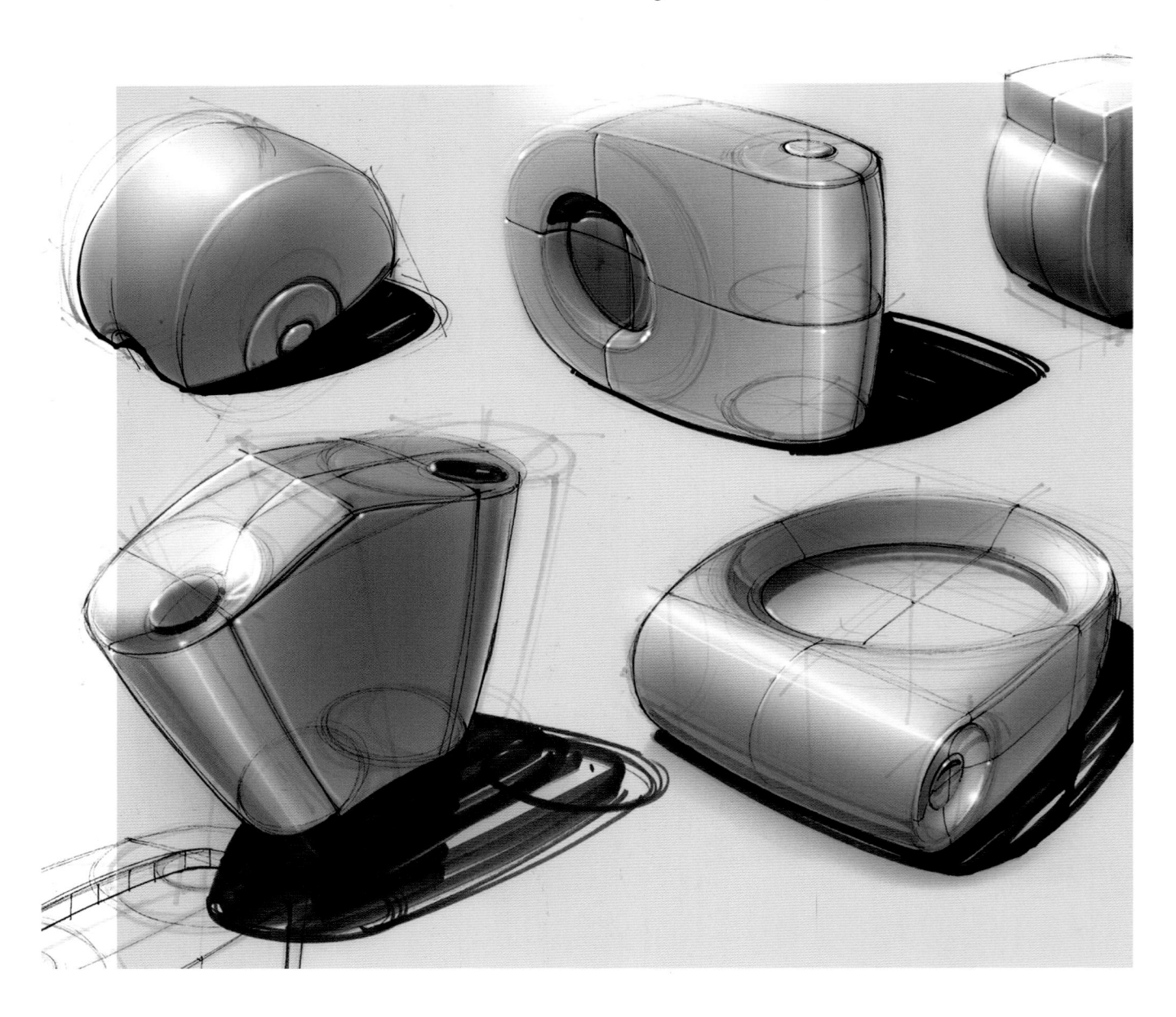

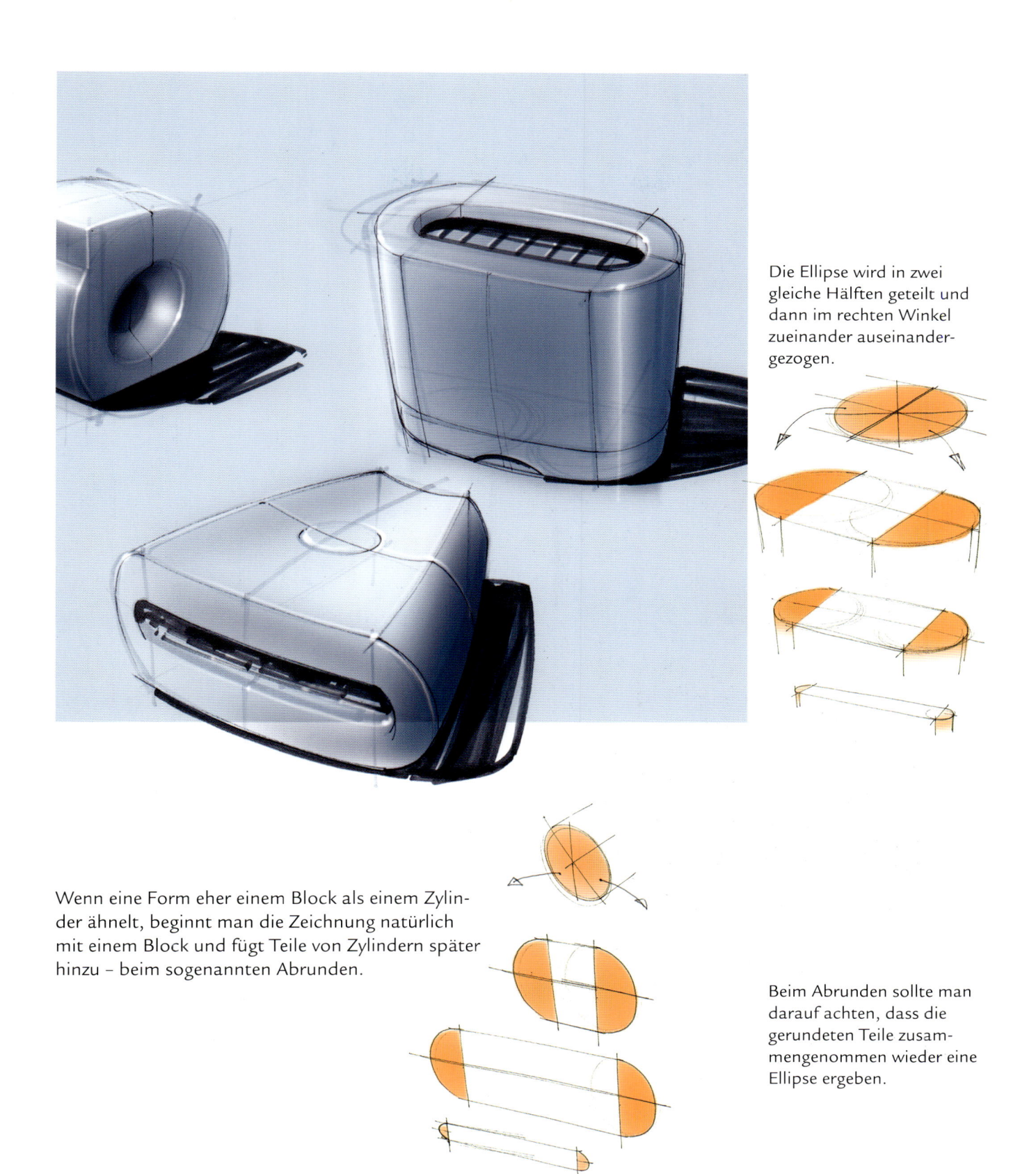

Die Ellipse wird in zwei gleiche Hälften geteilt und dann im rechten Winkel zueinander auseinandergezogen.

Wenn eine Form eher einem Block als einem Zylinder ähnelt, beginnt man die Zeichnung natürlich mit einem Block und fügt Teile von Zylindern später hinzu – beim sogenannten Abrunden.

Beim Abrunden sollte man darauf achten, dass die gerundeten Teile zusammengenommen wieder eine Ellipse ergeben.

Kapitel 5 Ellipse als Bezugspunkt

© 2007 NIKE, Inc.
Alle Rechte vorbehalten.

springtime ⓂⓂ

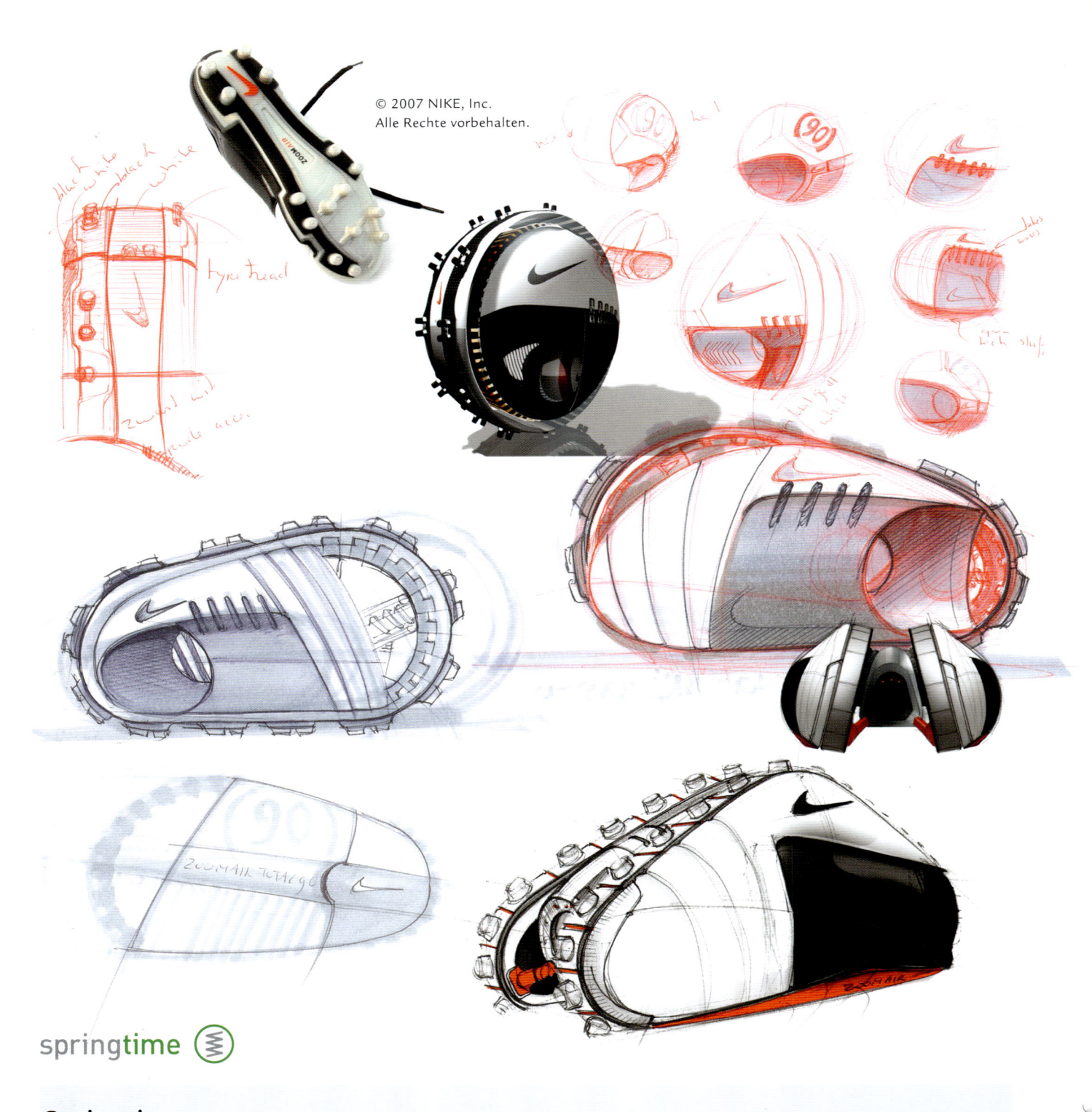

Springtime

Für die Fußball-Werbekampagne UPGRADE! von Nike EMEA entwickelte das Amsterdamer Büro von Wieden+Kennedy 2005 eine Kampagne, bei der die Besonderheiten der Fußballprodukte von Nike hervorgehoben werden sollten. Dazu entwarf Springtime fünf futuristisch aussehende Maschinen, die fünf wichtige Fußballprodukte von Nike repräsentierten. Die abgebildete Maschine ist eine davon. Die Interaktion zwischen Skizzieren und Rendern wird deutlich. Es wurde über grobe 3-D-Renderings und Screenshots skizziert, sodass Details und frühere Entscheidungen der 3-D-Modellierung überdacht werden konnten.

Designer: Michiel Knoppert. Rendering: Michiel van Iperen. Fotos: Paul D. Scott

© 2007 NIKE, Inc. Alle Rechte vorbehalten.

Nachdem bei einer Präsentation ein Rendering verwendet wurde, begann die nächste Designphase wieder mit Handskizzen, die wiederum als Vorlage für ein neues Rendering dienten.

Kapitel 5 Ellipse als Bezugspunkt

Zusammenfügung von Zylindern

Zusammengefügte zylindrische Formen finden sich bei vielen Produkten. Zum Festlegen der Verbindungen werden Ellipsen und Querschnitte genutzt.

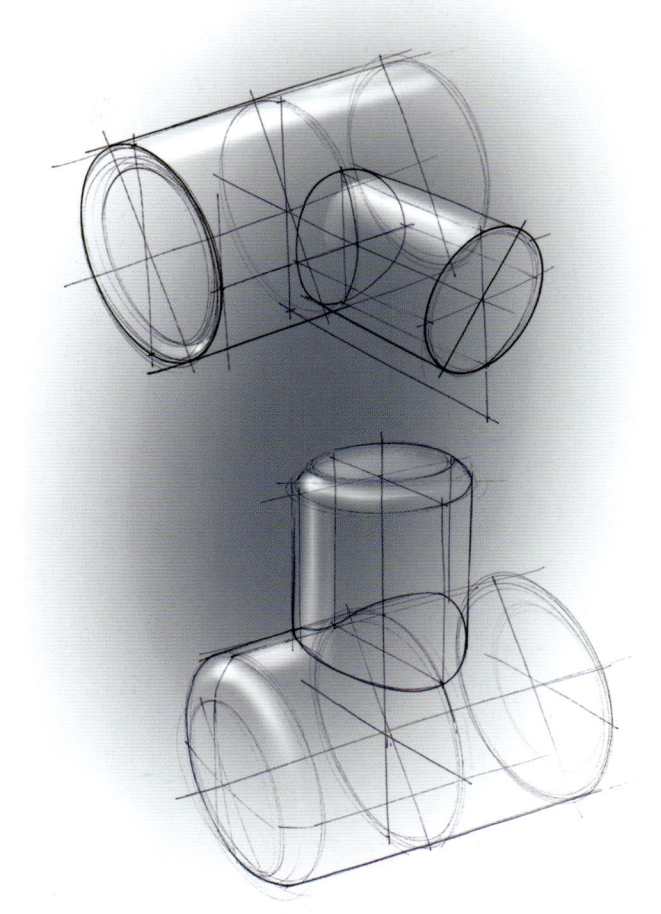

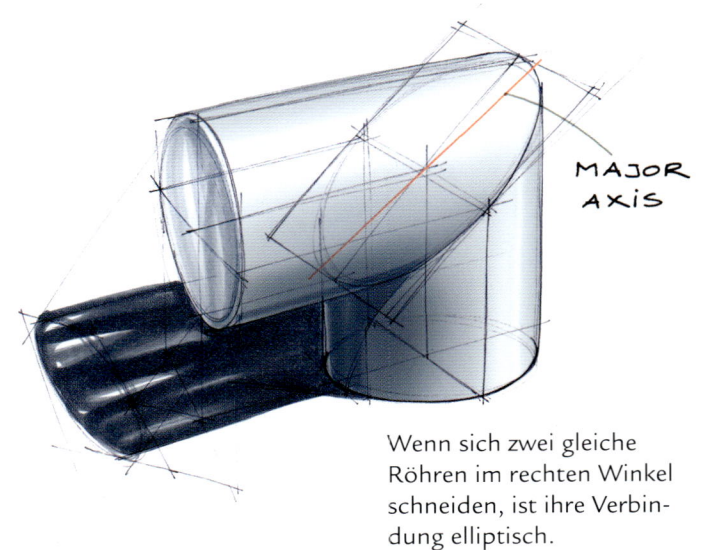

MAJOR AXIS

Wenn sich zwei gleiche Röhren im rechten Winkel schneiden, ist ihre Verbindung elliptisch.

Waagrechte und senkrechte Querschnitte des kleineren Zylinders werden auf den größeren projiziert, wodurch sich die Höhe und Breite der Verbindung ergeben.

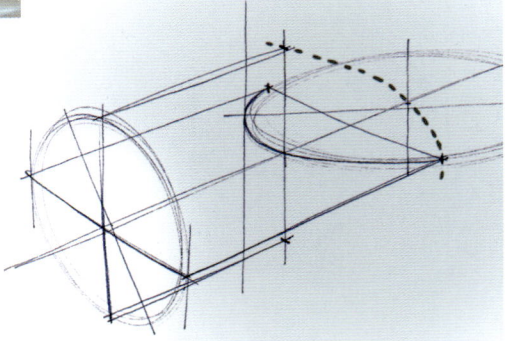

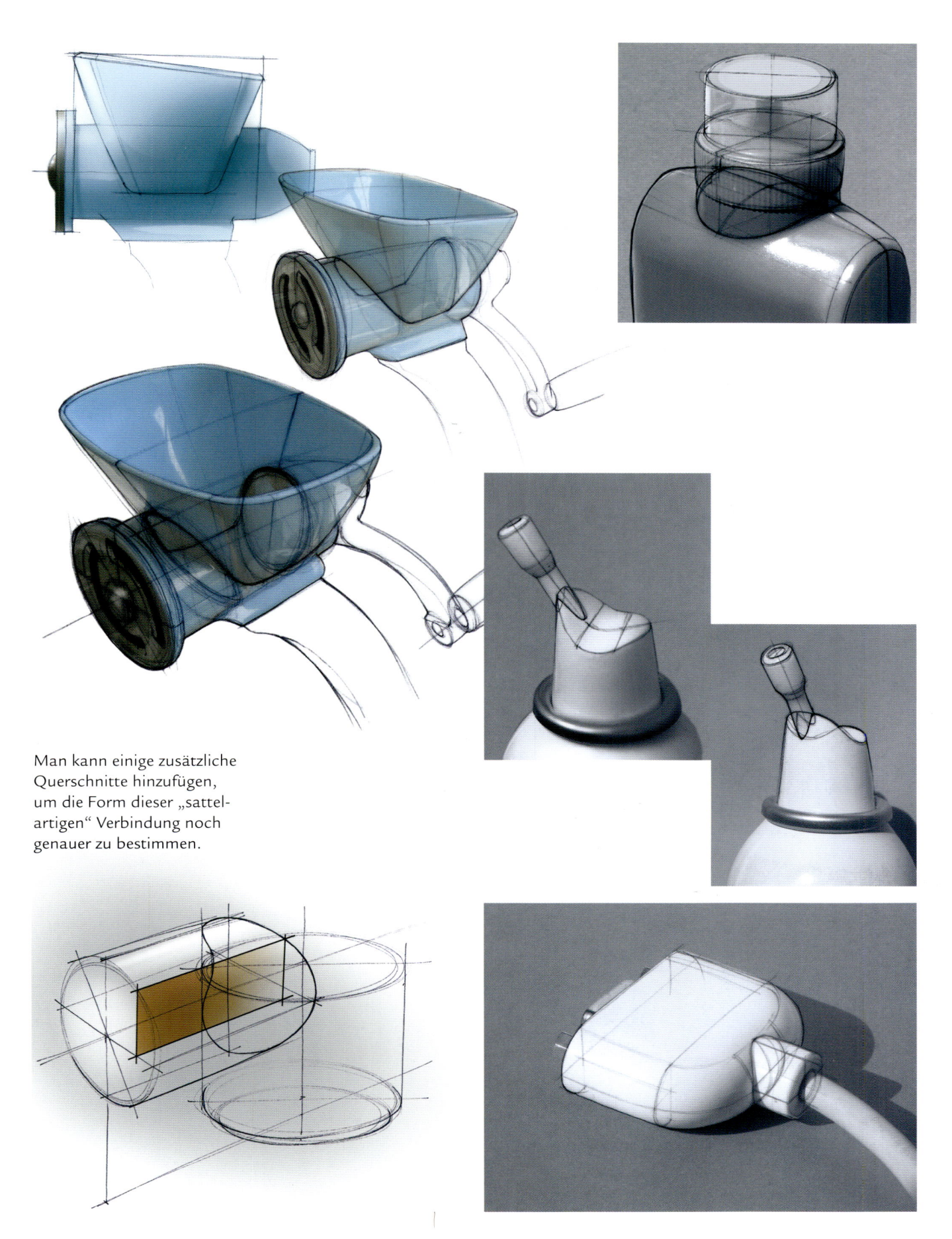

Man kann einige zusätzliche Querschnitte hinzufügen, um die Form dieser „sattelartigen" Verbindung noch genauer zu bestimmen.

Kapitel 5 Ellipse als Bezugspunkt   **101**

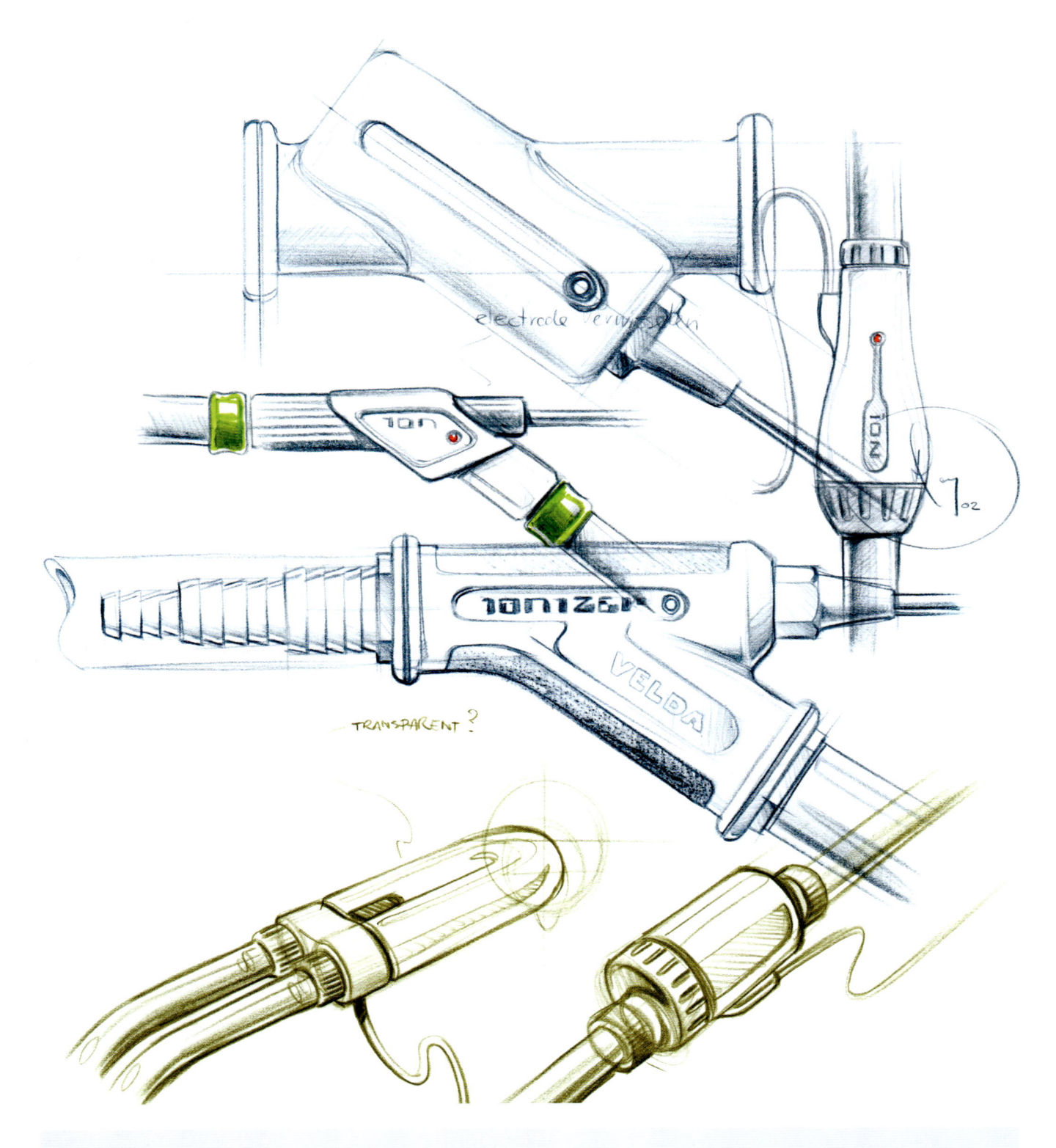

WAACS

2002 führte Velda den I-Tronic ein, um das Algenproblem von Teichbesitzern zu bekämpfen. Dieses Gerät arbeitet nicht mit schädlichen Chemikalien, sondern mit einem elektronischen Kern, der durch einen Mikroprozessor gesteuert wird. Dieser Kern erzeugt dann elektrische Impulse und gibt positiv geladene Kupferionen ab, die sowohl Faden- als auch Schleimalgen vernichten können.
Seitenansichten mit Schattierungen vermitteln einen räumlichen Eindruck einer möglichen Lösung, in diesem Fall eine vereinfachte Darstellung komplexer Rohranschüsse. Um die tatsächlichen Auswirkungen

der Form besser darstellen zu können, sind manchmal sowohl schattierte Seitenansichten als auch Perspektivskizzen notwendig.

Diese Skizzen zeigen eine präzise Abschätzung von Querschnitten und Formübergängen.

Gebogene Röhren

Neben geraden Röhren gibt es natürlich auch gebogene. Eine Sonderform der gebogenen Röhre ist der Torus, gemeinhin auch Donut genannt. Beherrscht man diese Form, so kann man sie als Vorlage zum Zeichnen aller gebogenen Röhren verwenden. Ein Torus lässt sich als runde Form mit unendlich vielen Querschnitten von perspektivischen Kreisen beschreiben, die im rechten Winkel zum Bogen ausgerichtet sind. Um die Form abzuschätzen, genügt es, einige strategische Ellipsen festzulegen. Schneidet man den Donut in Richtung der großen und kleinen Achsen durch, ergibt das zwei Kreise und zwei Linien. Der Querschnitt in der Mitte wird dann durch eine 30°-Ellipse dargestellt.

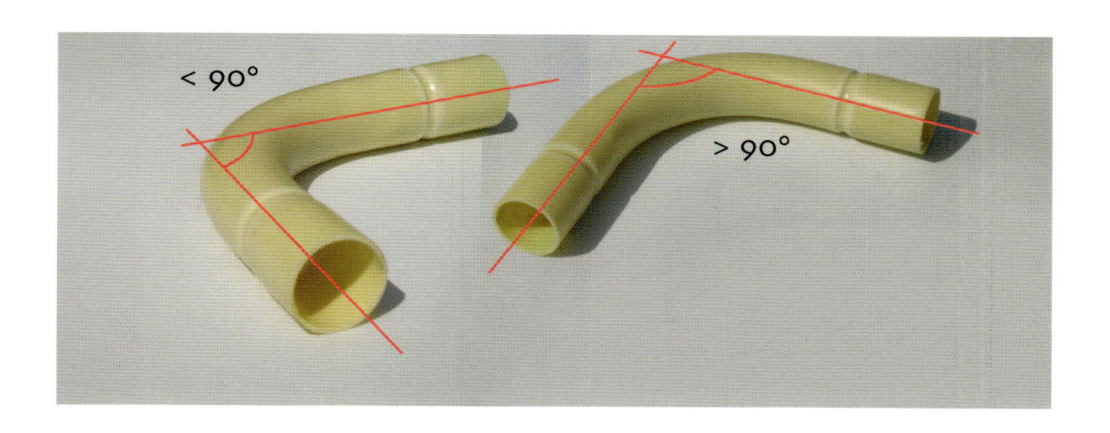

Abgebildet sind einige Beispiele für 90°-Bogen. Von bestimmten Augenpunkten aus wird der Bogen mit einem Winkel von weniger als 90° gezeichnet. Die fließende Form wird von einer verlängerten Konturlinie im Innern der Röhre bestimmt, wie auch beim Torus zu sehen. Um diese Linie zu bestimmen, werden ähnliche Punkte (oben und außen) mehrerer Querschnitte miteinander verbunden und dienen so als Referenz.

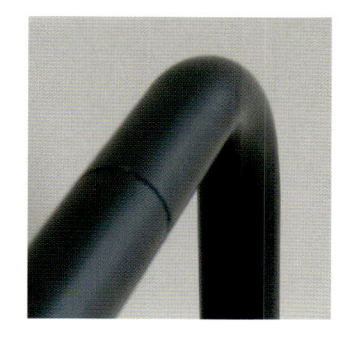

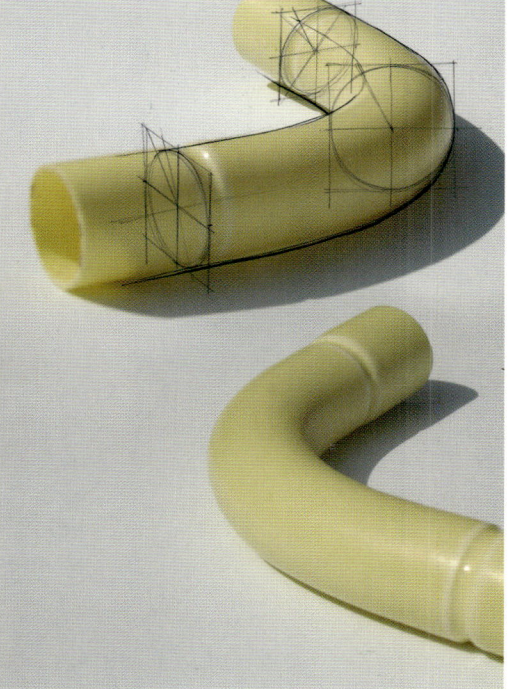

EXTENDED CONTOUR

Kapitel 5 Ellipse als Bezugspunkt **105**

Man bestimmt ergonomische Eigenschaften, indem man die Umrisse von technischen Prototypen auf Fotos einzeichnet. Wichtige Designdetails werden durch Grafiken und Texterklärungen vermittelt.

Rettungswerkzeuge werden gebraucht, um Unfallopfer aus Autos zu befreien. VanBerlo entwickelte eine völlig neue Serie von Rettungswerkzeugen, die vor allem höhere Leistungsfähigkeit und besonderen Bedienkomfort haben sollten. Besonderes Augenmerk galt der Mobilität und Schnelligkeit. Das Design weist auf dem Markt das beste Verhältnis zwischen Gewicht und Leistung auf. Um dies zu vermitteln, wurde ein neues Markenimage entwickelt.

VanBerlo Strategy + Design

Branding und Design von hydraulischen Rettungswerkzeugen für RESQTEC, 2005.
iF gold award 2006. red dot „best of the best" award 2006. Dutch Design Award, 2006. Industrial Design Excellence Award (IDEA) Gold 2006.

Kapitel 5 Ellipse als Bezugspunkt

WAACS

Erfolg ist das Ergebnis von Leidenschaft: Am Anfang jedes neuen Produkts steht eine bestimmte Motivation. Eine Kaffeemaschine sollte entworfen werden, die dem Markt neue Impulse geben und die Gewinnspanne erhöhen sollte. Bei der anschließenden Ideenfindung spielten Emotionen eine entscheidende Rolle. WAACS war begeistert von der Aufgabe, genauso wie die für die Produktion Verantwortlichen – Douwe Egberts/Sara Lee und Philips. Schon kurz nach der Markteinführung 2002 eroberte das Produkt Europa und die USA im Sturm und übertraf alle Erwartungen. Verbraucher nennen die Maschine „Senseo". Das aufgebrühte Getränk wird genauso genannt. Auch das sind Emotionen – Verbraucheremotionen.

Kapitel 6

Rundungen

Fast jedes Industrieprodukt beinhaltet eine gerundete Form. Diese Rundungen oder Abrundungen, die mit dem Herstellungsprozess oder der Form an sich zusammenhängen, haben großen Einfluss auf das Aussehen eines Produkts. Es gibt zwar nur ein paar grundlegende Rundungen – allerdings mit endlosen Variationen: von einer einfachen Abrundung in einer Richtung bis hin zu mehrfachen abgewinkelten Abrundungen in unterschiedliche Richtungen.

MNO (Jan Melis und Ben Oostrum) – Easy Chair

Die Rundungen werden optisch hervorgehoben.

Einfache Rundungen

Ein Objekt hat eine sogenannte einfache Rundung, wenn sie nur in einer Richtung verläuft. In der einfachsten Form erinnert das an Formteile. Mit Rundungen macht man sich am besten durch Analyse und Zeichnen bekannter Formen vertraut. Die Objekte werden zunächst als Blockformen gezeichnet, anschließend werden die Abrundungen „abgezogen".

Richard Hutten Studio – Sexy Relaxy, 2001/2002

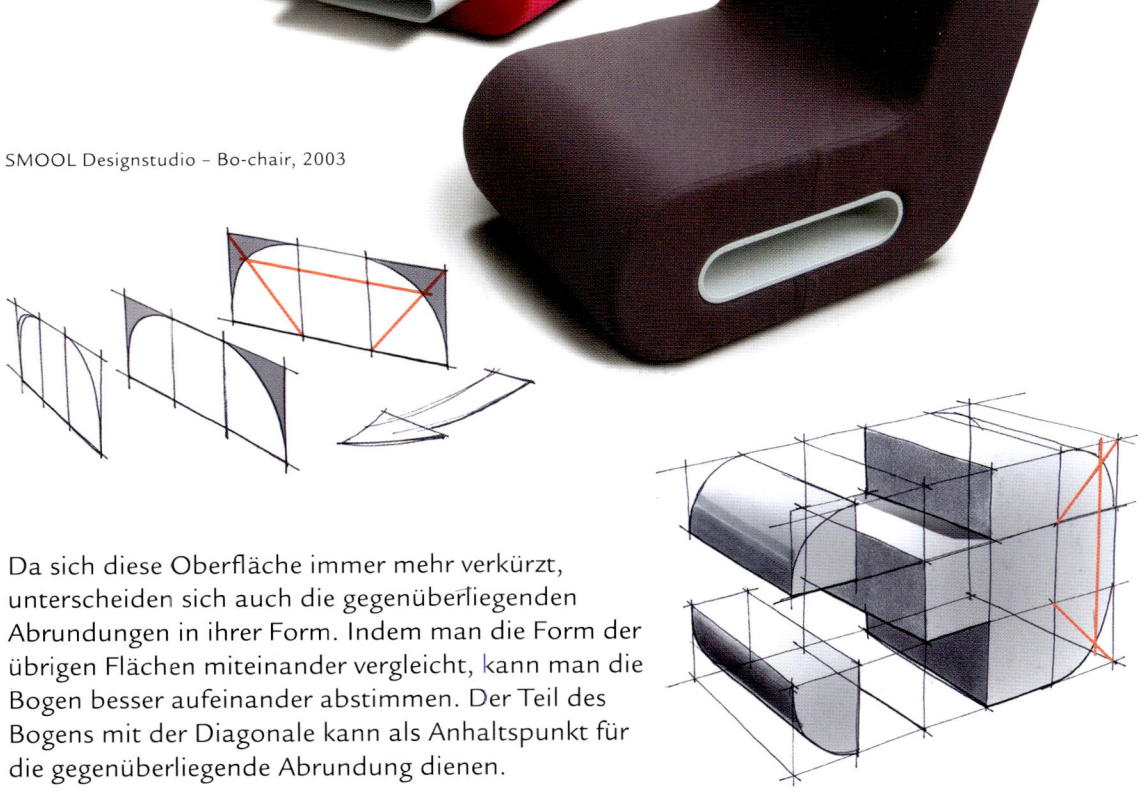

Die meisten Grundformen von Rundungen sind Teil einer Ellipse. Da ein einfach gerundetes Objekt eine Kombination aus Block- und Zylinderteilen ist, werden die Schattierungen dementsprechend angelegt.

Fabrique – Metallschränke/ Rotterdam Droogdok, Teil der Inneneinrichtung für die neuen Büros der Entwicklungsgesellschaft CityPorts Rotterdam, 2005.

SMOOL Designstudio – Bo-chair, 2003

Da sich diese Oberfläche immer mehr verkürzt, unterscheiden sich auch die gegenüberliegenden Abrundungen in ihrer Form. Indem man die Form der übrigen Flächen miteinander vergleicht, kann man die Bogen besser aufeinander abstimmen. Der Teil des Bogens mit der Diagonale kann als Anhaltspunkt für die gegenüberliegende Abrundung dienen.

Kapitel 6 Abrundungen

Die Möbelserie Pharao kann sowohl im Haus als auch im Freien benutzt werden. Sie wurde für die Dutch Design Awards 2005 nominiert.

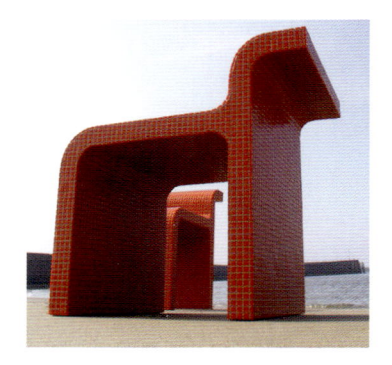

Design und Fotos: studioMOM, Alfred van Elk

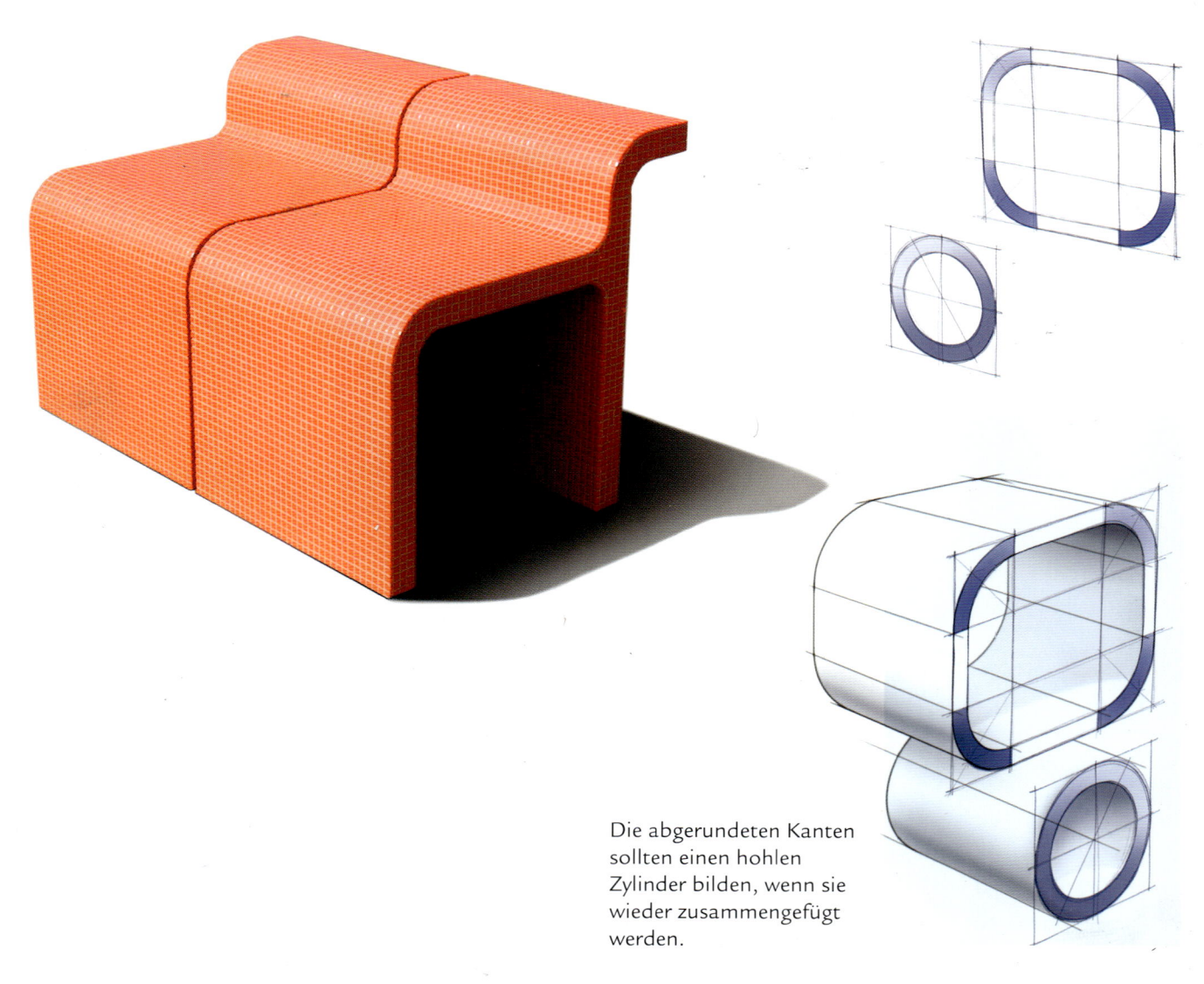

Die abgerundeten Kanten sollten einen hohlen Zylinder bilden, wenn sie wieder zusammengefügt werden.

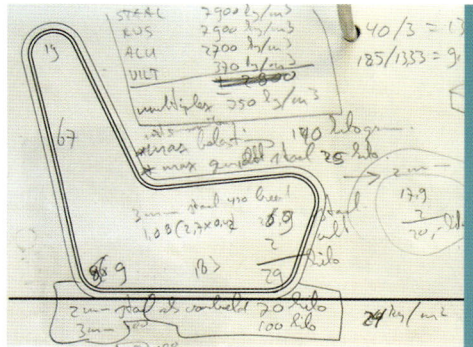

Ramin Visch – chair ELI, 2006.
Material: Stahl mit Wollfilz.
Foto: Jeroen Musch.

Wenn eine Rundung nicht zylindrisch, sondern auf andere Weise verläuft, sollten Hilfslinien wie z.B. für einen Querschnitt dafür sorgen, dass die Symmetrie erhalten bleibt.

Da die Querschnittsflächen auf dem Boden platziert wurden, konnten sie auch als Referenzen beim Zeichnen der Schlagschatten dienen.

Kapitel 6 Abrundungen

Frühe Skizzen wurden hier benutzt, um zündende Ideen zu dokumentieren und die erste Gestalt der Form zu visualisieren. Danach wurden verschiedene Medien eingesetzt, um das Konzept zu realisieren, z.B. kleine, mit der Hand gezeichnete Papiermodelle oder präzisere, mit Adobe Illustrator erstellte Darstellungen. Da das Prinzip des Designs auf dem Goldenen Schnitt basierte, wurde die endgültige Formbestimmung zum größten Teil am Computer durchgeführt.

Studio Jan Melis

Der Goldene Schnitt – auch die göttliche Proportion genannt – wird als Inbegriff von Harmonie und Ästhetik angesehen und kommt auch in der Natur vor. Dieses Phänomen diente als Inspiration für das Design der oben abgebildeten modularen Formen, die beliebig miteinander kombiniert werden können. Während der Ausstellung *Luctor et emergo* 2006 im CBK Zeeland in Middelburg wurde das Design für eine selbstklebende Wanddekoration und eine modulare Bank verwendet.

Kapitel 6 Abrundungen

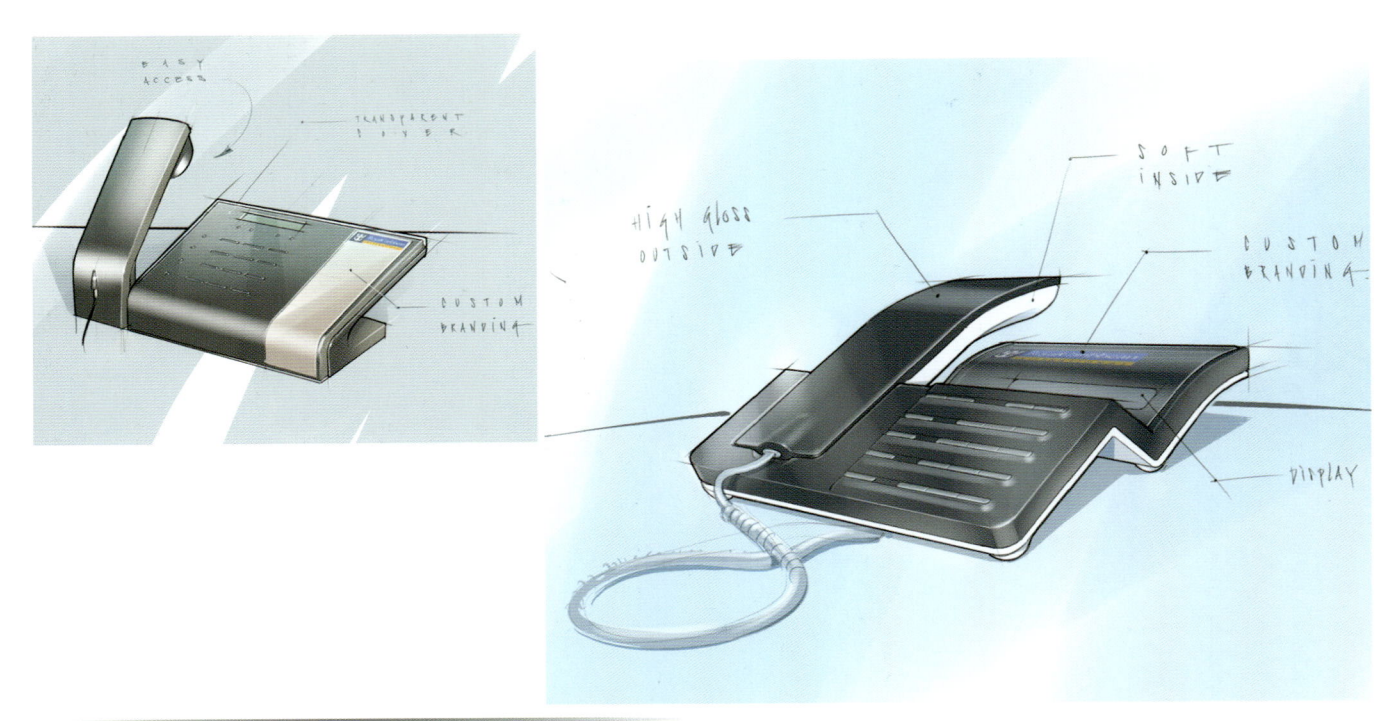

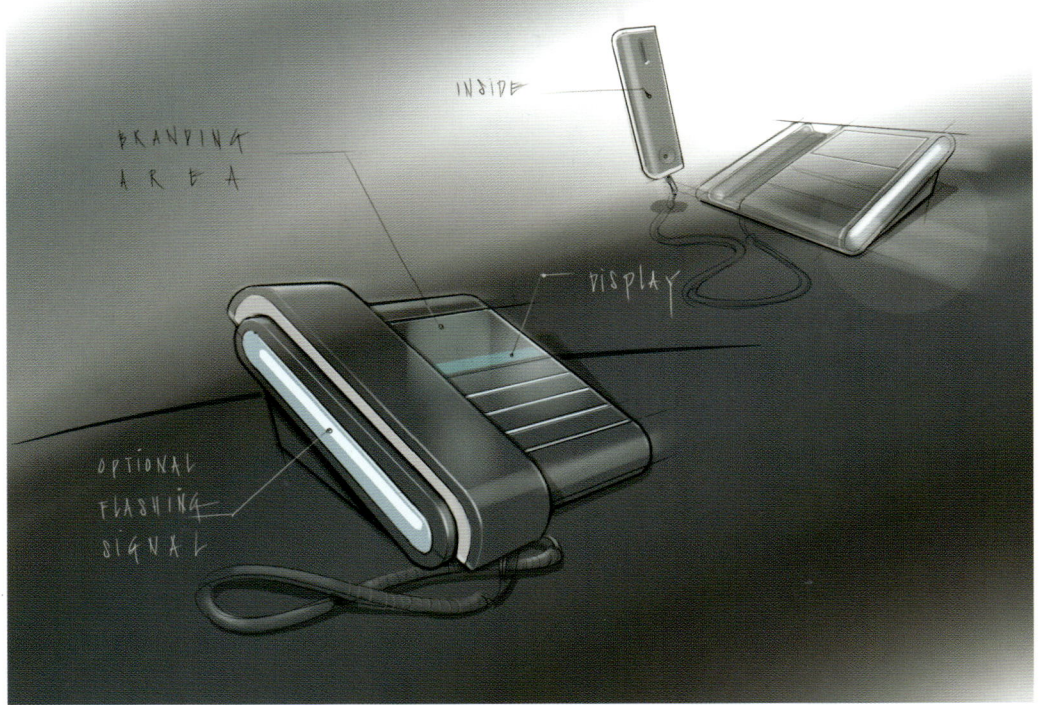

Pilots Product Design

Tischtelefon für Philips, 2005. Dieses Bordtelefon wurde für den Einsatz auf amerikanischen Kreuzfahrtschiffen entwickelt, die renoviert werden sollten. Schon die ersten Konzepte berücksichtigten den hochwertigen, minimalistischen Stil der Inneneinrichtung.

Mit diesen ersten Zeichnungen entsteht bereits ein guter Eindruck von Gestalt und Aussehen des Telefons. Der Text in den Zeichnungen dient dazu, Kunden und Innenarchitekten in Übersee die Konzepte zu vermitteln.

Designer: Stanley Sie und Jurriaan Borstlap

Jeden zweiten Tag wurde per Mail eine Präsentation verschickt, danach fand eine Telefonkonferenz statt. Nachdem das Grunddesign festgelegt wurde, suchte man nach der richtigen Form der Tasten und anderer Details. Mit Painter lassen sich anhand einer Zeichnung mühelos mehrere Varianten durchspielen.

Kapitel 6 Abrundungen

Mehrfache Rundungen

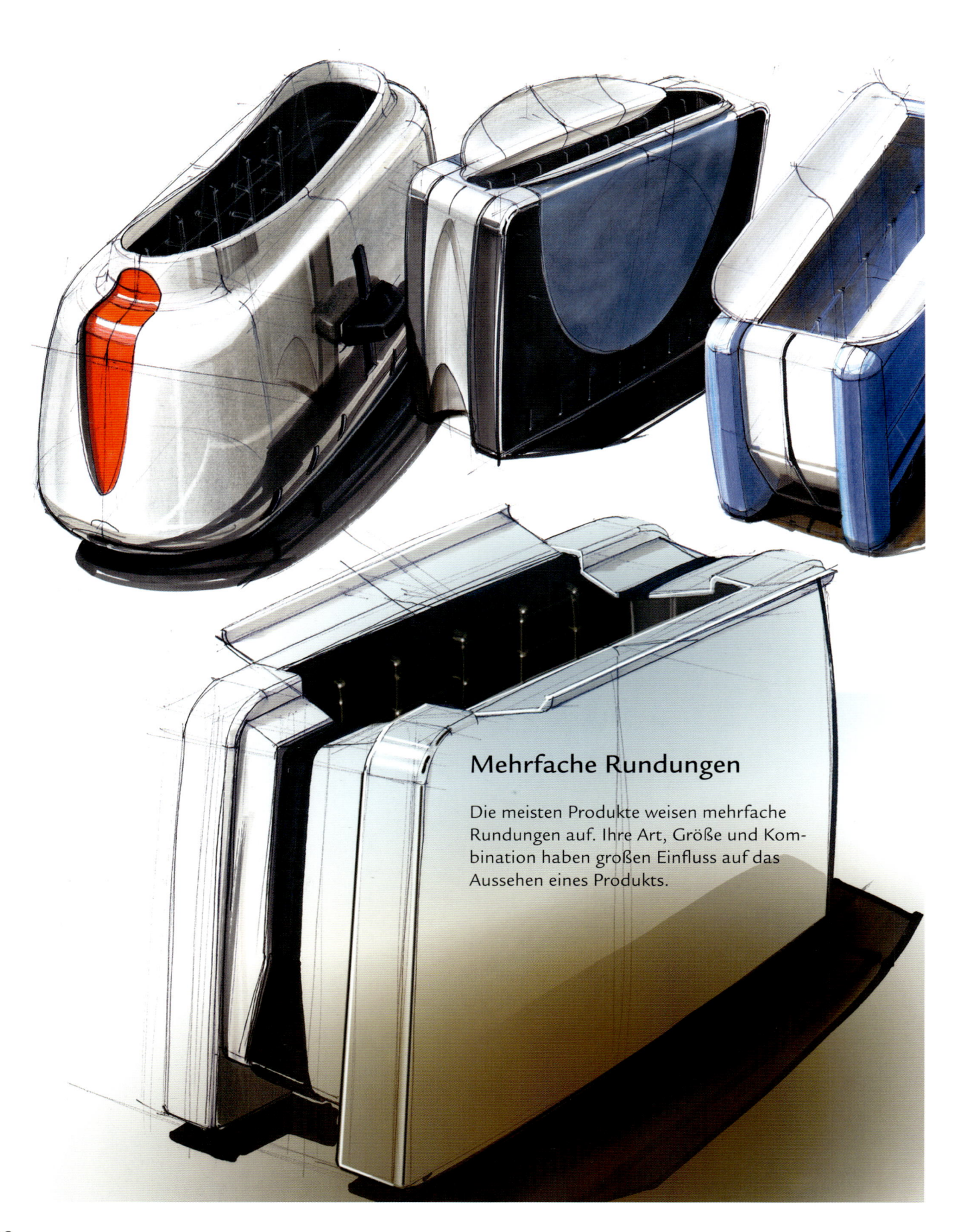

Die meisten Produkte weisen mehrfache Rundungen auf. Ihre Art, Größe und Kombination haben großen Einfluss auf das Aussehen eines Produkts.

Diese Toasterzeichnungen zeigen verschiedene Kombinationen von Rundungen, z.B. kleine ähnliche Abrundungen im Gegensatz zu einer Kombination aus kleineren und größeren Rundungen.

Beim Aufbau dieser Rundungen sollte man mit den größeren Bogen zuerst beginnen.

Bei Rundungen geht es darum, dass man weiß, wie und wo man die Hilfslinien setzt. Zeichnen Sie die Grenzen verschiedener Oberflächen innerhalb einer Form (eben, gebogen, abgerundet) ein. Das gibt Ihnen ein Gefühl für Ihre Variationen und vereinfacht die nächsten Phasen der Zeichnung. Bei diesem Ansatz steht nicht die Zeichnung allein im Mittelpunkt, vielmehr unterstützt er Formentscheidungen und gilt als Werkzeug für den Designprozess.

MMID

Logic-M, Ligtvoet Products BV, 2006.
In enger Zusammenarbeit mit dem Kunden konzentrierte sich MMID auf das Gesamtstyling des Elektrorollers. Die Entwicklung der technischen Teile aus Metall wurde von Ligtvoet ausgeführt. Die ersten Skizzen, Renderings und Modelle wurden mit verschiedenen Werkzeugen entwickelt, darunter Painter, Photoshop und Rhino-3-D.

„Bei diesem Projekt kamen verschiedene Skizziertechniken zum Einsatz. Unsere ersten Zeichnungen wurden mit Kugelschreiber und Marker skizziert. Danach haben wir Fotos vom Schaumstoffmodell als Skizzenunterlagen genutzt, und für die Details des Stylings wurde das Rhino-CAD-Modell als Vorlage verwendet."

„Die Kombination verschiedener Techniken vermittelt uns in jeder Gestaltungsphase einen guten Eindruck vom Produkt, sodass wir alle Stylingaspekte des Rollers auf unterschiedlichen Ebenen optimieren können. Und mit dem Rhino-CAD-Modell wird es möglich, jeden Blickwinkel auszuprobieren."

Kapitel 6 Abrundungen 121

Sowohl Schattierungen als auch Glanzlichter hängen bei gerundeten Objekten von Lichtrichtung und Spiegelung ab. Der hellste Bereich einer Rundung wird durch die Lichtrichtung bestimmt. Ein Glanzlicht ist ein komprimierter, starker Lichtreflex und kann unabhängig von der Lichtrichtung auftreten.

Ob Schattierungen und Spiegelungen ausgewogen wirken, hängt von der Oberfläche des Objekts ab (matt oder glänzend). Es gibt daher nicht nur eine einzige Methode, um Rundungen auszudrücken – man sollte aber immer daran denken, dass Schattierungen für eine erkennbare Form sorgen. Der folgende Abschnitt beschäftigt sich überwiegend damit.

Hier werden Rundungen verschiedener Größe kombiniert, was sich in der Form des Glanzlichts zeigt.

CONTOUR is PART OF A CIRCLE

Die einfachsten mehrfachen Rundungen entstehen, wenn einfache Rundungen gleicher Größe miteinander kombiniert werden. Zur Konstruktion einer Abrundung werden drei Viertelteile einer Ellipse gezeichnet.

Hier ist die Abrundung ein Teil einer Kugel (ein Achtel), was dann auch die Schattierung bestimmt, sie ähnelt einer Kugel. Die Kontur ist wiederum Teil eines Kreises.

Kapitel 6 Abrundungen   123

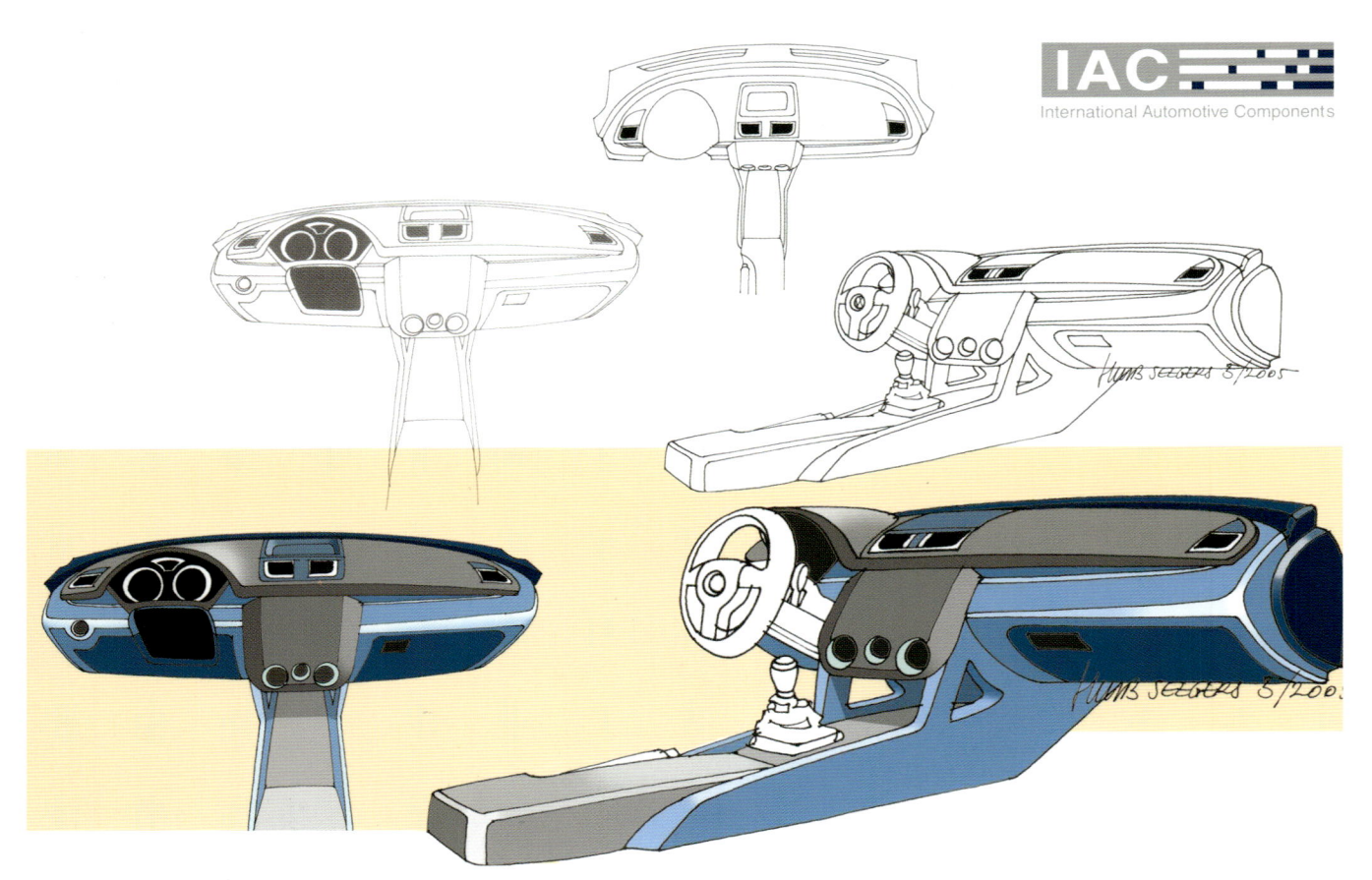

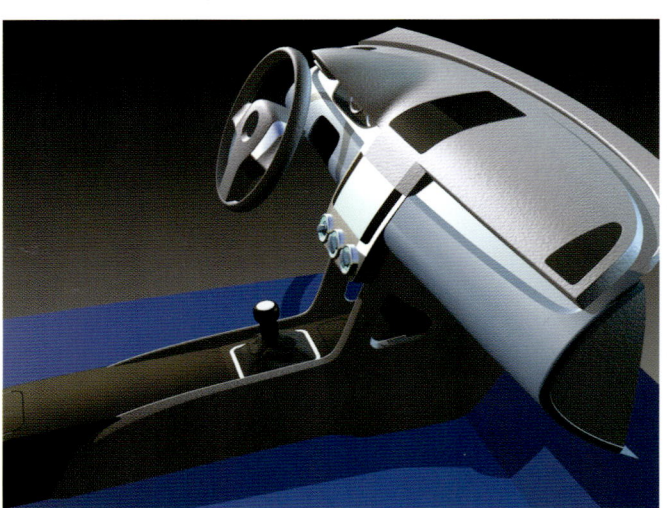

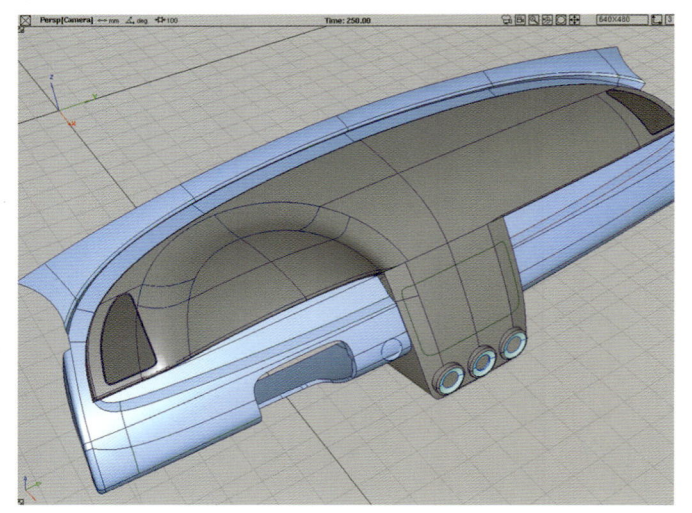

IAC Group, Deutschland – Huib Seegers

Diese Konzeptzeichnungen von 2005 stellen Formen für Armaturenbretter und Mittelkonsolen vor, die sich in ein typisches OEM-(Spezifikationen-)Styling einfügen und gleichzeitig bestimmte innovative Fertigungsprozesse berücksichtigen sollten.

Man ging von Bleistiftskizzen aus, die wie Cartoons mit schwarzem Fineliner bearbeitet und mit Photoshop koloriert wurden. Als Nächstes nahm man Modellierung und Rendering des Konzepts in 3-D mit der Software Alias vor.

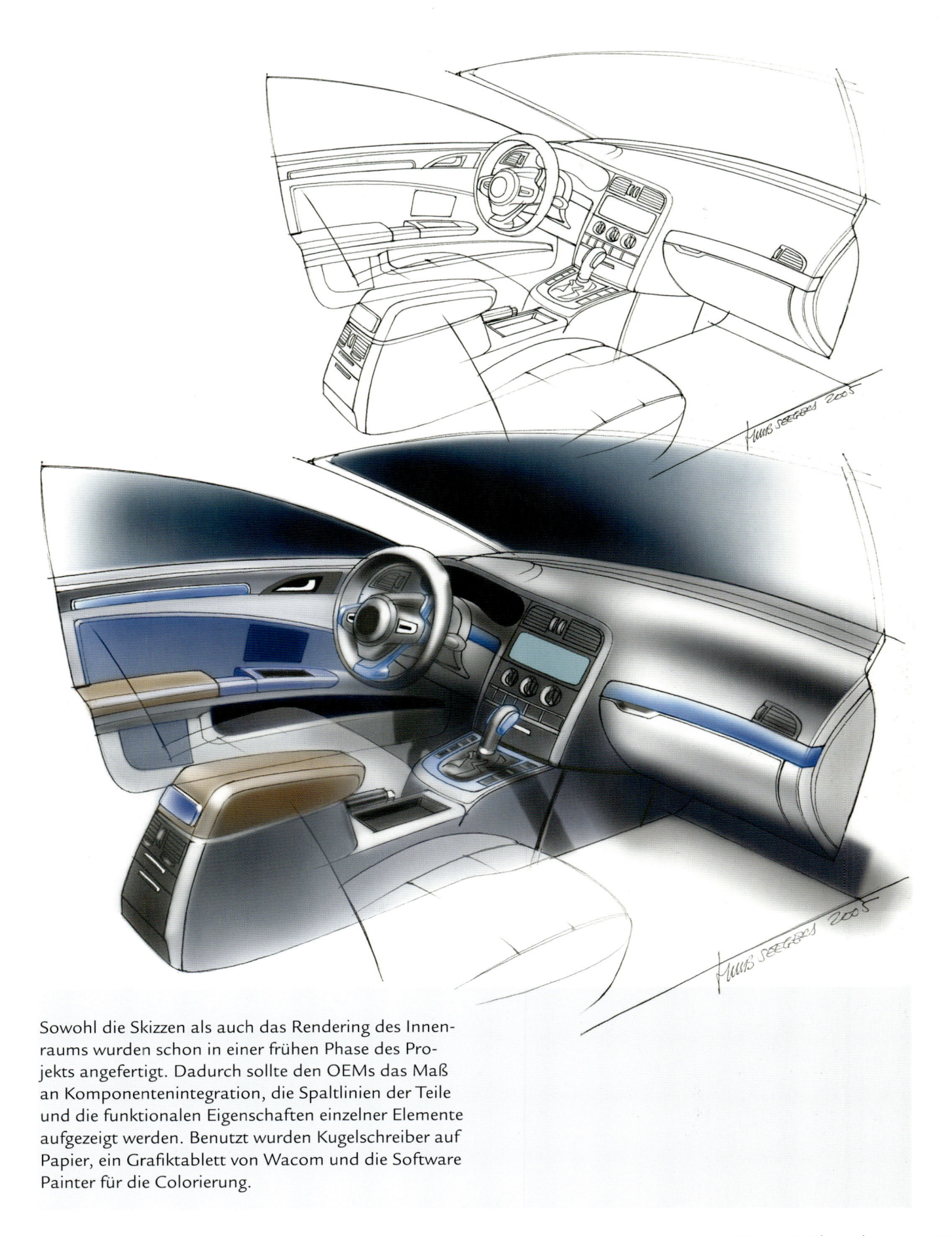

Sowohl die Skizzen als auch das Rendering des Innenraums wurden schon in einer frühen Phase des Projekts angefertigt. Dadurch sollte den OEMs das Maß an Komponentenintegration, die Spaltlinien der Teile und die funktionalen Eigenschaften einzelner Elemente aufgezeigt werden. Benutzt wurden Kugelschreiber auf Papier, ein Grafiktablett von Wacom und die Software Painter für die Colorierung.

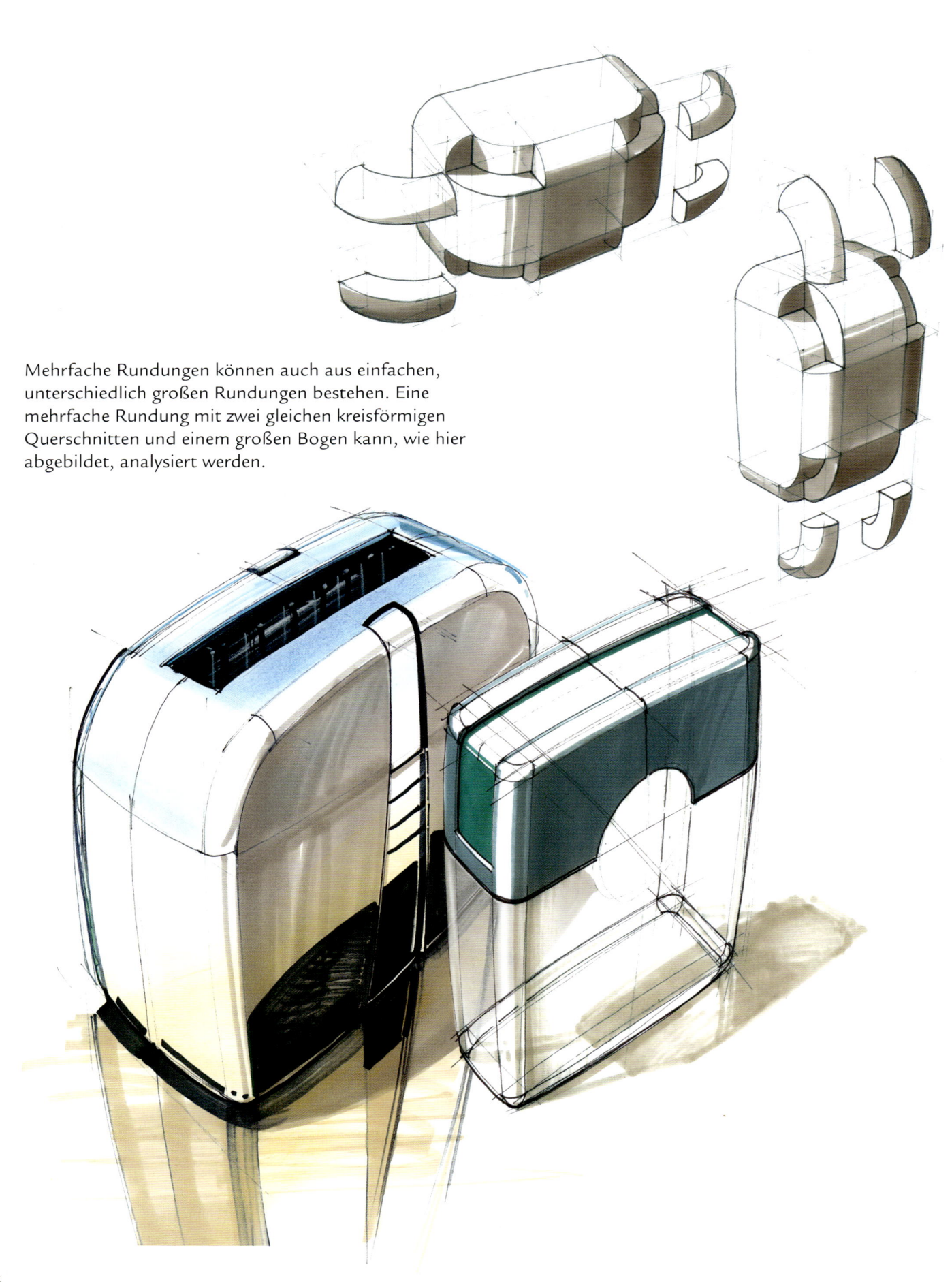

Mehrfache Rundungen können auch aus einfachen, unterschiedlich großen Rundungen bestehen. Eine mehrfache Rundung mit zwei gleichen kreisförmigen Querschnitten und einem großen Bogen kann, wie hier abgebildet, analysiert werden.

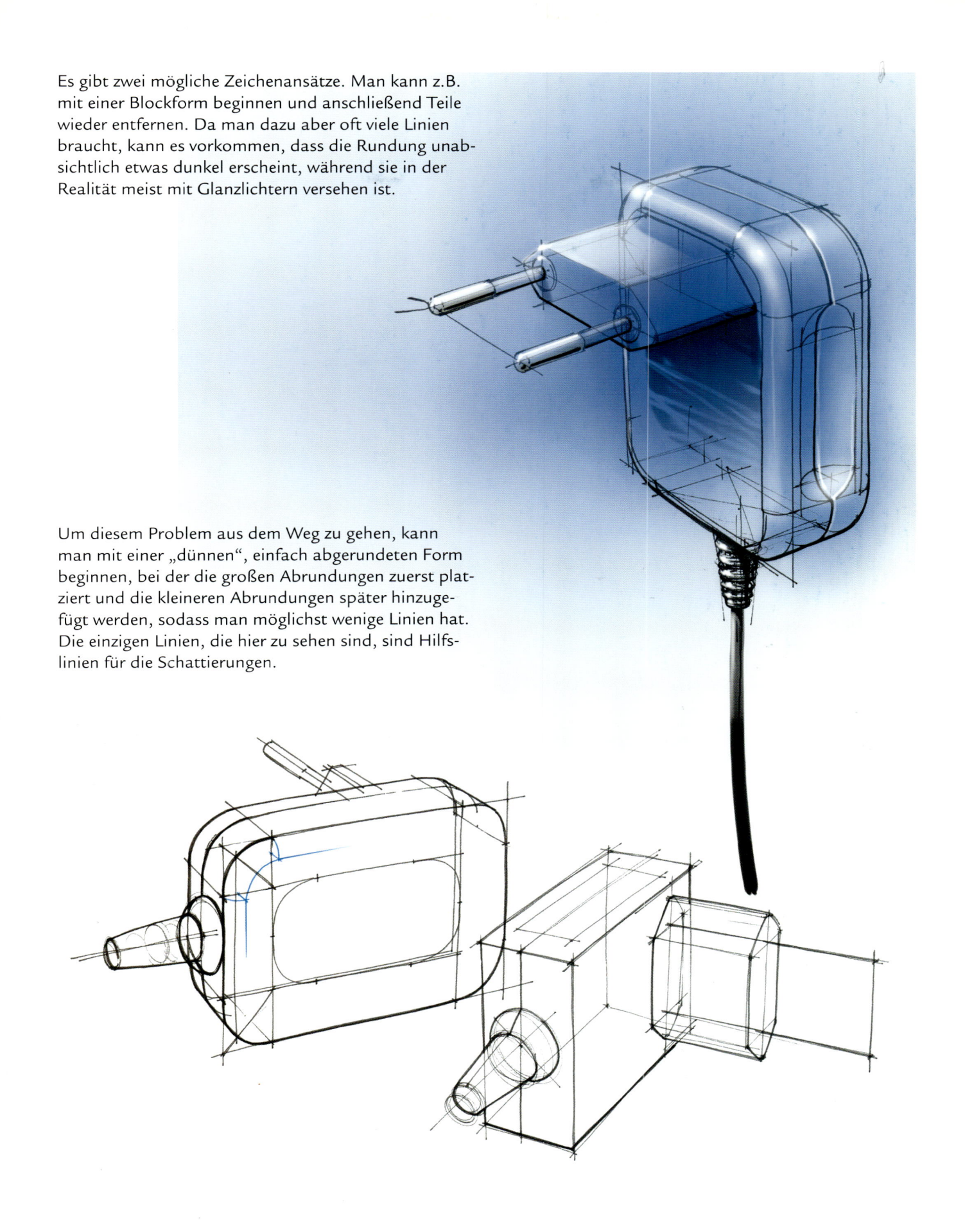

Es gibt zwei mögliche Zeichenansätze. Man kann z.B. mit einer Blockform beginnen und anschließend Teile wieder entfernen. Da man dazu aber oft viele Linien braucht, kann es vorkommen, dass die Rundung unabsichtlich etwas dunkel erscheint, während sie in der Realität meist mit Glanzlichtern versehen ist.

Um diesem Problem aus dem Weg zu gehen, kann man mit einer „dünnen", einfach abgerundeten Form beginnen, bei der die großen Abrundungen zuerst platziert und die kleineren Abrundungen später hinzugefügt werden, sodass man möglichst wenige Linien hat. Die einzigen Linien, die hier zu sehen sind, sind Hilfslinien für die Schattierungen.

Kapitel 6 Abrundungen

Obwohl sich diese Objekte in ihrer Form stark von den bereits gezeigten Objekten unterscheiden, kann man den gleichen Zeichenansatz wie bisher erkennen. Die Zeichnungen beginnen mit einer ebenen Fläche, in der die große Rundung bereits eingezeichnet wird. Kleinere Rundungen und gelegentlich auch ein Querschnitt werden später hinzugefügt, um die Unterschiedlichkeit der Oberfläche zu betonen. Verstärkungsrippen sind hier ebenfalls hilfreich.

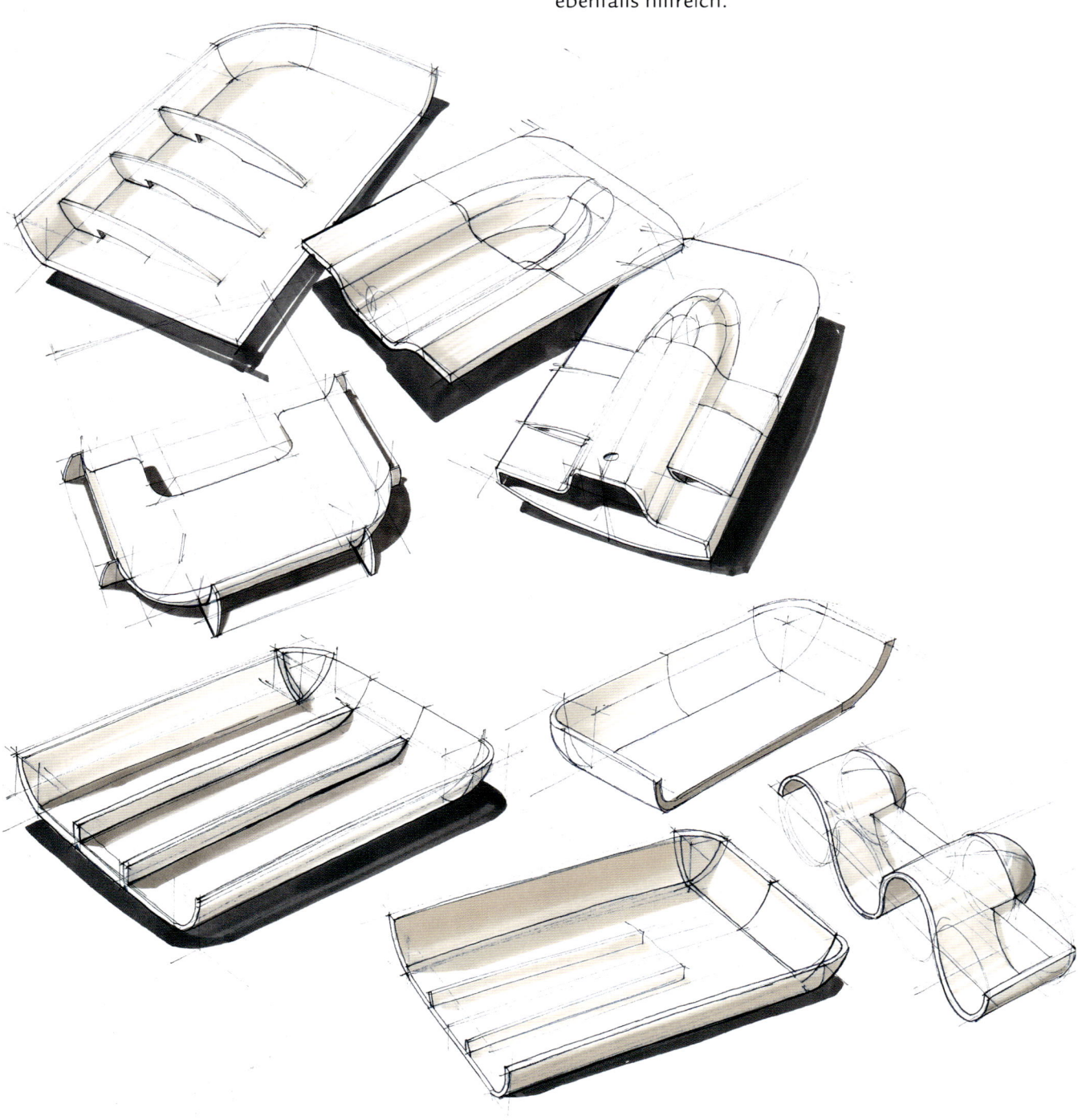

Die Oberfläche als Ausgangspunkt

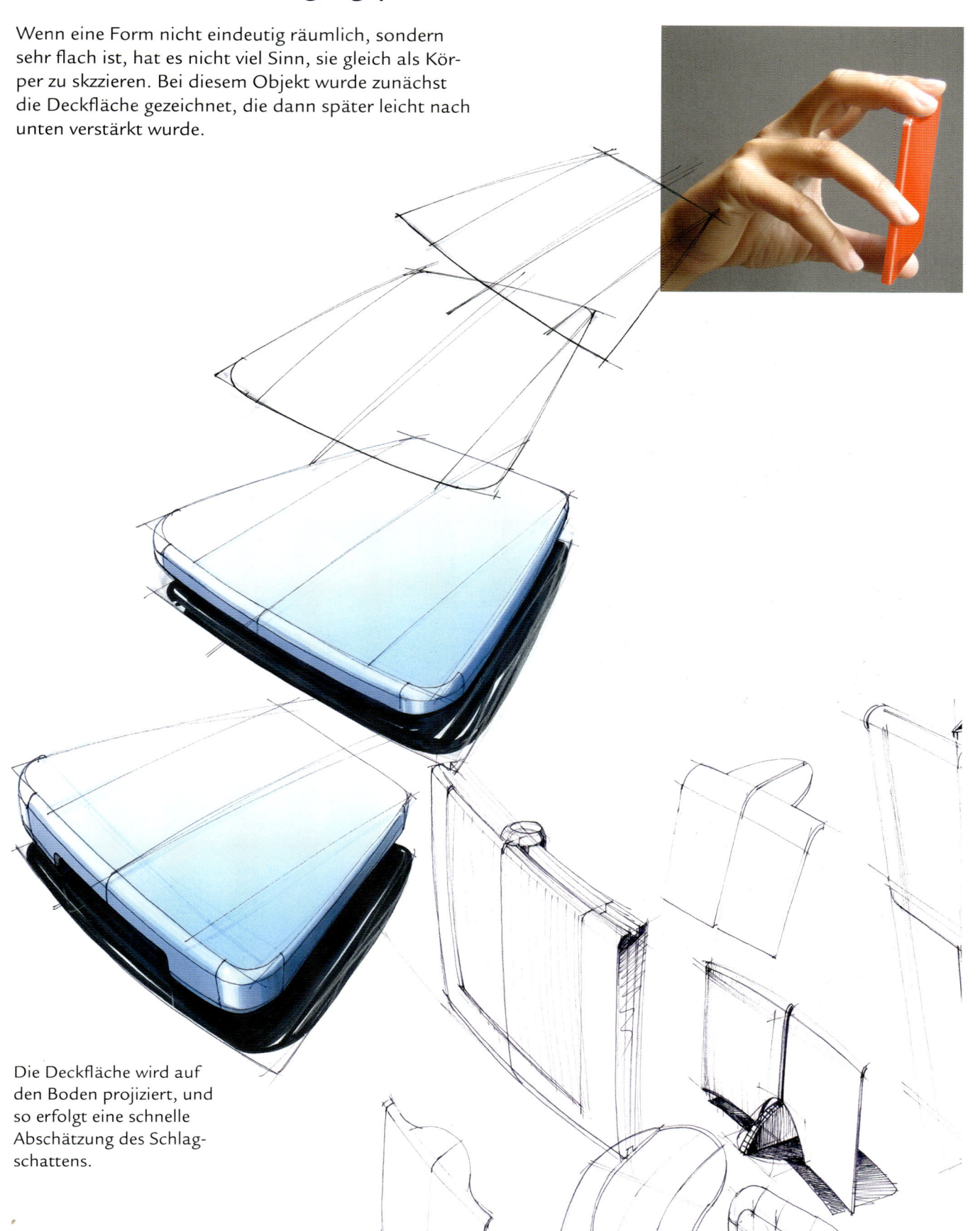

Wenn eine Form nicht eindeutig räumlich, sondern sehr flach ist, hat es nicht viel Sinn, sie gleich als Körper zu skzzieren. Bei diesem Objekt wurde zunächst die Deckfläche gezeichnet, die dann später leicht nach unten verstärkt wurde.

Die Deckfläche wird auf den Boden projiziert, und so erfolgt eine schnelle Abschätzung des Schlagschattens.

Kapitel 6 Abrundungen

Fällt die Abrundung relativ gering aus, so muss sie nicht konstruiert werden, es reicht auch schon ihre Andeutung, indem man zwei Linien zeichnet und den Strich dazwischen heller lässt. Bei diesen Beispielen dient die Deckfläche als Ausgangspunkt, die auch leicht gekrümmt sein kann. Querschnitte oder Ränder, die der Form über die Abrundung hinweg folgen, können diese angeben oder betonen.

Details werden erst nach der Colorierung und Schattierung hinzugefügt.

Spark Design Engineering

Explosionssichere Füllstandanzeiger, 2006.
Da diese Messgeräte in Lagereinrichtungen der Öl- und Gasindustrie verwendet werden, ist Sicherheit ein Schlüsselfaktor. Spark entwickelte die Geräteserie, um das Markenimage beim Kunden zu stärken, ohne Abstriche bei Sicherheit oder Produktkosten zu machen. Durch eine Reihe modularer Komponenten kann die gesamte Produktpalette aus wenigen Teilen hergestellt werden. Schon im frühen Projektstadium hatte Spark die gewünschte Produktwahrnehmung und Markenpositionierung definiert. So verwendeten die Designer bereits in den ersten Skizzen das endgültige Farbschema. Der Farbeinsatz hat großen Einfluss auf Styling und Formentwicklung eines Produkts.

Schätzungen

Mit etwas Erfahrung werden Sie irgendwann schätzen können, wie eine Rundung aus einer bestimmten Perspektive aussieht. Nur so sind schnelle Skizzen möglich, bei denen diese Einschätzungen besonders ausschlaggebend sind.

Kapitel 7

Ebenen/Querschnitte

Ein anderer Ansatz des räumlichen Zeichnens ist ebenenorientiert. Bis jetzt haben wir ein Objekt als Kombination einfacher Körper angesehen, aber es kann auch mithilfe von Ebenen gezeichnet werden. Die am häufigsten verwendete Ebene ist der Querschnitt. Querschnitte dienen zum „Aufbau" eines Objekts und zur Bestimmung von Formübergängen.

Buro Vormkrijgers – Marie-Louise, 2002

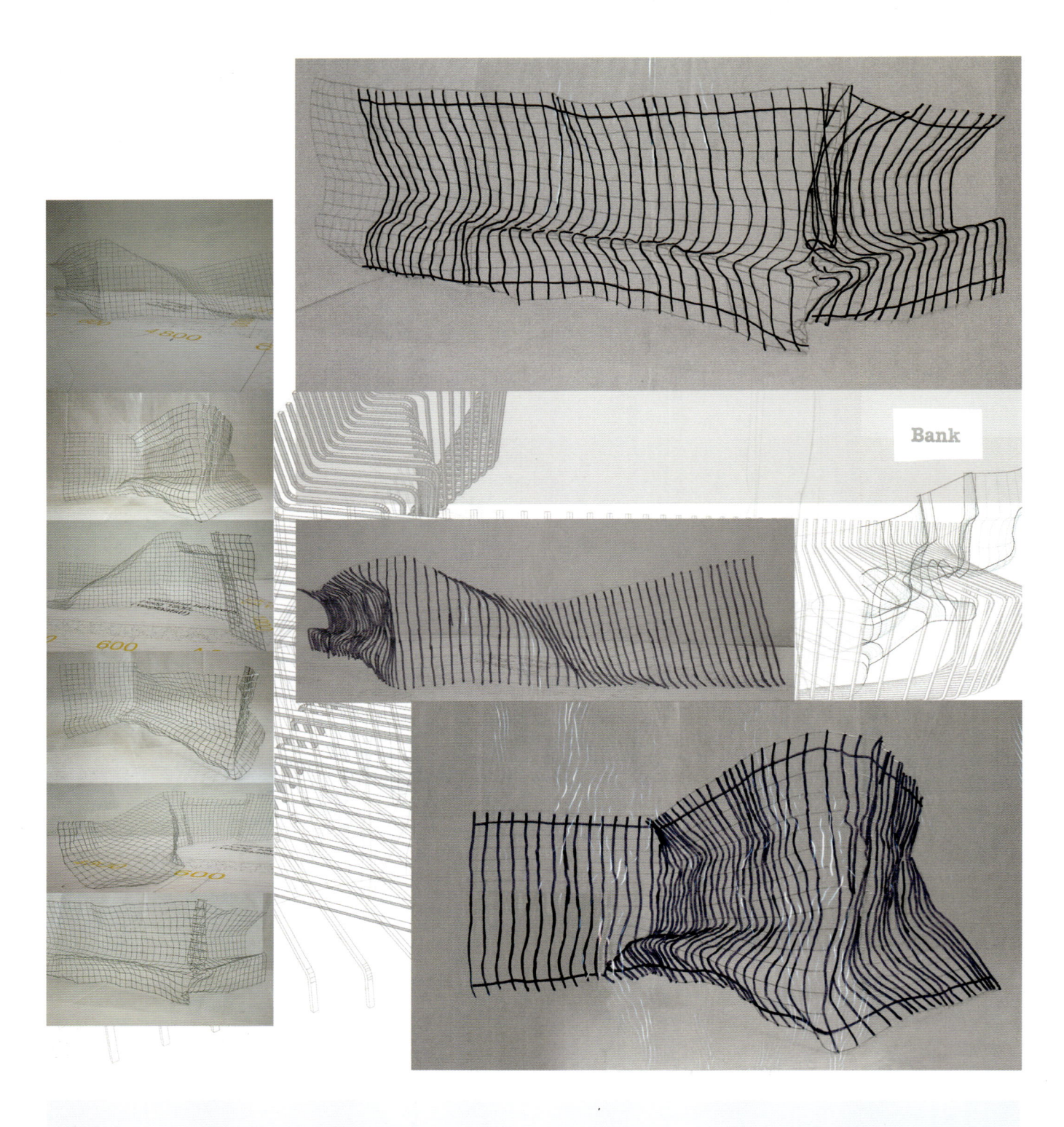

Am Anfang des Designprozesses wurden viele Fotos von maßstabsgerechten Modellen aus Drahtgeflecht gemacht. Auf mehreren Bildern wurde die Struktur nachgezeichnet, um Formübergänge zu verdeutlichen und den Charakter der Idee zu intensivieren. Diese Zeichnungen wurden später als Vorlage für die Renderings verwendet.

„In der Regel spielen (maßstabsgetreue) Modelle in den frühen Phasen des Designprozesses eine wichtige Rolle."

Remy & Veenhuizen ontwerpers

Kann aus einem Zaun ein Ort der Begegnung werden? Ein steriler Zaun der Grundschule Noorderlicht in Dordrecht wurde so gestaltet, dass er diese Aufgabe erfüllt. Das Aufbrechen des starren Rhythmus zu einer organischen Struktur hat auf beiden Seiten Stellen entstehen lassen, die zum Verweilen einladen. Die gebogene Struktur ist an jedem Ende mit dem zuvor vorhandenen Fertigzaun Heras verbunden.

Obwohl die ersten Skizzen mit der Hand gezeichnet wurden und die endgültige Form Einschränkungen in Bezug auf Technik und Budget unterworfen war, ist die Ähnlichkeit doch noch erkennbar.

Kunde: CBK Dordrecht, 2005. Designer: Tejo Remy und René Veenhuizen. Fotos: Herbert Wiggerman

Gekrümmte Oberflächen

Auf eine Oberfläche gezeichnete Querschnitte erklären oder betonen deren Krümmung. Sie spielen eine wichtige Rolle bei der Wahrnehmung einer Form.
Man kann Schätzungen von gekrümmten Querschnitten zeichnen oder einen genaueren Ansatz anwenden, der mit einer ebenen Oberfläche beginnt und diese teilweise nach oben oder unten verschiebt. Bleiben die Querschnitte der ebenen Oberfläche sichtbar, kann die Krümmung der Ebene in Bezug dazu wahrgenommen werden.

Kapitel 7 Ebenen/Querschnitte **137**

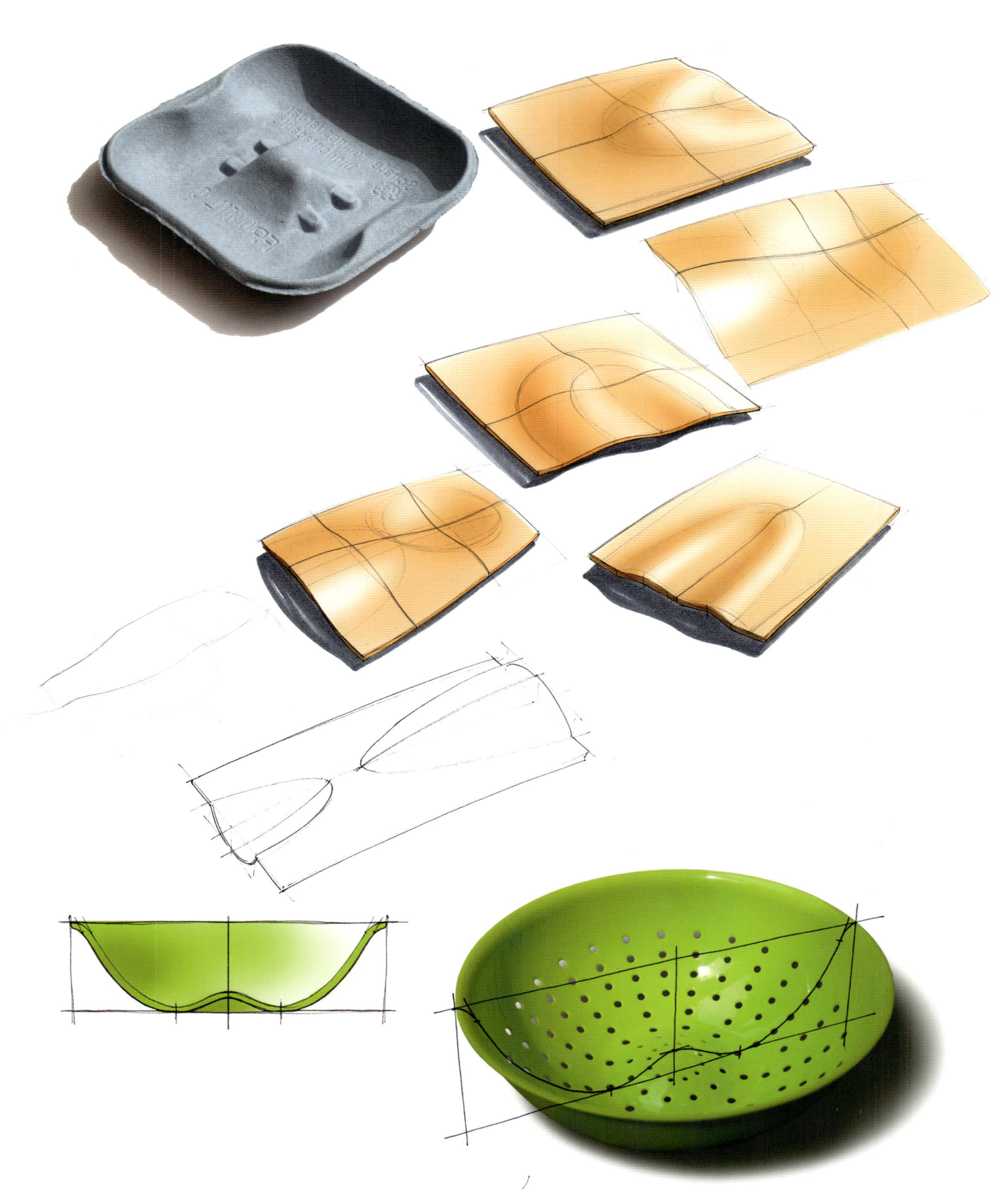

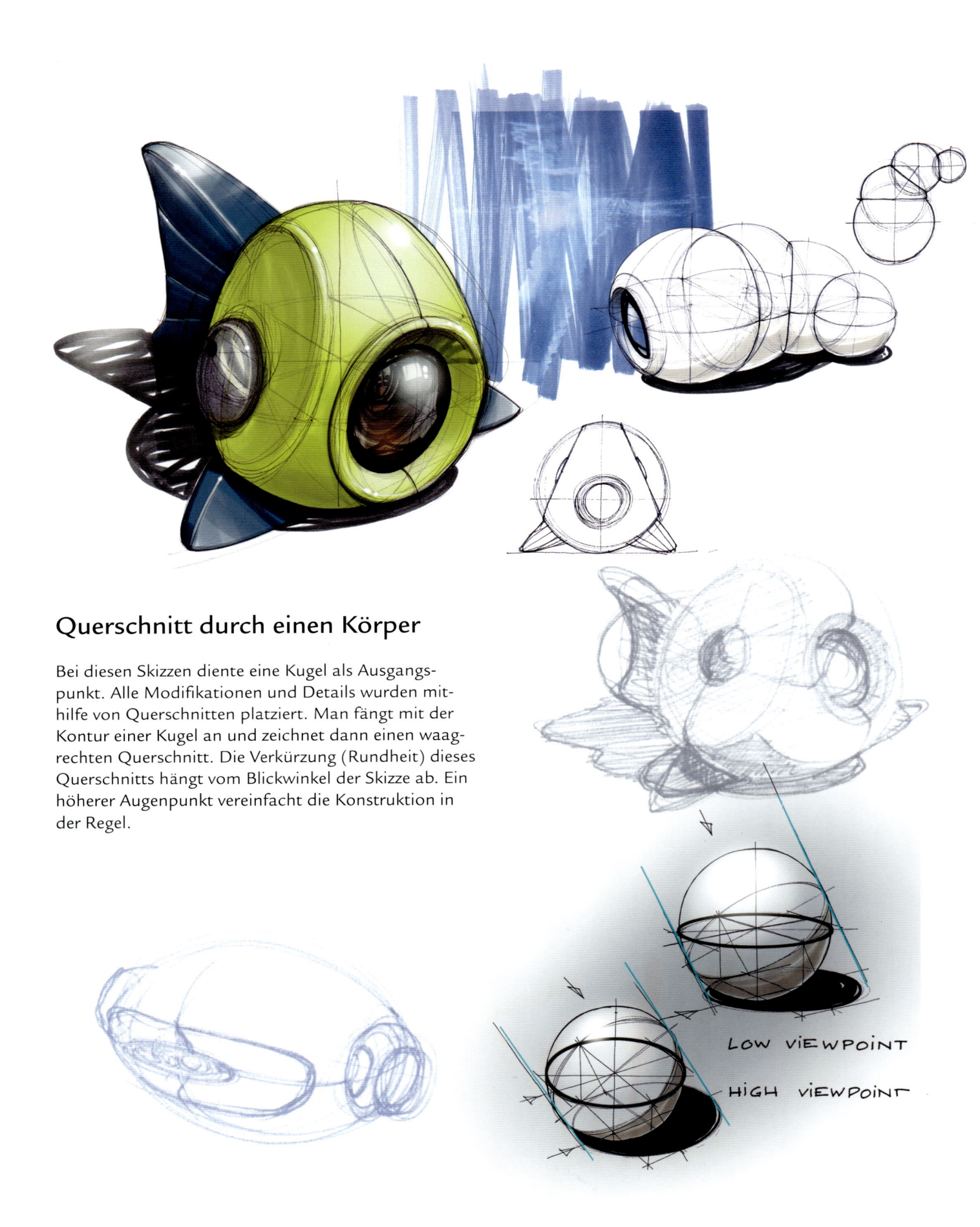

Querschnitt durch einen Körper

Bei diesen Skizzen diente eine Kugel als Ausgangspunkt. Alle Modifikationen und Details wurden mithilfe von Querschnitten platziert. Man fängt mit der Kontur einer Kugel an und zeichnet dann einen waagrechten Querschnitt. Die Verkürzung (Rundheit) dieses Querschnitts hängt vom Blickwinkel der Skizze ab. Ein höherer Augenpunkt vereinfacht die Konstruktion in der Regel.

LOW VIEWPOINT

HIGH VIEWPOINT

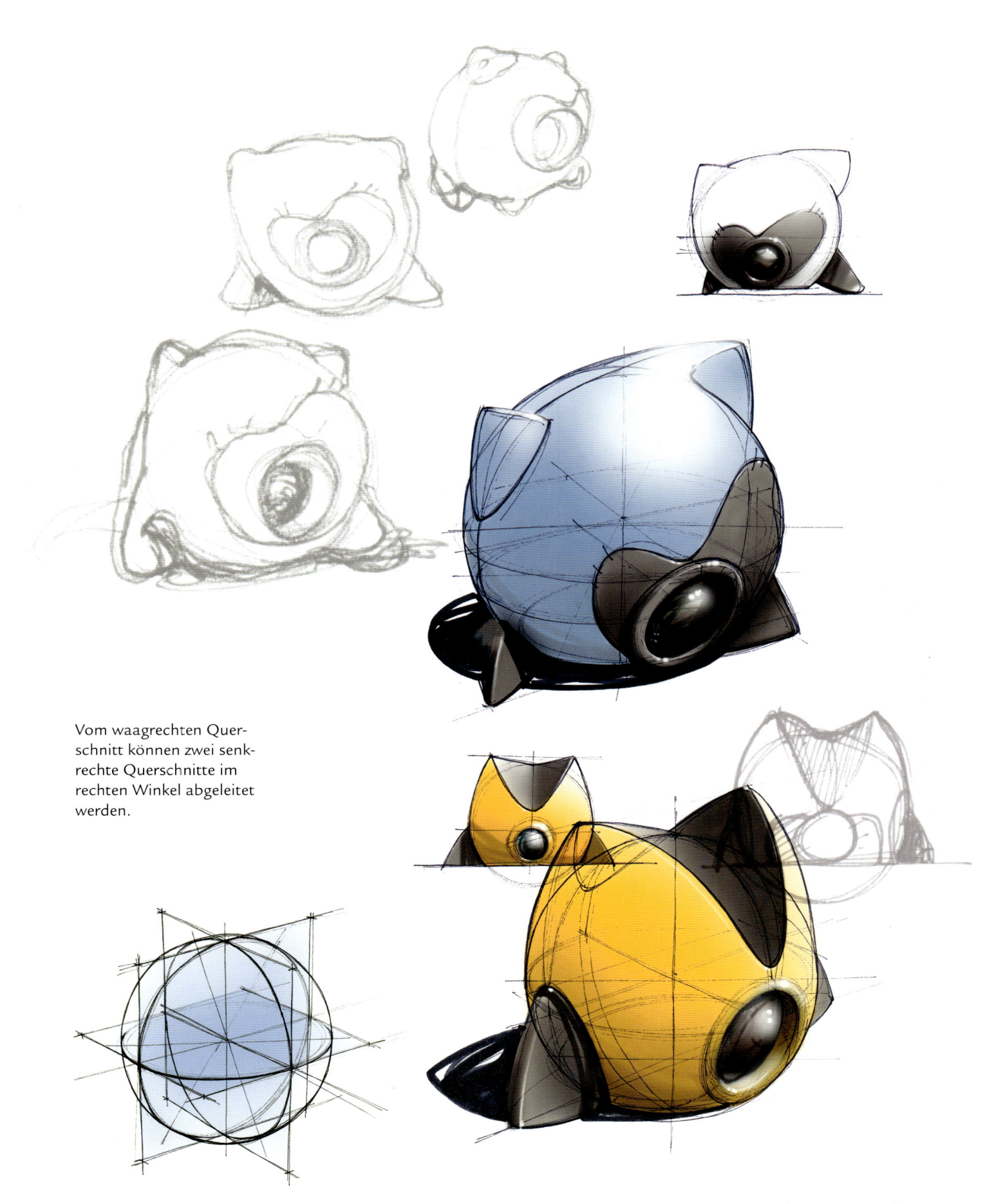

Vom waagrechten Querschnitt können zwei senkrechte Querschnitte im rechten Winkel abgeleitet werden.

Kapitel 7 Ebenen/Querschnitte

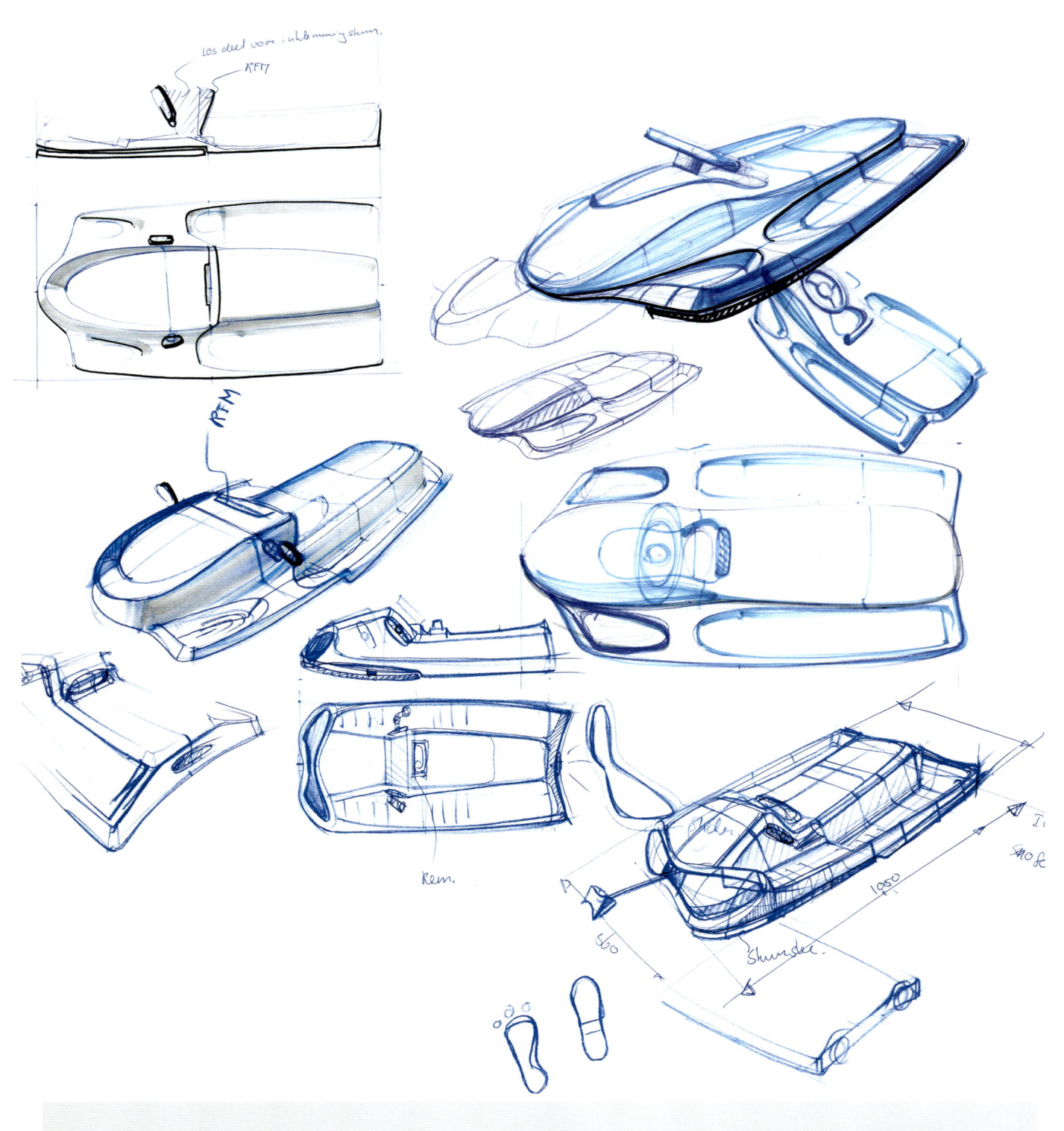

Die Komplexität des Objekts wird bereits in diesem frühen Stadium deutlich.
Aufgrund der komplexen Übergänge der verschiedenen Krümmungen werden Querschnitte hinzugefügt, um die vorgesehene Form deutlicher zu machen und die Symmetrie durchgängig zu erhalten.

npk industrial design

Der Familienschlitten Sport Kids für Hamax (2007) ist für zwei Personen gedacht: zwei Kinder oder einen Erwachsenen mit Kind. Eine Besonderheit an ihm ist seine Spule, die das Zugseil automatisch aufwickelt. Die leistungsfähige Bremse ist ein weiterer Pluspunkt des Produkts. Da der Schlitten sehr einfach konstruiert ist, bedarf er kaum der Montage. Zudem hält die kompakte Verpackung die Transportkosten niedrig. Nachdem man sich für ein Konzept entschieden hatte, wurden die komplexeren Implikationen bezüglich Verpackung und Versand noch am Computer ausgearbeitet.

„Für den Tisch Cinderella haben wir ein Hightechverfahren als neues, modernes ‚Handwerk' benutzt, indem wir Skizzen alter Möbel mit einem Computer gescannt haben, der sie dann in digitale Zeichnungen umgesetzt hat."

Zeichnen gekrümmter Formen

Wenn Querschnitte zur Konstruktion einer Form verwendet werden, sollten sie logisch positioniert werden, was in der Regel rechtwinklig bedeutet. Dieser Zeichenansatz ähnelt auch demjenigen, den bestimmte Computerprogramme für die Eingaben zu einem 3-D-Rendering verlangen.

Tisch Cinderella – Jeroen Verhoeven, studio DEMAKERSVAN.
Fotos: Raoul Kramer

Auch später können Querschnitte noch eingezeichnet werden, um eine Form besser zu erklären oder einen bestimmten Bereich zu betonen. So können sie auch für verschiedene Krümmungen oder zur Optimierung der Form genutzt werden.

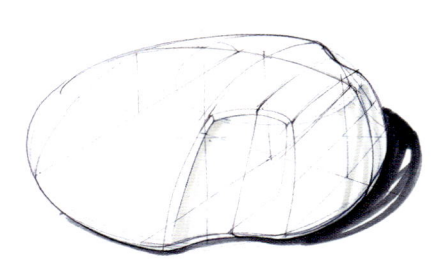

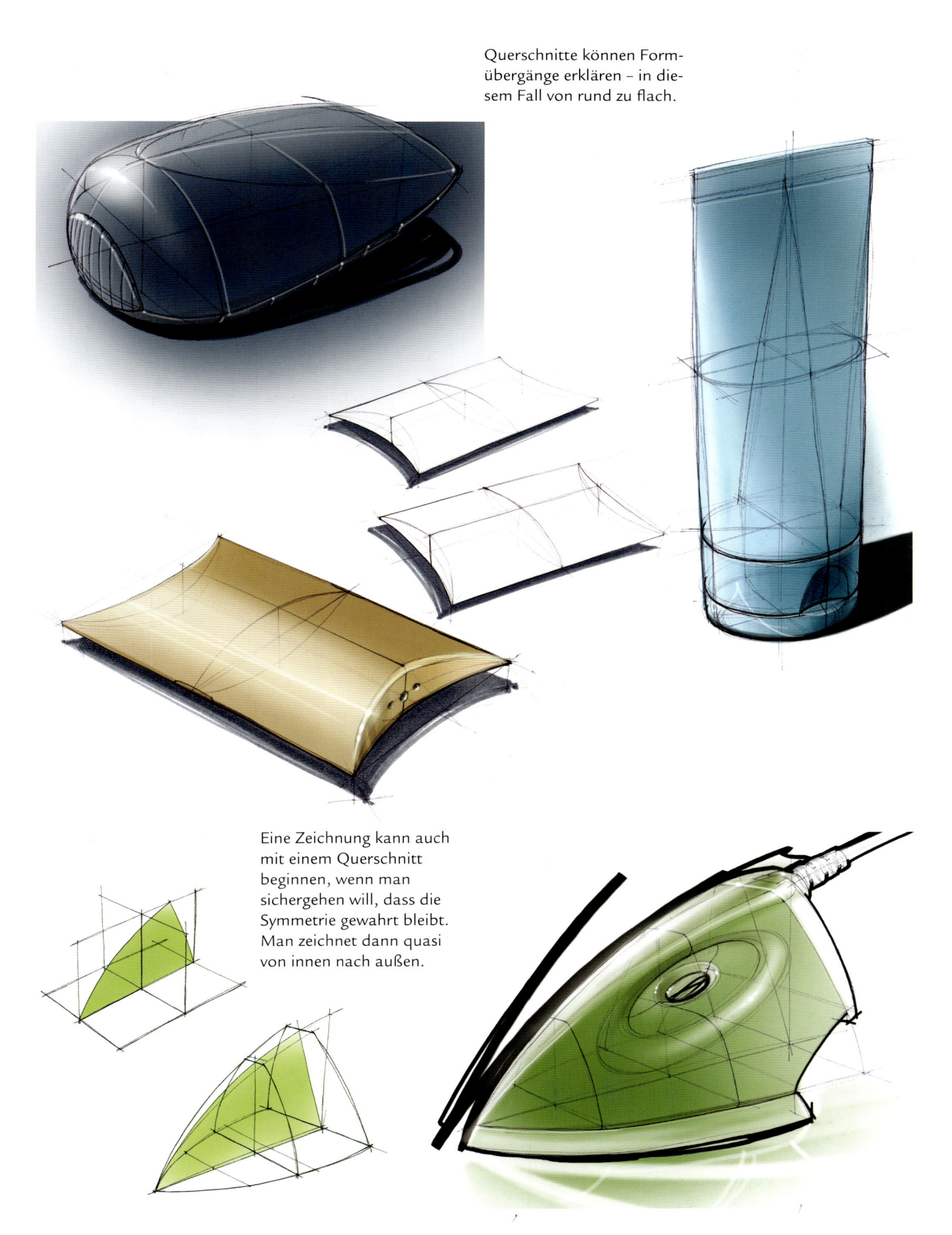

Querschnitte können Formübergänge erklären – in diesem Fall von rund zu flach.

Eine Zeichnung kann auch mit einem Querschnitt beginnen, wenn man sichergehen will, dass die Symmetrie gewahrt bleibt. Man zeichnet dann quasi von innen nach außen.

Kapitel 7 Ebenen/Querschnitte

Spark Design Engineering

Das Desktop-Bildschirmlesegerät, 2005, gehört zu einer Produktserie, die Sehbehinderten dabei hilft, gedruckten Text zu lesen, Fotos anzusehen, feine Handarbeiten zu verrichten etc. Mithilfe des beweglichen Lesetischs kann ein Objekt unter die Kamera gelegt und bis zu 50-fach auf dem Display vergrößert werden. Für dieses Produkt wurde eigens eine neue Beleuchtungslösung entwickelt, was wiederum einen neuen Ansatz für das Produktstyling erforderlich machte. Mit Skizzen und Schaumstoffmodellen untersuchte Spark die Möglichkeit, Teile aus Aluminium zu verwenden, die so Stylingelemente aus dem Lichtdesign hinzufügen, die Wärmeabgabe der Lichtquellen verbessern und die Flügel optisch vom Kameraarm trennen. Querschnitte betonen hier die Formänderungen der Oberfläche.

spark

Die bei der Ideengenerierung erstellten Skizzen müssen für jeden Mitarbeiter des Designteams verständlich und manchmal auch für die Interaktion mit dem Kunden geeignet sein. Ein Text kann dabei auf technische Einschränkungen bzw. Möglichkeiten oder Vorgaben hinsichtlich der Form hinweisen. Die Designer haben ausgiebige Recherchen angestellt, um das eingeschränkte Sehvermögen der Nutzer beim Farb- bzw. Detaildesign berücksichtigen zu können – was bei diesen Skizzen auch auf den ersten Blick ersichtlich wird. Lösungen für die Benutzerschnittstelle wurden visualisiert, wobei Größe, Form, Position, Bewegung, Grafik und Kontrast berücksichtigt wurden.

Schätzungen

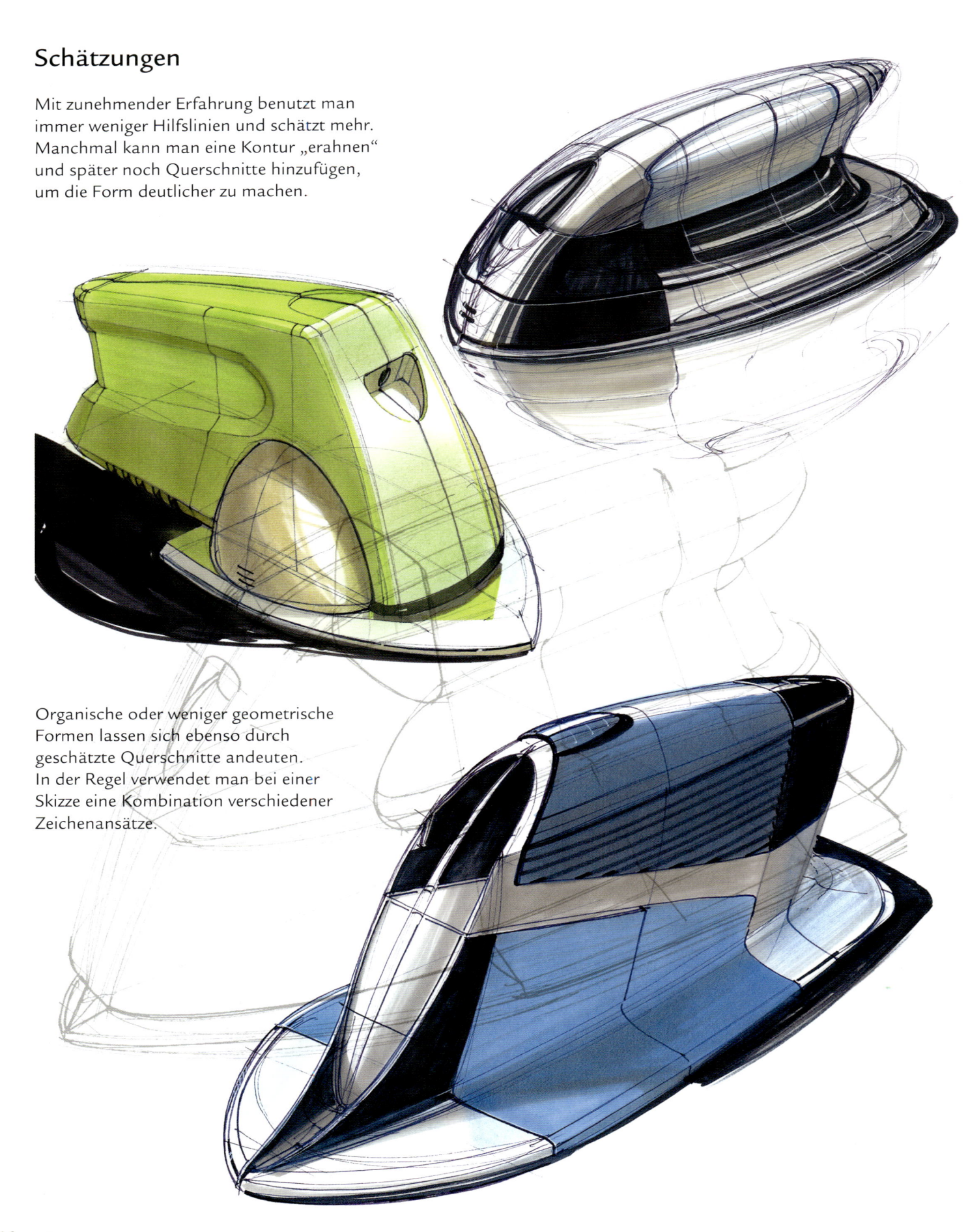

Mit zunehmender Erfahrung benutzt man immer weniger Hilfslinien und schätzt mehr. Manchmal kann man eine Kontur „erahnen" und später noch Querschnitte hinzufügen, um die Form deutlicher zu machen.

Organische oder weniger geometrische Formen lassen sich ebenso durch geschätzte Querschnitte andeuten. In der Regel verwendet man bei einer Skizze eine Kombination verschiedener Zeichenansätze.

Diese Ideengenerierung für tragbare Unterwasserkameras zeigt, wie wichtig Querschnitte sind. In jeder Skizze werden sie eingesetzt, um die Griffe am Gehäuse zu konstruieren oder eine Form zu verdeutlichen.

Kapitel 7 Ebenen/Querschnitte

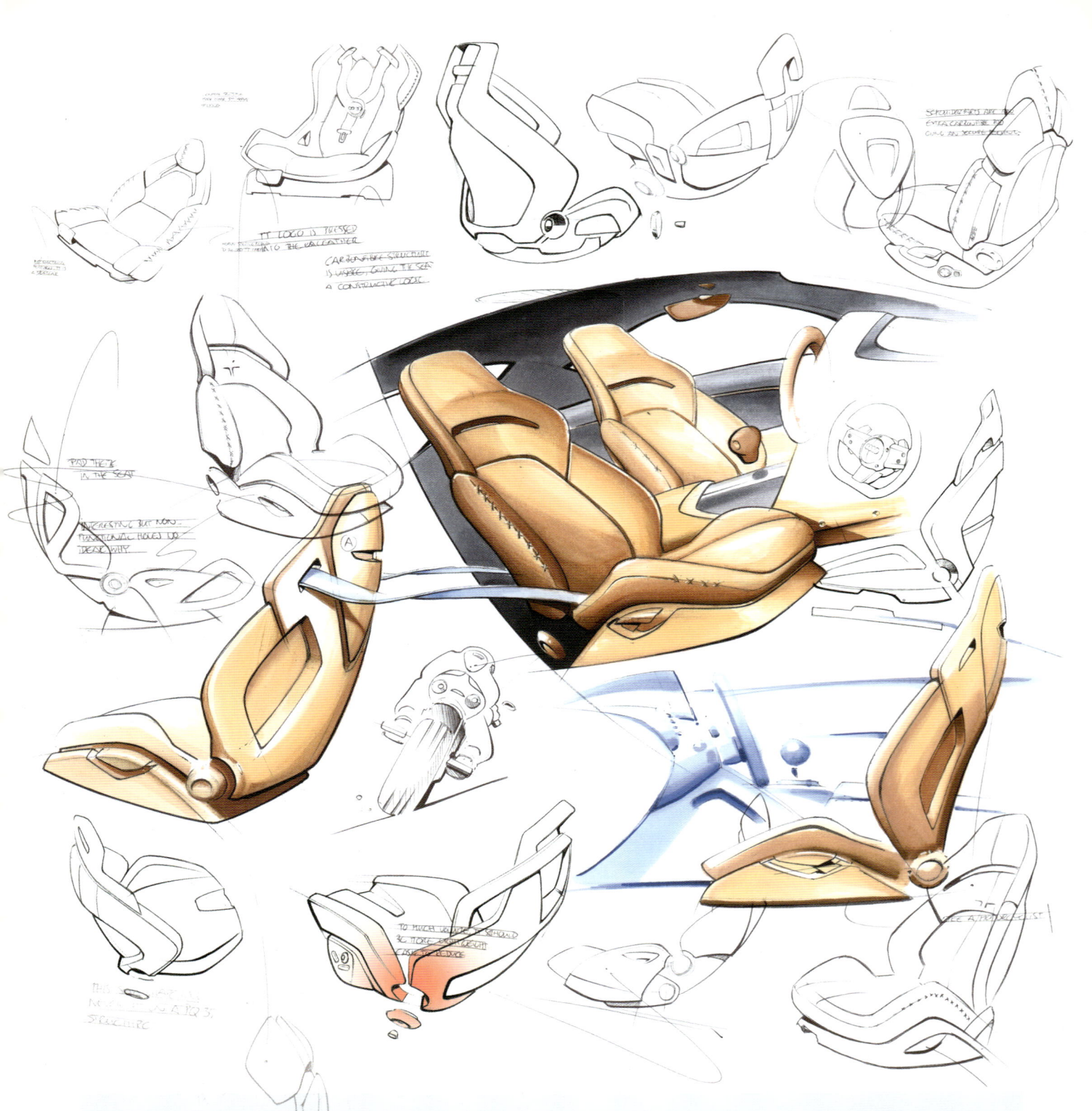

Audi AG, Deutschland – Wouter Kets

Im September 2003 wurde auf der Frankfurter Automobilausstellung die Konzeptstudie Audi Le Mans vorgestellt. Ziel des Projekts war es, das Rennpotenzial der Marke Audi herauszustellen. Das Ergebnis war ein zweisitziger Sportwagen mit einem V10-Mittelmotor. Das voll funktionsfähige Auto wurde innerhalb von sechs Monaten entwickelt und gebaut. Die Presse bedachte den Le Mans mit viel Lob, insbesondere die Innenraumgestaltung fand großen Anklang beim Publikum.
Aus dem Prototyp entstand dann die Produktionsversion, der Supersportwagen Audi R8. Die Leichtbauschalensitze aus Kohlefaser können zusammengeklappt werden, um den Gepäckraum zu vergrößern.

Chefdesigner: Walter de'Silva

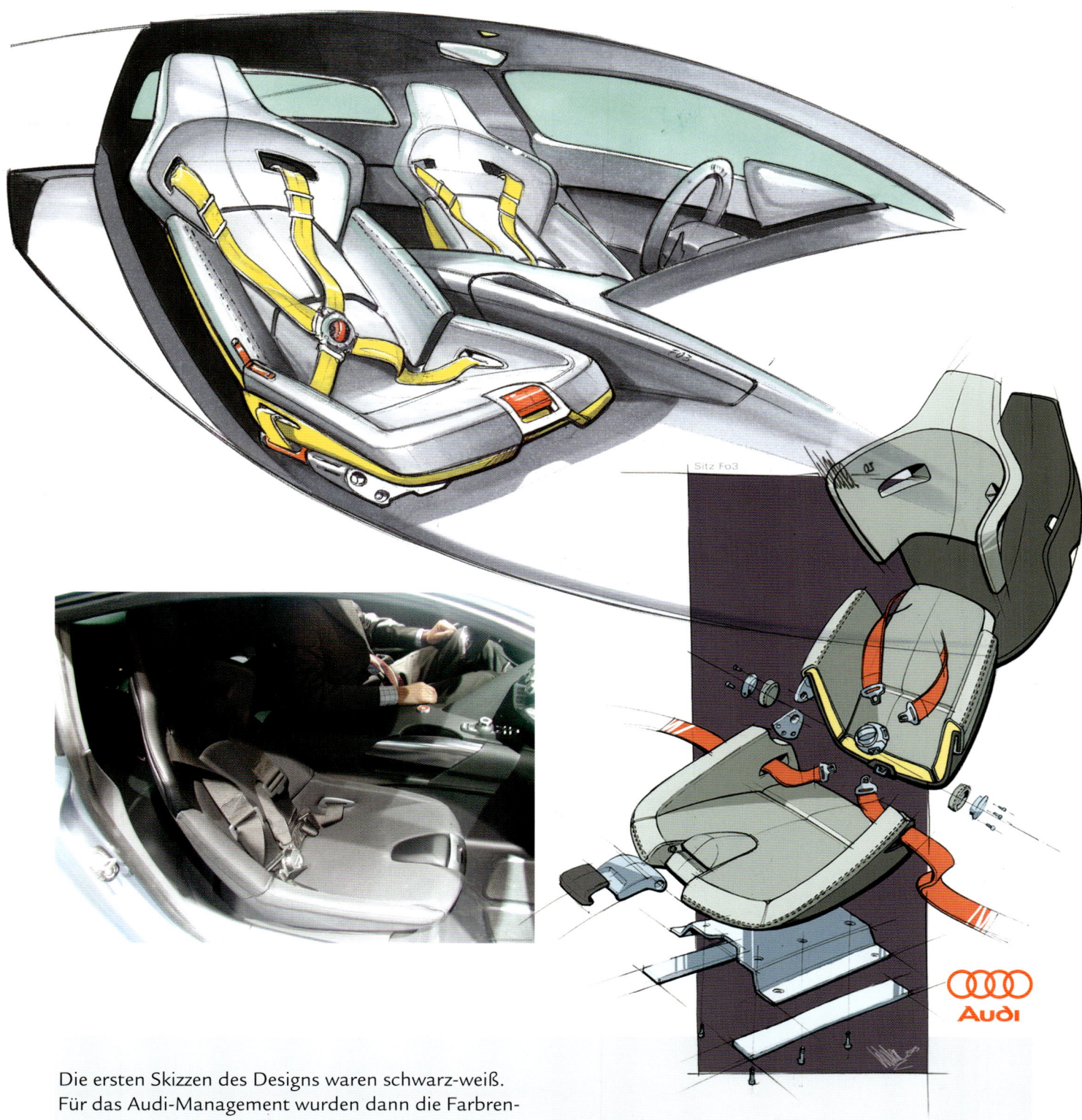

Die ersten Skizzen des Designs waren schwarz-weiß. Für das Audi-Management wurden dann die Farbrenderings erstellt – klassische Zeichnungen, für die lediglich Kugelschreiber, Marker und Bleistift auf Papier verwendet wurden. Durch die Explosionsansicht konnte das Team aus Ingenieuren und Modellbauern, die technischen Aspekte des Sitzes bereits im Anfangsstadium diskutieren. Einige Querschnitte akzentuieren subtile Formänderungen. Skizziert wurde per Hand, die Colorierung dann in Photoshop beigefügt, wobei nur wenige Farben verwendet und Farbübergänge vermieden wurden, um eine leicht lesbare Zeichnung zu erhalten. Das Bild war Grundlage für die CAD-Konstruktion und später für das Modell in Originalgröße.

Kapitel 7 Ebenen/Querschnitte

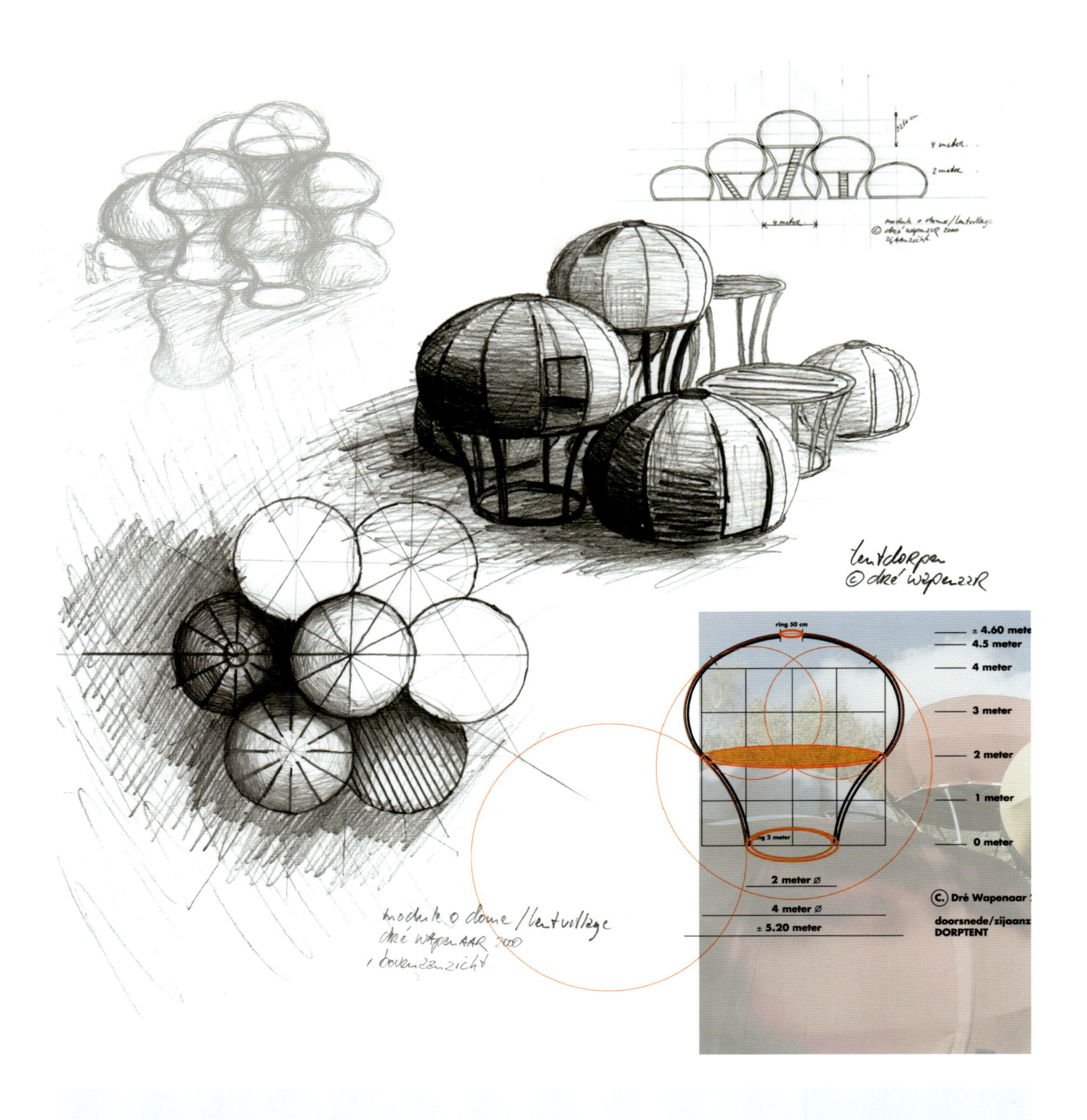

Am Anfang des Designprozesses wurden mithilfe von Bleistiftskizzen auf Papier Ideen ausprobiert und visualisiert. Später wurden die Skizzen vor allem zur Diskussion von Konstruktionsmöglichkeiten und anderen Prekonstruktionsfragen wie Größe und Abmessungen verwendet.

Dré Wapenaar

Das TENTVILLAGE (2001) ist eine Skulptur, die schon Teil mehrerer Kunstausstellungen war. Die Art und Weise, in der die einzelnen Module als Dorf zusammengesetzt werden – möglich ist die Anordnung öffentlicher und privater Bereich, unterschiedliche Ebenen und Abstände zwischen den Zelten –, kann verändert werden, abhängig von den Menschen, die darin leben, und den sozialen Implikationen, die für die Gruppe gelten sollen. Die Zelte repräsentieren eine Minigesellschaft und sind eine Art Begegnungsstätte.

Fotos: Robbert R. Roos

Das Projekt Treetents wurde durch den „Unterbringungsbedarf" von Aktivisten inspiriert, die sich an Bäume ketten, um diese vor dem Abholzen zu retten. Ein sogenanntes Nebenprodukt dieses Kunstprojekts entstand, als der Sprecher eines Aktivistenlagers die Zeichnungen sah und Wapenaar überredete, ihm einige der Zelte zu verkaufen. Sie sind vollständig von Hand gemacht, sozusagen Einzelanfertigungen. Die Zelte bieten auf der Hauptetage Schlafmöglichkeiten für zwei Erwachsene und zwei Kinder. Charakter und Abmessungen des endgültigen Designs sind bereits in diesen Skizzen zu erkennen.

Fotos: Robbert R. Roos

Kapitel 8

Ideengenerierung

Ideengenerierung meint die Bildung von Ideen oder Konzepten, und sie spielt eine wichtige Rolle für Kreativität, Innovation und Konzeptentwicklung. Eine hervorragende Methode für kreatives Arbeiten ist divergentes Denken. Wenn ein Designer zahlreiche Zeichnungen und Skizzen anfertigt, hilft ihm das dabei, konventionelle Ideen hinter sich zu lassen und neue Wege für ein Design zu gehen. „Zeichnen ohne Bewertung" wird häufig in Brainstormingsitzungen angewandt. Ob mit oder ohne Kunden – das gemeinsame Nachdenken eröffnet neue Möglichkeiten: Visionen, Modifikationen und Experimente zu Trends, Technologien oder Produktserien. In diesem Kapitel werden divergente visuelle Denkprozesse „ungeschnitten" vorgestellt, die bei Inhouse-Brainstormings und in privaten Skizzenbüchern verwendet wurden.

Atelier Satyendra Pakhalé

Amisa, ergonomisch geformte Türklinke in Gussmessing für Colombo Design S.p.A., Italien, 2004.

„Nachdem ich eine Weile als Industriedesigner gearbeitet hatte, habe ich mir angewöhnt, häufig mit Aquarellfarben und weichem Bleistift zu skizzieren, um den geistigen Funken – oder soll ich sagen die kreative Welle? – zu erwischen. Um im Laufe des Designprozesses die Gedanken, die Gefühle einzufangen, die so schwer zu greifen sind."

Designer: Satyendra Pakhalé. Fotos: Colombo Design S.p.A.

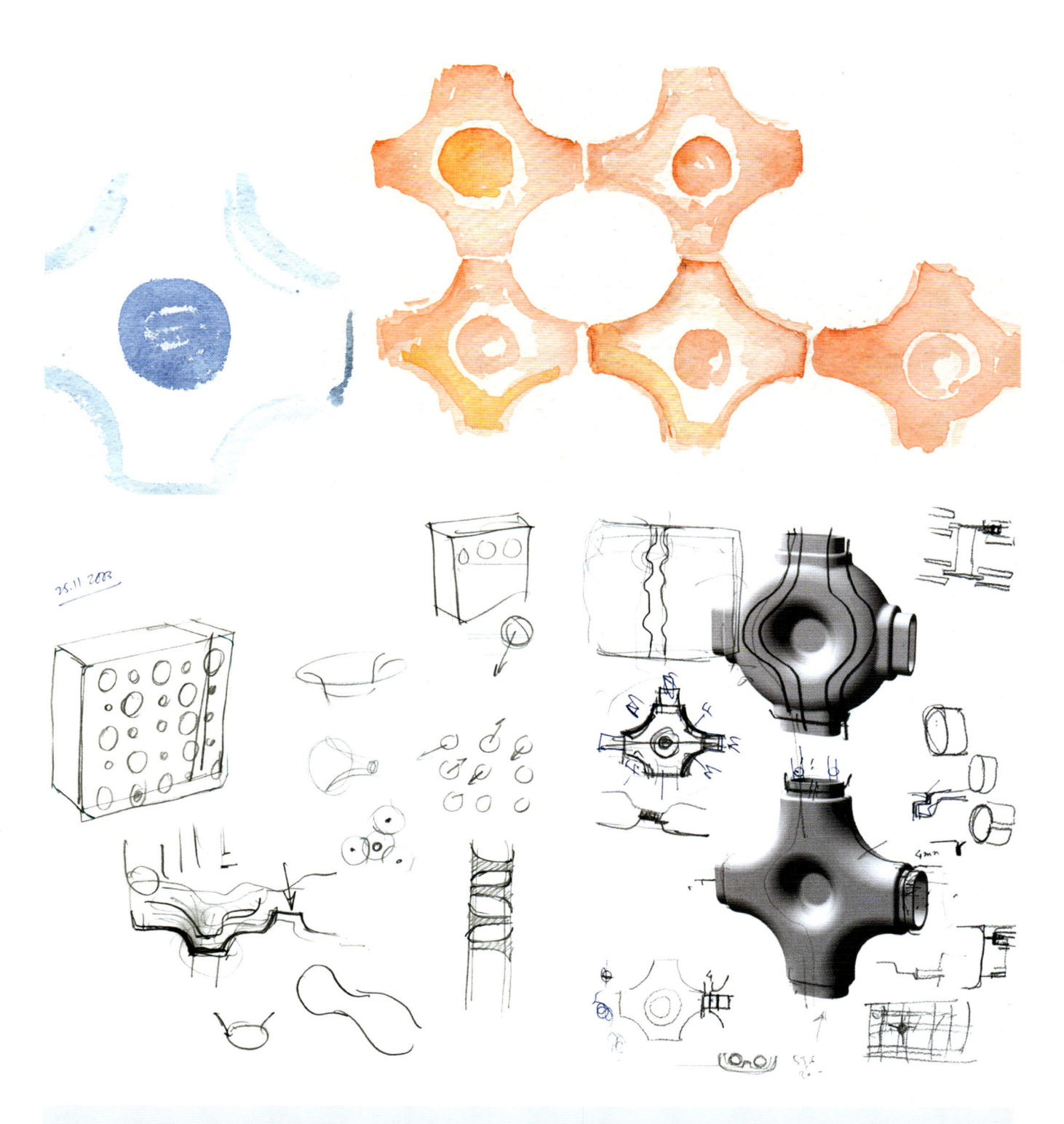

„Ich muss Skizzen denken/fühlen können; das hat etwas mit meiner Art des Industriedesigns zu tun. Um innovative Designlösungen mit neuer Symbolik zu entwickeln, bei der Materialien und ihre kulturelle Bedeutung originell eingesetzt werden, habe ich eine ganz eigene Art der Arbeit an Industriedesignprojekten entwickelt. Meine Skizzier-, Zeichen- und Präsentationstechniken haben sich erst allmählich so entwickelt. Als meine Arbeit international wurde und Reisen ein Teil des Designprozesses, habe ich mir angewöhnt, ständig ein Skizzenbuch dabeizuhaben. Beim Warten auf einen Anschlussflug oder an Bord eines Langstreckenflugzeugs zu skizzieren ist mir zur Gewohnheit geworden.

Dann habe ich Aquarelle wiederentdeckt. Aquarelle sind wie das Leben – hat man einen Strich erst einmal gesetzt, gibt es kein Zurück mehr. Einen Moment einzufangen ist die Herausforderung bei der Aquarelltechnik. Mir macht es Spaß, dieser Herausforderung beim Industriedesign zu begegnen."

Ideengenerierung

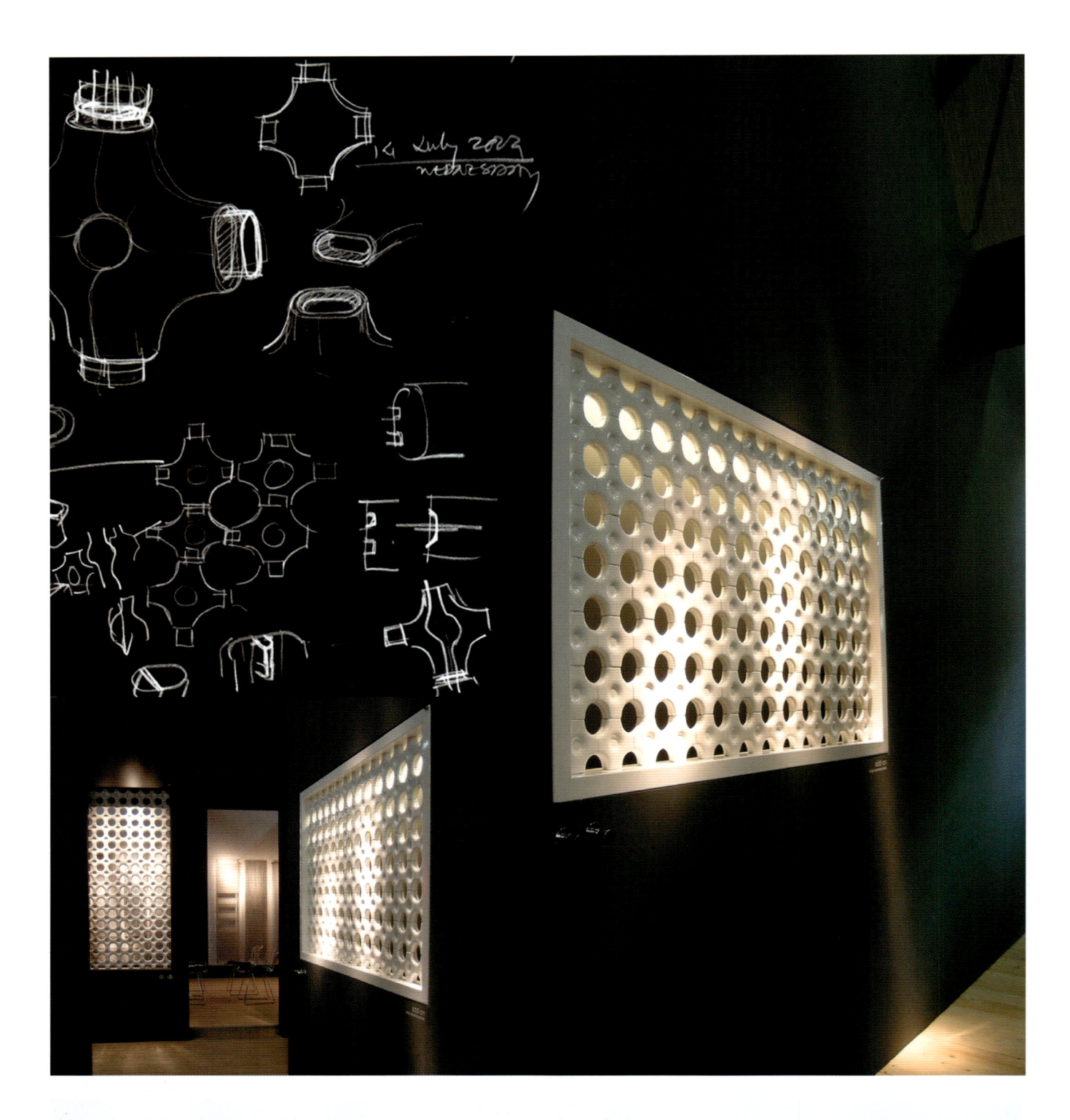

Atelier Satyendra Pakhalé

Add-on Radiator, modularer Heizkörper in Elektrik- oder Hydraulikversion, für Tubes Radiatory, Italien, 2004.

Satyendra Pakhalé, der sich selbst als „kultureller Nomade" bezeichnet, arbeitet in verschiedenen Disziplinen und bringt in sein Design eine frische Perspektive ein und verschiedene kulturelle Einflüsse, die in der heutigen Gesellschaft eine große Rolle spielen. Pakhalés Design entspringt dem kulturellen Dialog und schafft eine Synthese aus neuen Anwendungen von Materialien und Technologien. Mit seinen Designs vermittelt er eine Aussage, die man als „universell" bezeichnen könnte. Dies macht ihn zu einem der einflussreichsten Designer unserer Zeit.

Designer: Satyendra Pakhalé. Foto: Tubes Radiatory, Italien

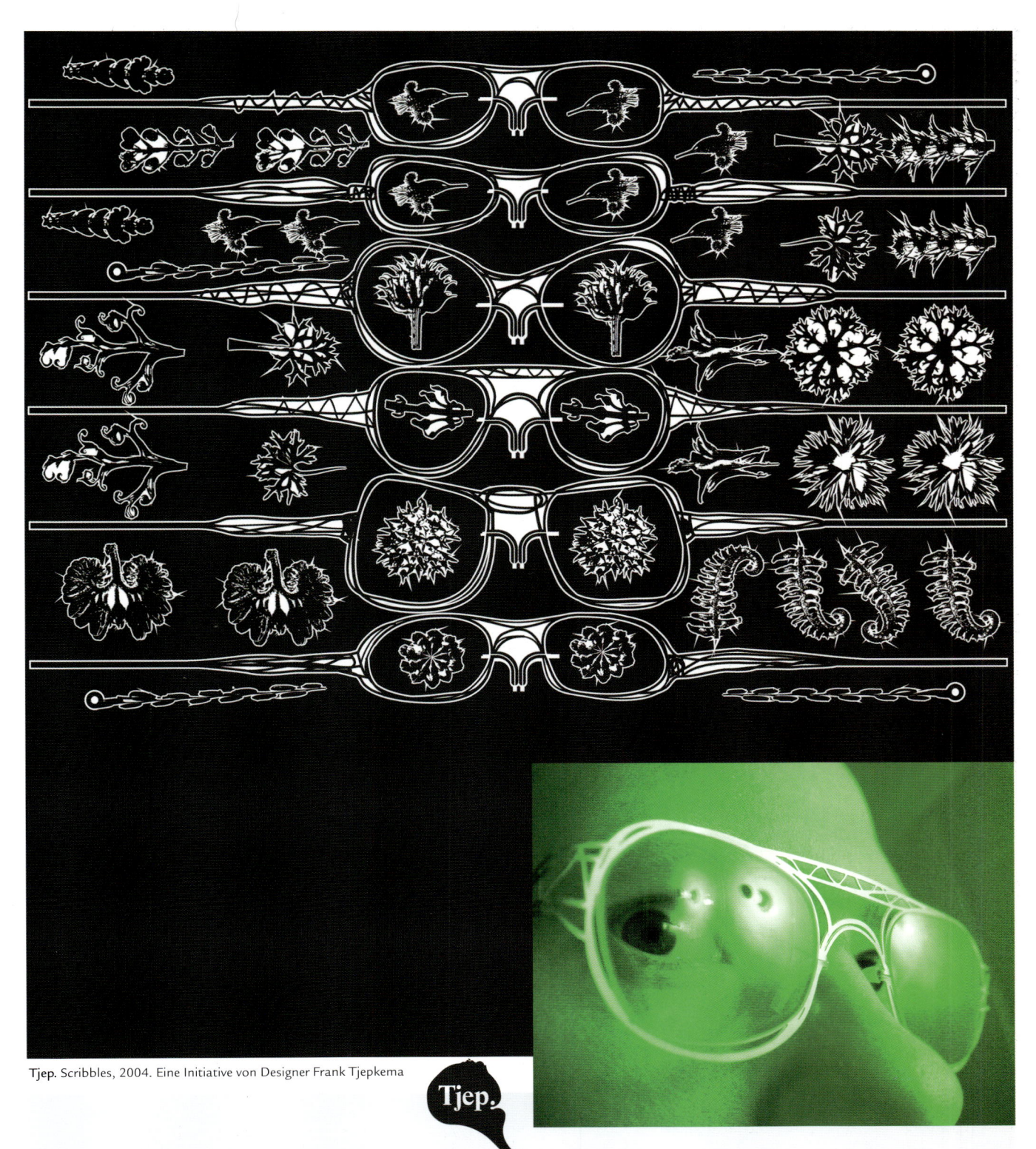

Tjep. Scribbles, 2004. Eine Initiative von Designer Frank Tjepkema

Foto: Tjep.

Die Originalzeichnungen eines Designers haben etwas Verführerisches an sich. Sie enthalten die ungefilterte künstlerische Absicht des Urhebers. Architekten können drei Striche auf ein Stück Papier werfen, und dieser Eindruck genügt, um als Richtlinie für die Entwicklung komplexer Konstruktionen zu dienen. Leider geht die spontane, zügellose Qualität der ersten Intention bei diesem Prozess in der Regel verloren. Was, wenn aus der ersten schnell hingeworfenen Skizze das Endergebnis wird – ohne Abstraktion, ohne Änderungen aufgrund von technischen Vorgaben? Tjep. hat diesen revolutionären Ansatz bei einer Brillenserie namens „Scribbles" verwirklicht (2004, von Designer Frank Tjepkema).

Kapitel 8 Ideengenerierung

Studio Job

Job Smeets zeichnet, um seine Gedanken auszudrücken. Das Ergebnis sind Tausende von Zeichnungen auf A4-Papier. Sie werden als Modell verwendet. Anfang und Ende eines Projekts sind nicht klar definiert. Der Prozess ist vielmehr ein kontinuierlicher Fluss von Zeichnungen, aus denen Projekte entstehen.

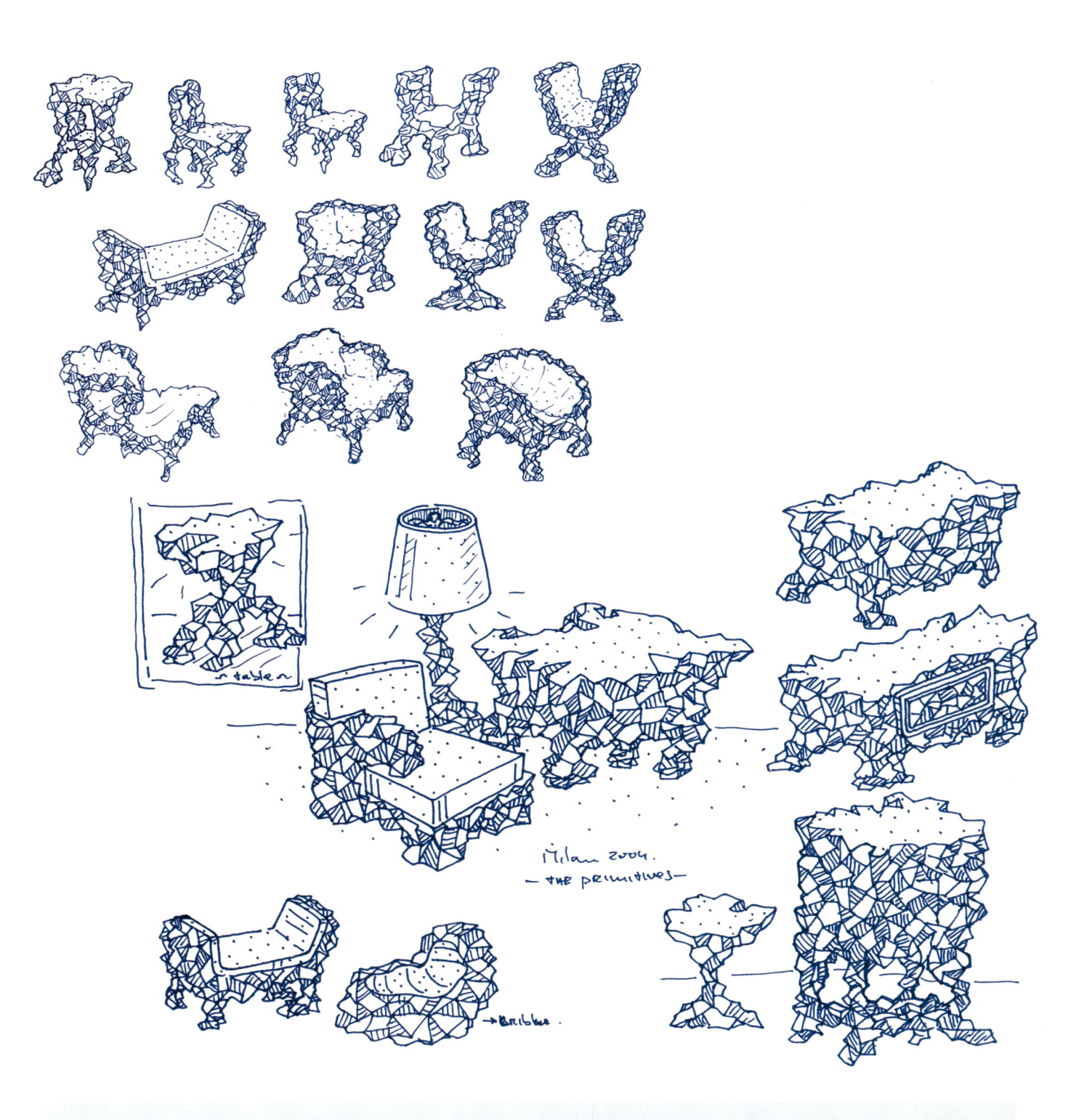

„Wie jeder gute Geschichtenerzähler fügen die Leute vom Studio Job (Job Smeets und Nynke Tynagel) ihrer immer makaberer werdenden Erzählung, die am Anfang wegen ihrer charakteristischen Rahmenbedingungen noch humorvoll klang, in jeder Jahreszeit ein neues Kapitel hinzu.
Die mitreißenden, karikaturistischen Designs des Studio Job halten sich nicht an irgendeinen Maßstab und sorgten damit in der internationalen Designszene für Aufsehen. Die Kunstwerke des Studios sind Kommentare zur üblichen Interpretation von Funktionalität, Massenproduktion und Stil und spielen mit Elementen wie Einheit, Autonomie und Gestaltung." (Sue-an van der Zijpp)

Möbel Rock, 2003

Tisch Rock, 2002

„Studio Job ist für seinen spielerischen Umgang mit optischen Verweisen bekannt. Die Arbeiten enthalten Elemente, die manchmal auf die Bildenden Künste beschränkt zu sein scheinen. Das Studio bewegt sich mit seinen Arbeiten zwischen Design und autonomer Kunst." (Sue-an van der Zijpp)

Bisquit, 2006

Kapitel 8 Ideengenerierung

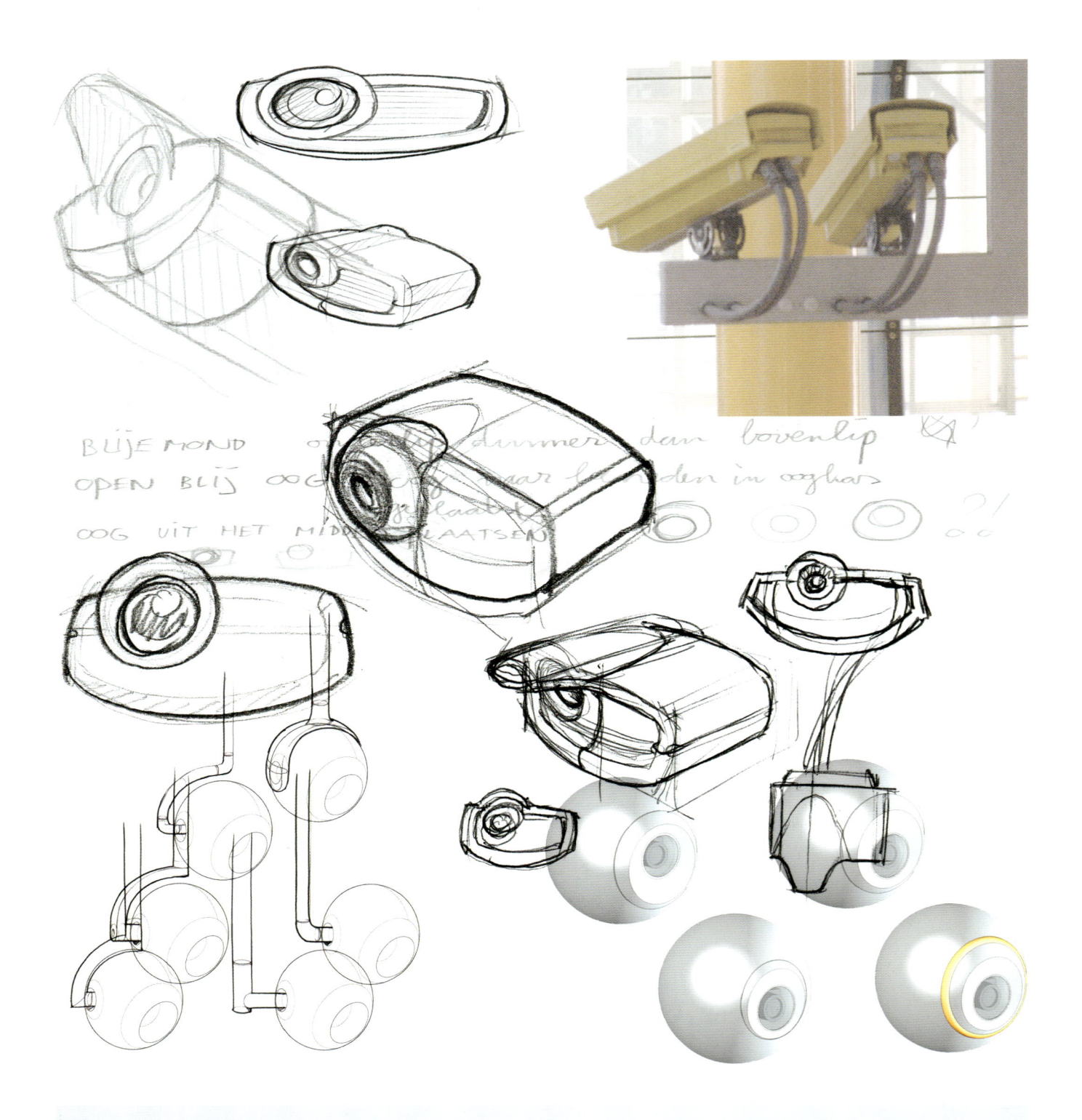

In den ersten Skizzen ist die Ähnlichkeit mit den bekannten Formen von Kameras noch recht deutlich zu erkennen. Die Entwicklung in Richtung der neuen, freundlicheren Kamera lässt sich anhand der Zeichnungen verfolgen, die zunehmend charakteristischer oder auch „tierähnlicher" werden.

Es gibt in der Regel keinen bestimmten Moment, in dem Handskizzen aufgegeben und nur noch Computerrenderings angefertigt werden. Der Wechsel beim Material erfolgt oft Schritt für Schritt. Skizzen auf ausgedruckten Renderings kombinieren daher vergleichbare und „formsichere" Unterlagen mit freiem, intuitivem Ausdruck. Rendering verlangt einen rationaleren Ansatz (mehr Distanz) und kann spontane Aktionen einschränken, während Freihandskizzen schnelle, suggestive Adaptionen erlauben.

Fabrique

Fabrique erhielt von Hacousto den Auftrag, neue Überwachungskameras für die Niederländische Eisenbahn (NS) zu entwickeln, die besser zum Look der Eisenbahn passen und das „Big-Brother"-Gefühl abmildern. Fabrique gab den Kameras eine Art Gesicht, sodass sich ein anderes Image ergibt: ein freundliches Auge, das aufpasst. Das bisherige Kabelgewirr wurde vermieden: Die Kabel stecken jetzt im Befestigungsarm. Das wirkt ordentlicher. Die Kameras sind gut sichtbar und in „Gruppen" platziert, um die Überwachungsbereiche zu optimieren. Eye-on-you wurde für die Dutch Design Awards 2006 nominiert.

Designer: Iraas Korver und Erland Bakkers

studioMOM

Accessoires aus der Melamingeschirrserie für Widget, 2006.

„Beim Skizzieren reagiert man direkt auf die Zeichnung auf dem Papier, während man beim CAD einen festen Plan ausführt und später auf das Ergebnis reagiert. Diese beiden Arten der Visualisierung implizieren verschiedene Momente der Reaktion und Entscheidungsfindung."

Designer: studioMOM, Alfred van Elk und Mars Holwerda

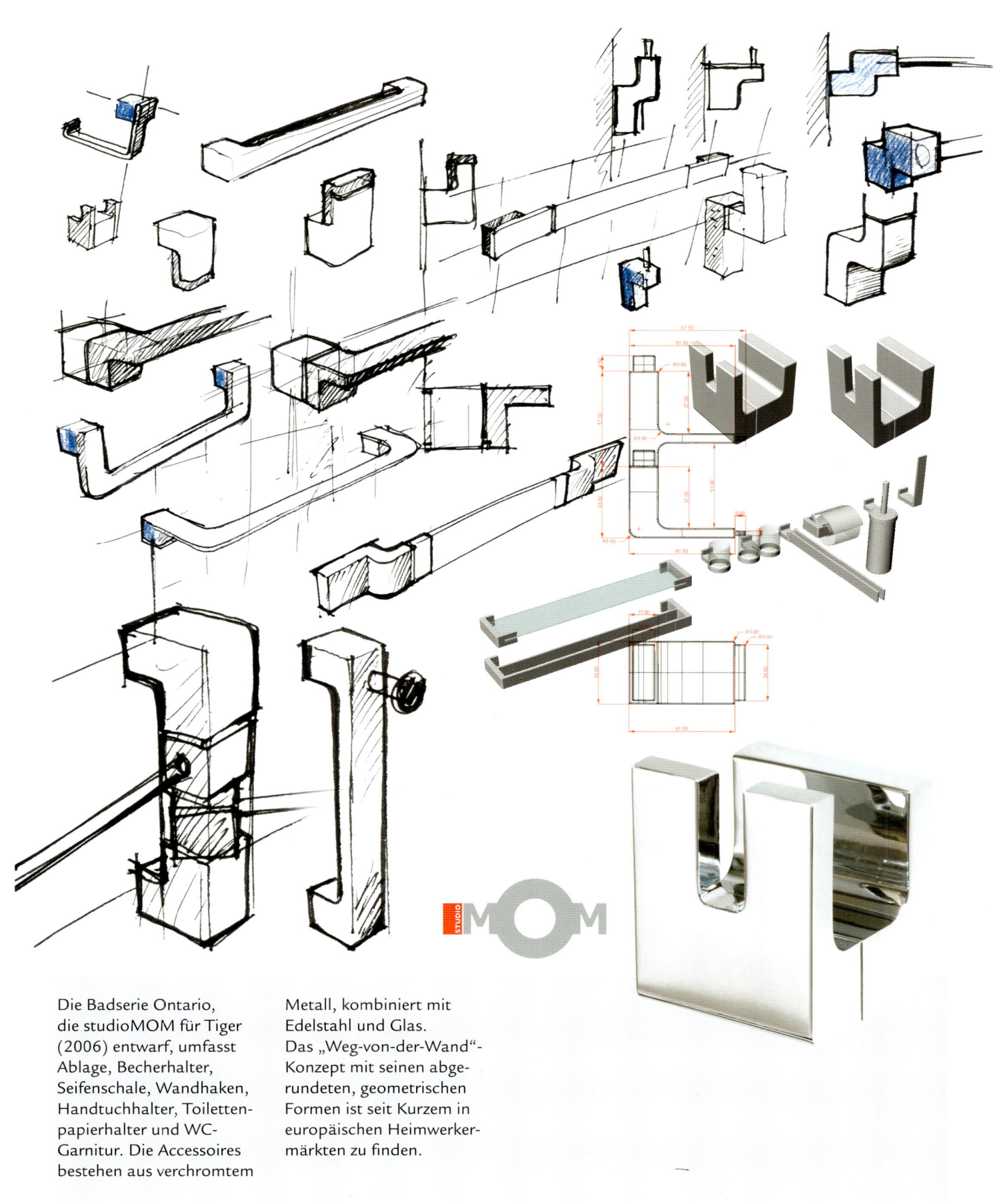

Die Badserie Ontario, die studioMOM für Tiger (2006) entwarf, umfasst Ablage, Becherhalter, Seifenschale, Wandhaken, Handtuchhalter, Toilettenpapierhalter und WC-Garnitur. Die Accessoires bestehen aus verchromtem Metall, kombiniert mit Edelstahl und Glas. Das „Weg-von-der-Wand"-Konzept mit seinen abgerundeten, geometrischen Formen ist seit Kurzem in europäischen Heimwerkermärkten zu finden.

Fotos: Tiger

Kapitel 8 Ideengenerierung

© 2007 NIKE, Inc. Alle Rechte vorbehalten.

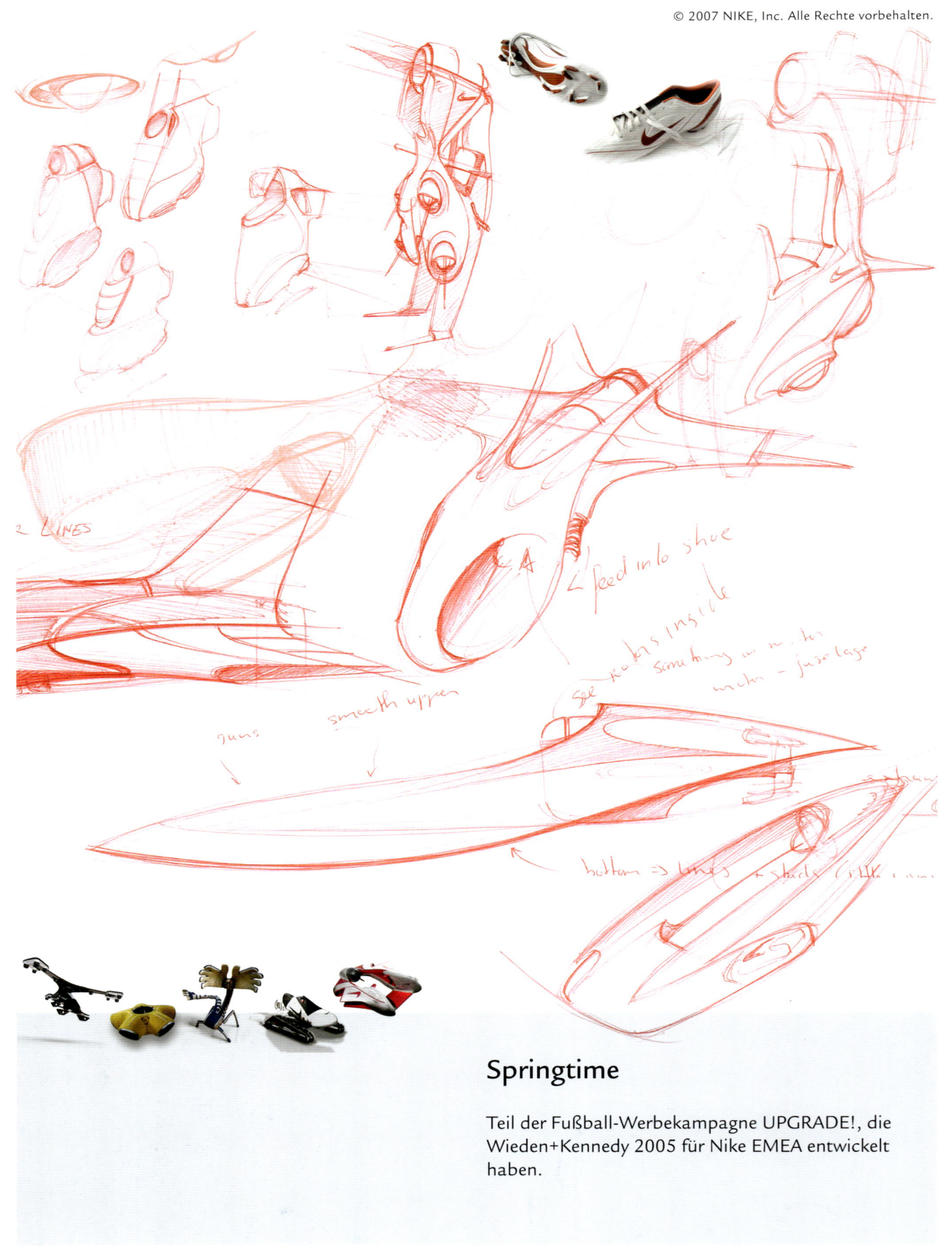

Springtime

Teil der Fußball-Werbekampagne UPGRADE!, die Wieden+Kennedy 2005 für Nike EMEA entwickelt haben.

Designer: Michiel Knoppert. Rendering: Michiel van Iperen. Fotos: Paul D. Scott

springtime

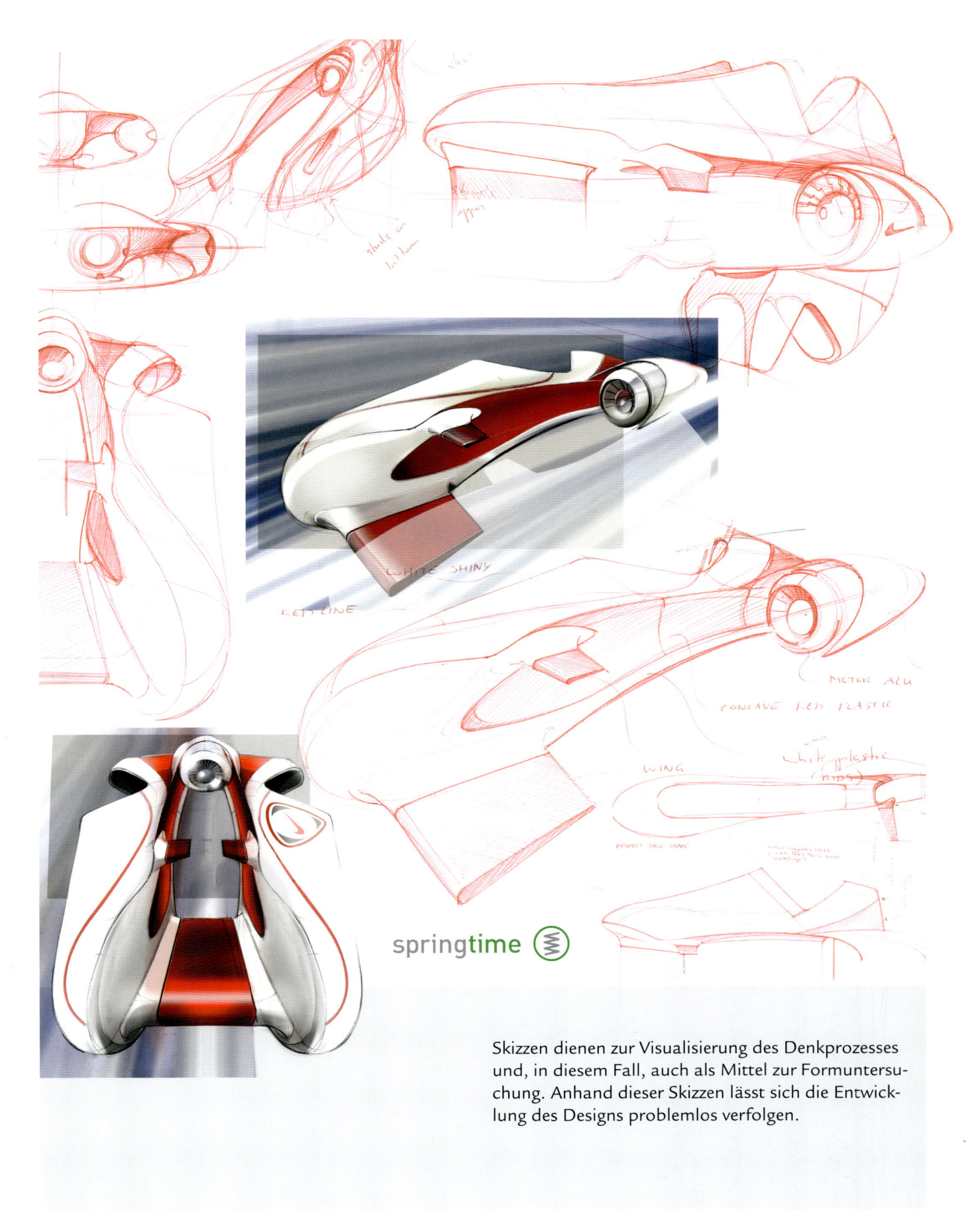

Skizzen dienen zur Visualisierung des Denkprozesses und, in diesem Fall, auch als Mittel zur Formuntersuchung. Anhand dieser Skizzen lässt sich die Entwicklung des Designs problemlos verfolgen.

Kapitel 8 Ideengenerierung

Ford Motor Company, USA – Laurens van den Acker

Die Ford-Konzeptstudie Model U 2003 wird als das Model T des 21. Jahrhunderts angesehen. Das Auto ist mit upgradefähigen Technologien und dem weltweit ersten Turbo-Wasserstoff-Hybrid-Antrieb mit elektrischem Getriebe ausgestattet. Modularität und kontinuierliche Upgrades sorgen für zahlreiche individuelle Anpassungsmöglichkeiten. Das Model U verfügt über Pre-Crash-Sensoren, adaptive Frontscheinwerfer und ein innovatives Nachtsichtsystem, das dem Fahrer hilft, Unfälle zu verhindern.

Fotos: Ford Motor Company, USA

„Das Projekt war hochinteressant", sagt Laurens van den Acker, Chefdesigner des Model U. „Um den Geist des Model T wiederzuerwecken, mussten wir ein originelles Auto entwerfen, das mit den Bedürfnissen des Benutzers wachsen kann. Beim Model U werden keine Kompromisse beim Platzangebot für die Passagiere oder das Gepäck gemacht, obwohl die Wasserstofftanks und der Hybridantrieb natürlich auch Platz brauchen.

Eine Kombination von Anregungen: Bilder von Autos mit der Betonung bestimmter Aspekte und Skizzen werden zusammengeklebt, um die Designrichtung zu finden. Zwei Seiten aus dem Skizzenbuch des Designers zeigen den Fortschritt in Woche 19. In dieser Phase ist der Aufbau der Rücklichter und Scheinwerfer bereits zu erkennen.

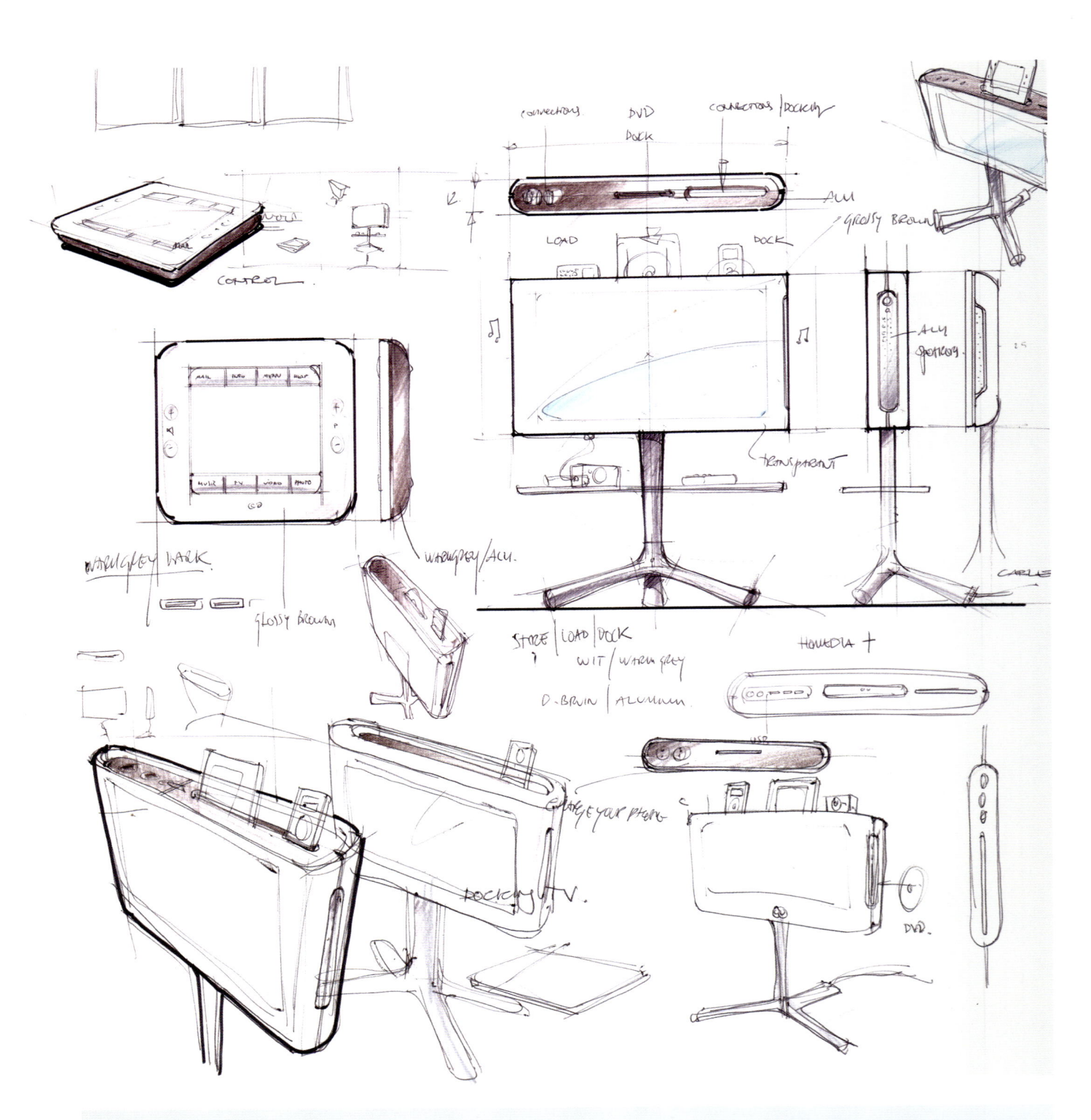

Jeder Designprozess beginnt mit der Untersuchung von Möglichkeiten mittels Handskizzen. Das endgültige Design wird mit SolidWorks modelliert und mit Cinema 4D gerendert.

„Ich entscheide in der Regel vorher, wie ich einem Kunden ein Design präsentiere."

SMOOL Designstudio

Dieses Multimedia-TV-Gerät gehört zu einer Produktserie, die bereits am Markt angeboten wird. Sie dient nach einem Redesign als Beispiel für Robert Bronwassers Vision. Alle Multimediafunktionen wurden in ein benutzerfreundliches Design integriert, das zum Einrichtungsstil passt. Items/5, Sept./Okt. 2006

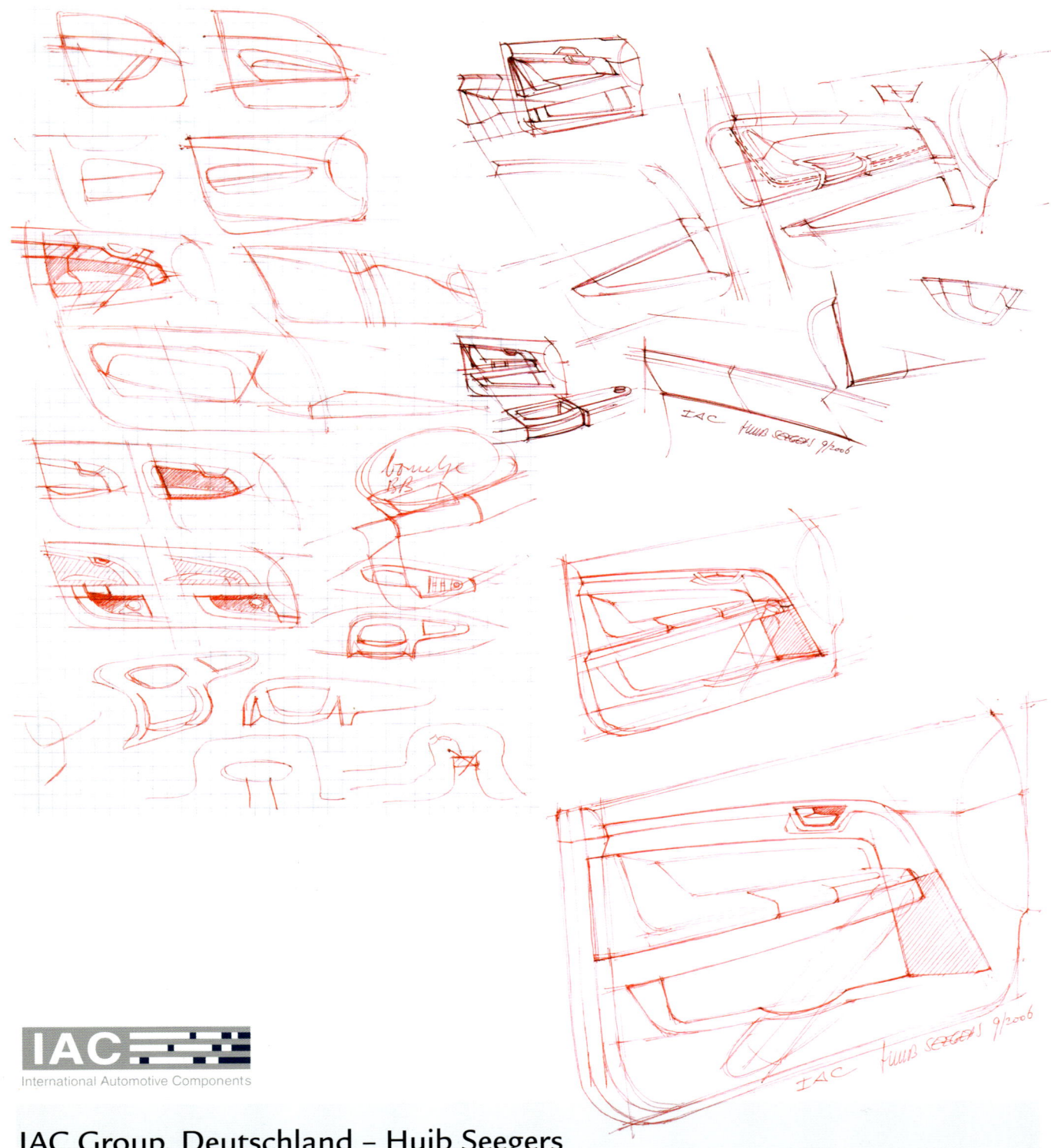

IAC Group, Deutschland – Huib Seegers

Zeichnungen aus einem von Huib Seegers Skizzenbüchern für IAC experimentieren mit verschiedenen Formen für Türpaneele in fließenden Formen, 2006. In der nächsten Phase waren die Zeichnungen erheblich präziser und perspektivisch genau, damit etwaige Unverträglichkeiten zwischen Armstütze und Türgriff sowie dem Stauraum für Landkarten und Flaschen deutlich wurden.

Seat, Spanien – Wouter Kets

Schnelle Skizzen zu einem Sitzdesign für den Prototyp des Seat Leon, 2005. Diese mit Faserstift angefertigten Skizzen aus unterschiedlichen Augenpunkten wurden als Unterlage für die nächsten Skizzen verwendet, was das Design verbesserte. Die wichtigsten Querschnitte wurden der Symmetrie wegen eingezeichnet, und nicht zuletzt, um die Zeichnung einfacher lesen zu können. Anschließend hob man potenzielle Designs mit Marker hervor.

In einer späteren Phase wurden diese Zeichnungen als Ausgangspunkt für Tape-Drawings und ein CAD-Modell verwendet. Normalerweise genügt diese Detail- und Materialebene, um erste Ideen dem Designteam und -management zu vermitteln.

Chefdesigner: Luca Casarini

Pininfarina, Italien – Lowie Vermeersch

Auf der Pariser Autoausstellung 2004 wurde der Pininfarina Nido vorgestellt, ein Prototyp der Sicherheitsforschung. Das Modell wurde in der Kategorie Prototyp und Konzeptstudie als schönstes Auto des Jahres ausgezeichnet. Das Projekt Nido beschäftigt sich mit der Untersuchung, dem Design und dem Prototyping neuer Lösungen, die strukturelle Aspekte und das Design eines kleinen Zweisitzers betreffen. Im Rahmen des Projekts wird untersucht, wie der Raum zwischen innerem und äußerem Gehäuse sowohl die Sicherheit im Innenraum – was direkten Einfluss auf die Fahrzeuginsassen hat – als auch die externe Sicherheit – damit bei Zusammenstößen mit Fußgängern möglichst wenig Schaden entsteht – erhöhen kann.

Zu Struktur und Formdefinition wurden zahllose Skizzen angefertigt. In Lowies Skizzenbuch sind einige dieser Brainstormingskizzen zu finden.

pininfarina

Kapitel 8 Ideengenerierung

Smartphone N70
für Nokia, 2005

Feiz Design Studio

Bei enger Zusammenarbeit mit den Nokia-Designern war das Ziel dieses Projekts, eine unverwechselbare Identität für eine Familie tragbarer Multimediaprodukte zu schaffen; das Ergebnis: Smartphones wie N70 und N80. Ihre Formsprache basiert auf einem plastischen Ansatz, der stark kontrolliert wird (Übergang von einer weichen, dreieckigen Form zu einer flachen, rautenähnlichen). Diese Form spiegelt die Technologie im Innern und den Menschen auf der Außenseite und schafft eine Form, die gut in die Hand passt. Besonderes Augenmerk lag auf der Auswahl der Materialien. Die Oberschale besteht aus Edelstahl.

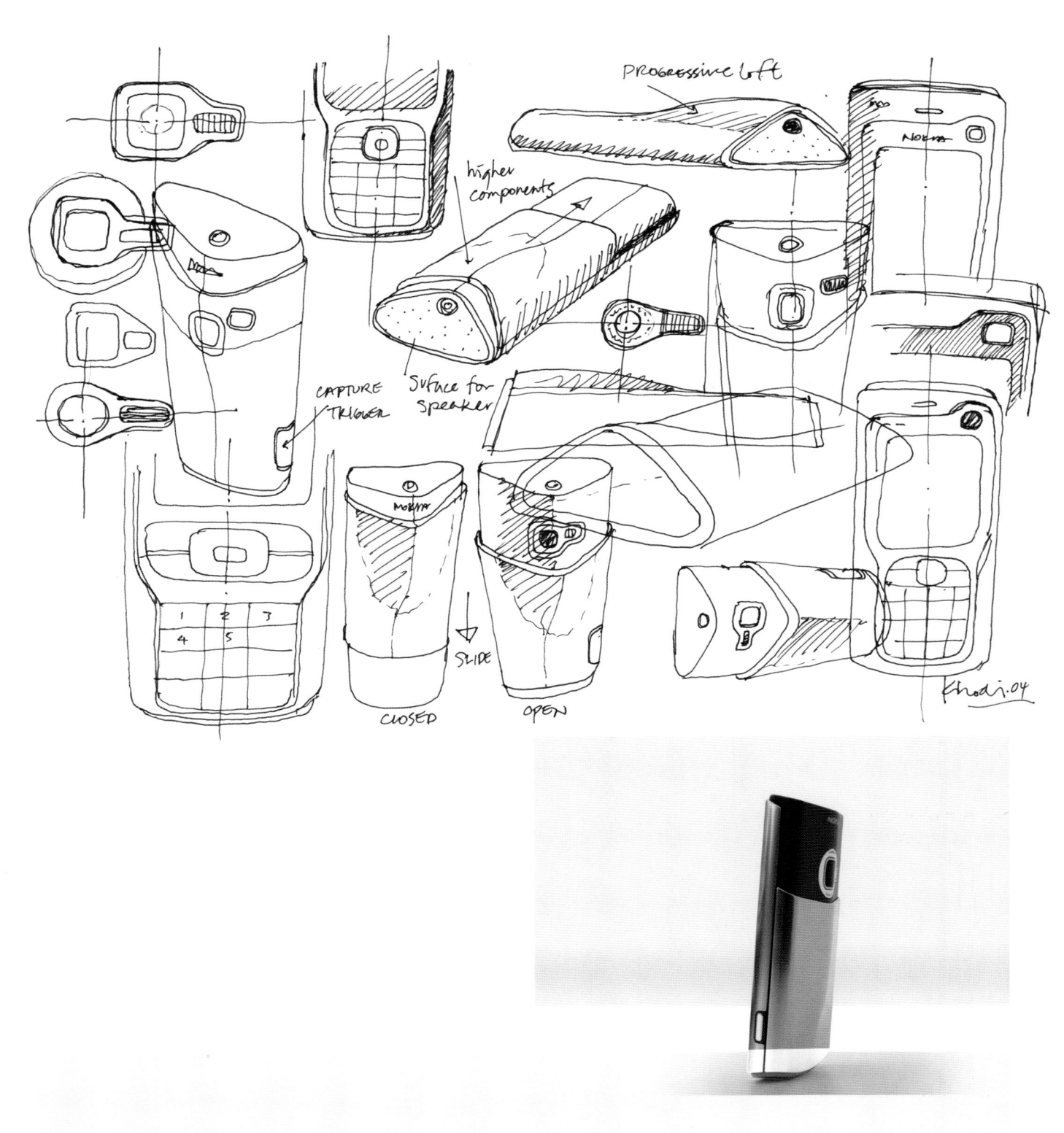

Die ersten Skizzen zeigen, wovon der Designer ausgegangen ist. Sie wurden für Experimente mit zum Teil detaillierten Formlösungen verwendet und dokumentieren die Suche des Designers nach einer Lösung, die seinen Designansatz mit den technischen und funktionalen Aspekten des Produkts in Einklang bringt. Die ersten Skizzen wurden in Schaumstoffmodelle umgesetzt. Damit wurde dann weitergearbeitet. Anschließend legte man die Form aber noch per CAD fest.

Kapitel 8 Ideengenerierung **177**

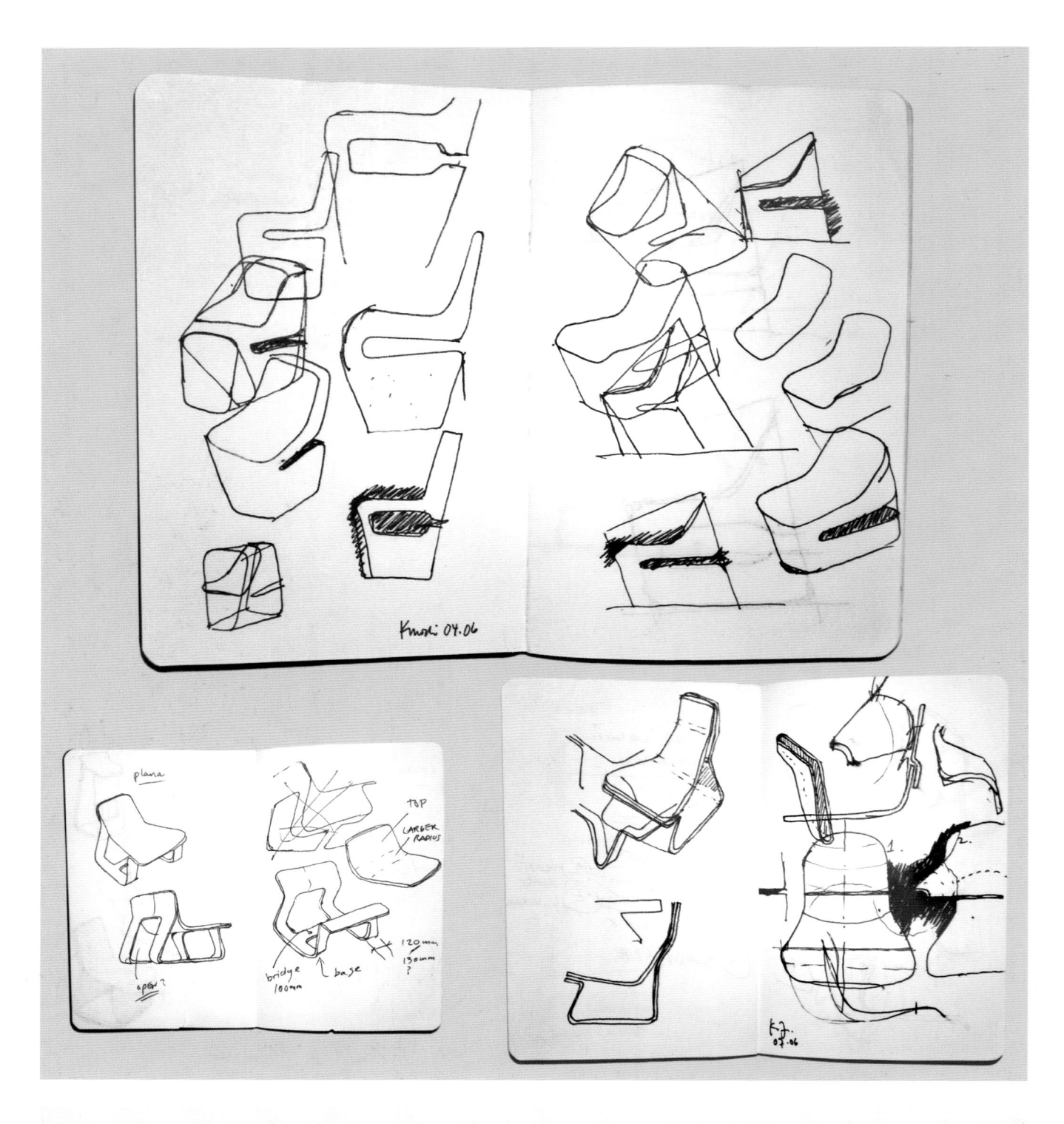

Khodi Feiz

„Wie die meisten Designer habe ich immer ein kleines Skizzenbuch dabei, um meine Ideen festzuhalten, egal, wann oder wo mir etwas einfällt ... Ich nutze das Skizzieren mehr oder weniger als iterativen Denkprozess, den ich später in die drei Dimensionen übertragen kann. Skizzen werden erstellt, um die formalen Eigenschaften meiner Entwürfe zu überprüfen. Ich verwende sie nur selten als Präsentationswerkzeug. Sie brauchen nicht repräsentativ auszusehen, sie müssen nur erklären können und kommunikativ sein. Für mich ist daher Skizzieren nichts weiter Besonderes, es dient lediglich dazu, einen Gedankenprozess festzuhalten."

Kapitel 9

Erklärende Zeichnungen

Außer zur Ideengenerierung und Präsentation lassen sich Skizzen auch dazu verwenden, um anderen etwas zu „erklären". Dies hat zur Entwicklung bestimmter Arten von Zeichnungen wie Explosions- und Seitenansichten geführt, die vor allem der Kommunikation bestimmter technischer Informationen dienen. Im Kapitel über Seitenansichten haben wir uns bereits mit Überschneidungen zwischen Präsentationen und technischen Zeichnungen beschäftigt. Im Allgemeinen wird bei erklärenden Zeichnungen eine schematischere Art des Zeichnens verwendet, damit reine Informationen aus Gründen der Klarheit isoliert werden können. Modell- oder symbolähnliche Zeichnungen können eine neutrale oder nichtwertende Kommunikation sicherstellen. Mehrere Zeichnungen zusammen bilden eine Storyline, also ein visuelles Script, ein Handbuch oder ein Storyboard.

Studio Richard Hutten

Das Projekt „One of a Kind" begann ursprünglich als Hommage an den holländischen Architekten Gerrit Rietveld. Er konstruierte 1942 einen Stuhl aus einer Aluminiumplatte, der zum Klassiker wurde. Der Stuhl „One of a Kind" besteht aus Alucarbon©. Später kamen andere, ähnliche Designs hinzu, und im Jahr 2000 schließlich wurde die Kollektion unter dem Markennamen „Hidden" bekannt. Die erste Skizze stellt die grundlegende Produktidee dar. Später werden die Zeichnungen z.B. zur Visualisierung der verschiedenen technischen Lösungen und als Mittel zur Kommunikation mit der Konstruktionsabteilung verwendet.

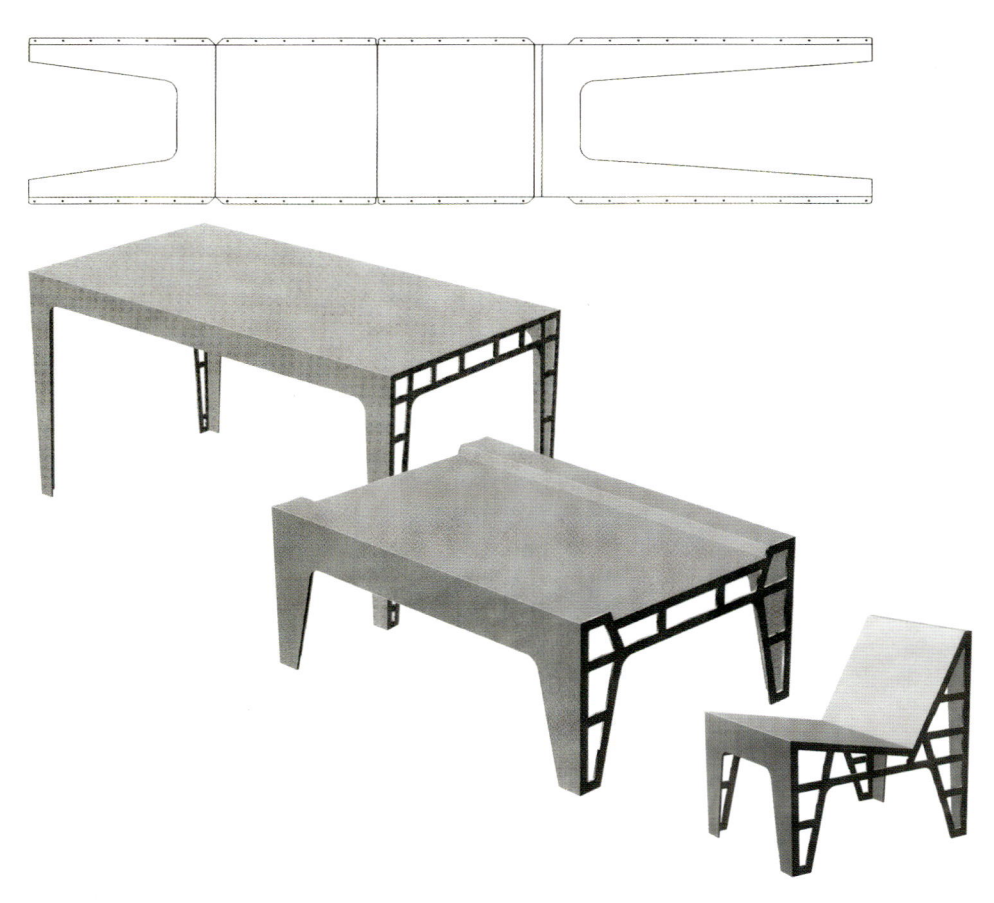

Die Optimierung der endgültigen Form erfolgt am Computer und mit einem Modell im Maßstab 1:1. Im Rahmen des Projekts „One of a Kind" wurden sechs Objekte entwickelt: Stuhl, Tisch, Esstisch mit Stuhl, Schrank und Kommode.

Fotos: Richard Hutten Studio. Rendering: Brenno Visser

Kapitel 9 Erklärende Zeichnungen

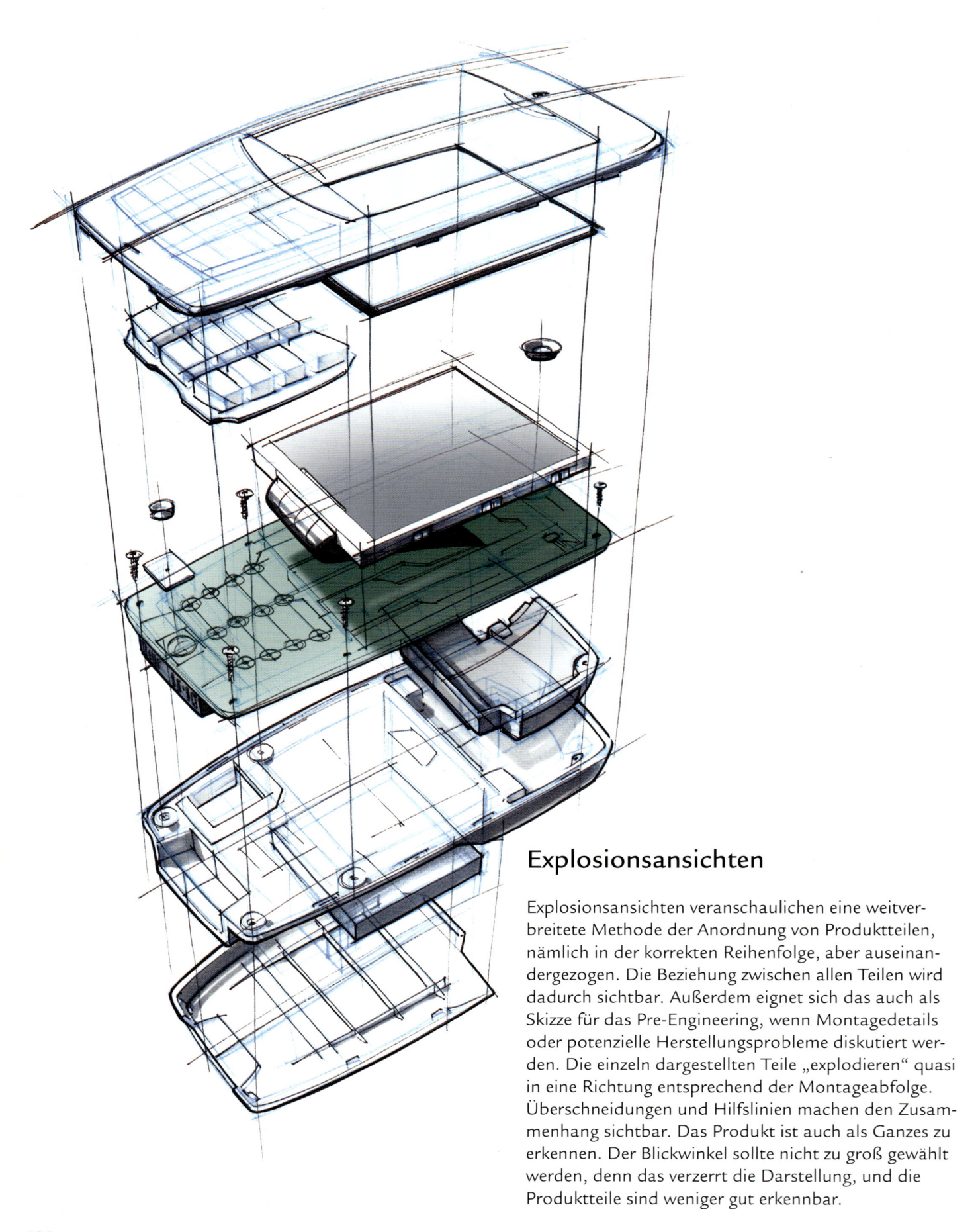

Explosionsansichten

Explosionsansichten veranschaulichen eine weitverbreitete Methode der Anordnung von Produktteilen, nämlich in der korrekten Reihenfolge, aber auseinandergezogen. Die Beziehung zwischen allen Teilen wird dadurch sichtbar. Außerdem eignet sich das auch als Skizze für das Pre-Engineering, wenn Montagedetails oder potenzielle Herstellungsprobleme diskutiert werden. Die einzeln dargestellten Teile „explodieren" quasi in eine Richtung entsprechend der Montageabfolge. Überschneidungen und Hilfslinien machen den Zusammenhang sichtbar. Das Produkt ist auch als Ganzes zu erkennen. Der Blickwinkel sollte nicht zu groß gewählt werden, denn das verzerrt die Darstellung, und die Produktteile sind weniger gut erkennbar.

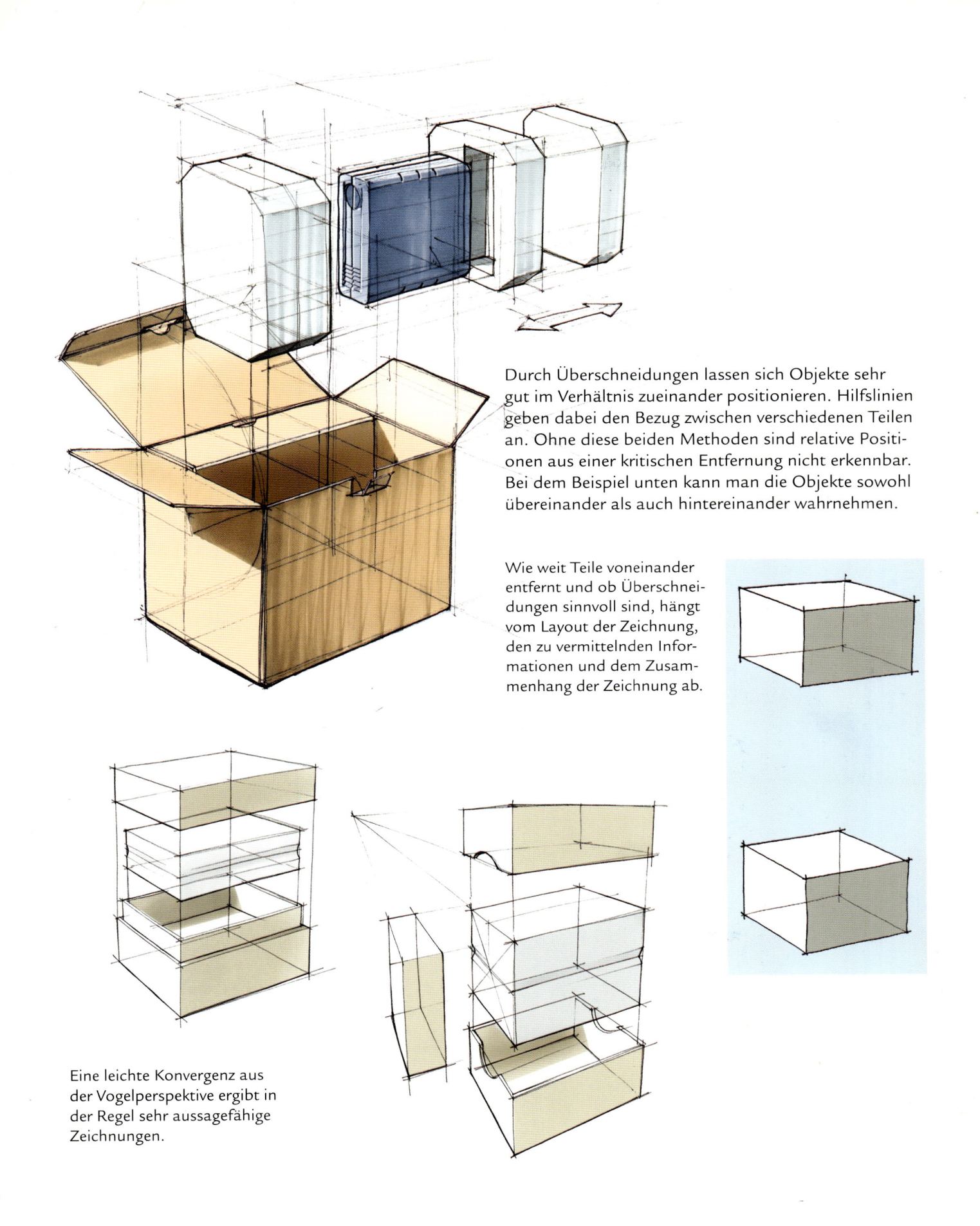

Durch Überschneidungen lassen sich Objekte sehr gut im Verhältnis zueinander positionieren. Hilfslinien geben dabei den Bezug zwischen verschiedenen Teilen an. Ohne diese beiden Methoden sind relative Positionen aus einer kritischen Entfernung nicht erkennbar. Bei dem Beispiel unten kann man die Objekte sowohl übereinander als auch hintereinander wahrnehmen.

Wie weit Teile voneinander entfernt und ob Überschneidungen sinnvoll sind, hängt vom Layout der Zeichnung, den zu vermittelnden Informationen und dem Zusammenhang der Zeichnung ab.

Eine leichte Konvergenz aus der Vogelperspektive ergibt in der Regel sehr aussagefähige Zeichnungen.

Kapitel 9 Erklärende Zeichnungen

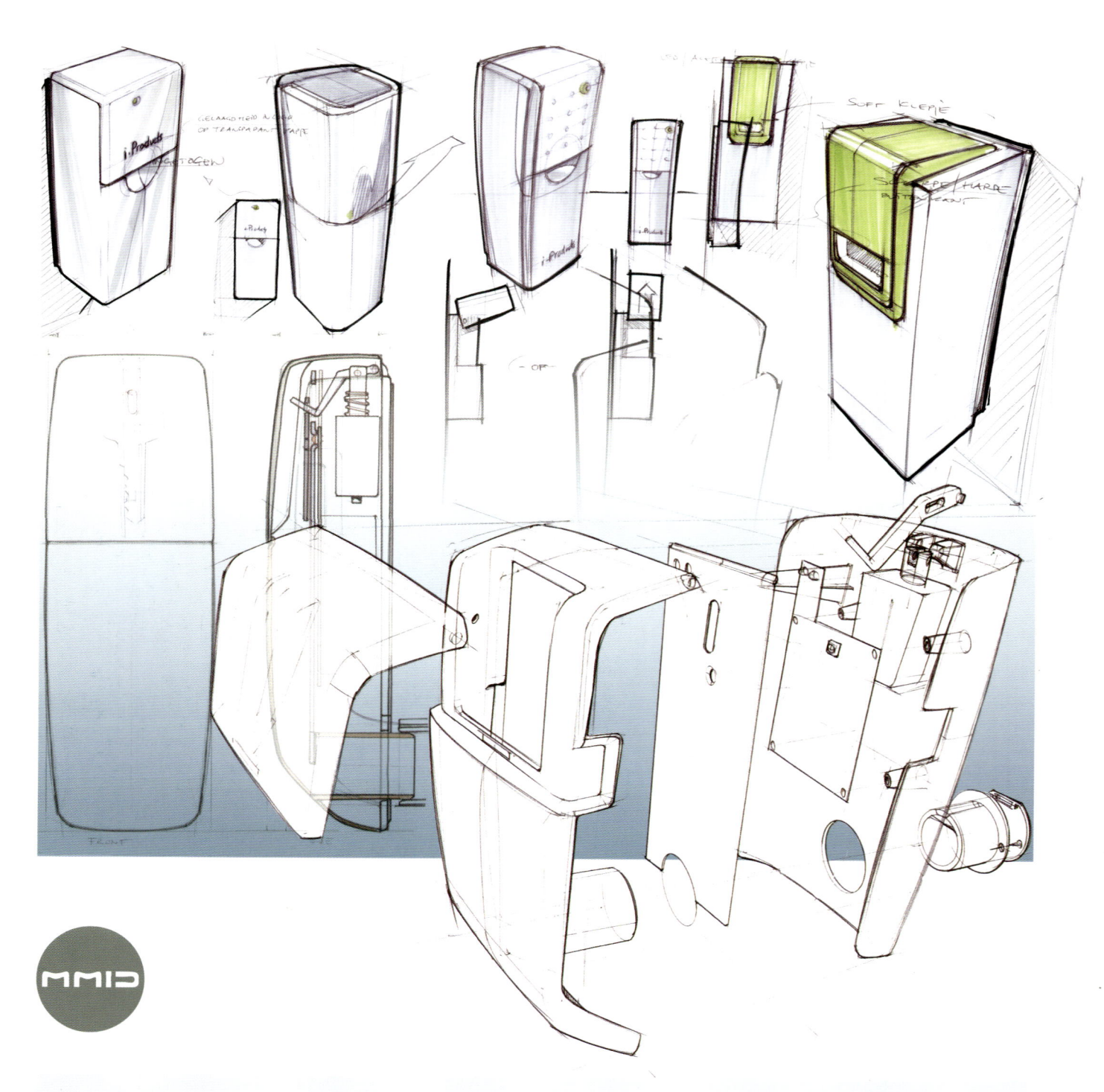

MMID

„Für i-Products haben wir das KeyFree-System von den ersten Skizzen bis zum Endprodukt betreut, 2006. Das System hängt an einer Tür, und im Notfall kann man über ein Mobiltelefon einen Schlüssel freigeben. Uns war wichtig, dass der Schlüssel ohne Probleme aufgehängt und freigegeben werden kann. Durch einen halb transparenten Deckel kann man den Schlüssel und die Batterieleuchtdiode im Innern erkennen."

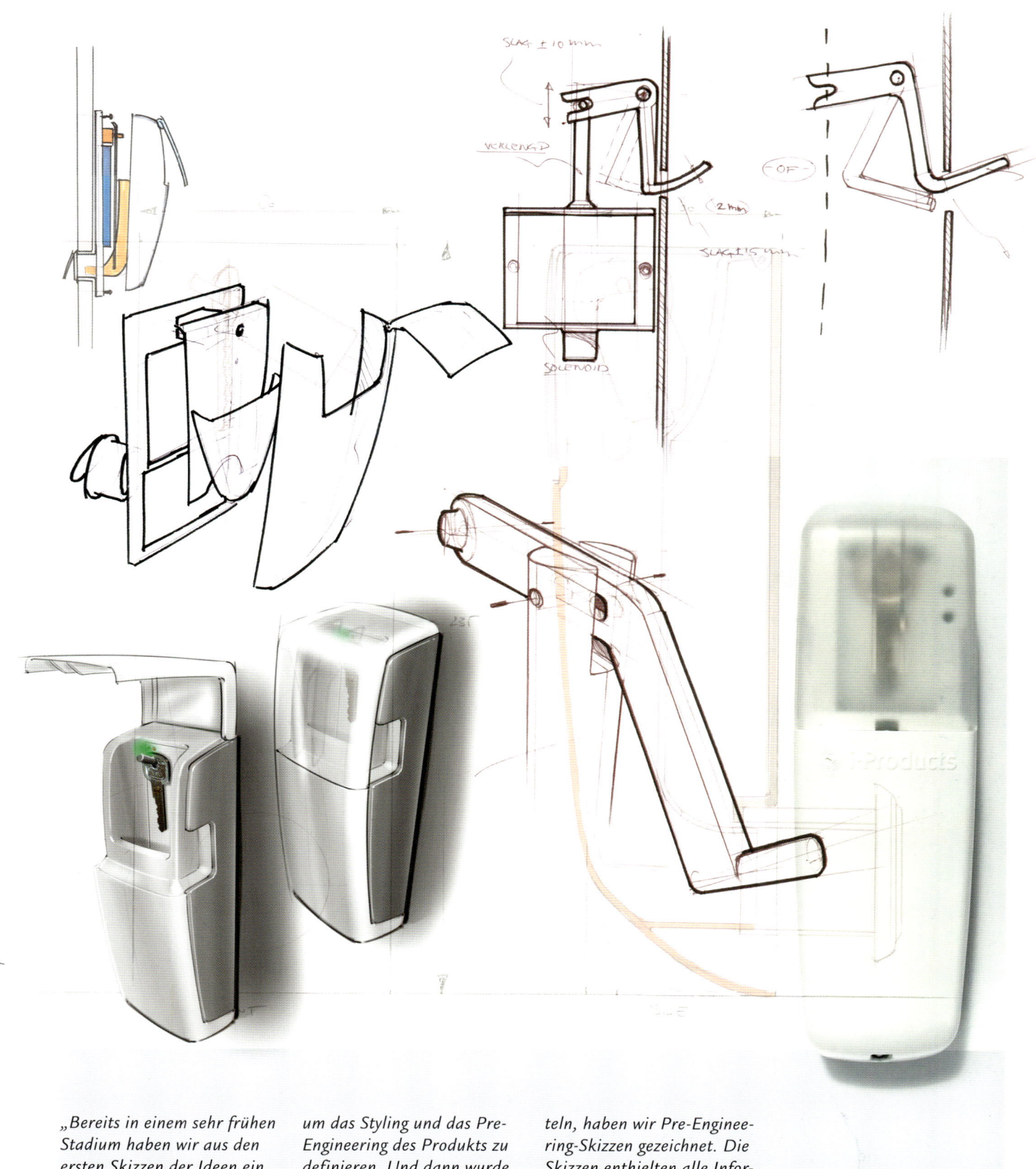

„Bereits in einem sehr frühen Stadium haben wir aus den ersten Skizzen der Ideen ein bestimmtes Konzept ausgewählt. Auf Basis dieser Ideenskizze haben wir ein paar Konzeptskizzen angefertigt, um das Styling und das Pre-Engineering des Produkts zu definieren. Und dann wurde es Zeit, die Explosionsansicht zu zeichnen.
Um die technische Idee hinter dem Konzept zu vermitteln, haben wir Pre-Engineering-Skizzen gezeichnet. Die Skizzen enthielten alle Informationen, die wir brauchten, um diese Phase abzuschließen und mit dem Engineering in CAD zu beginnen."

Kapitel 9 Erklärende Zeichnungen   185

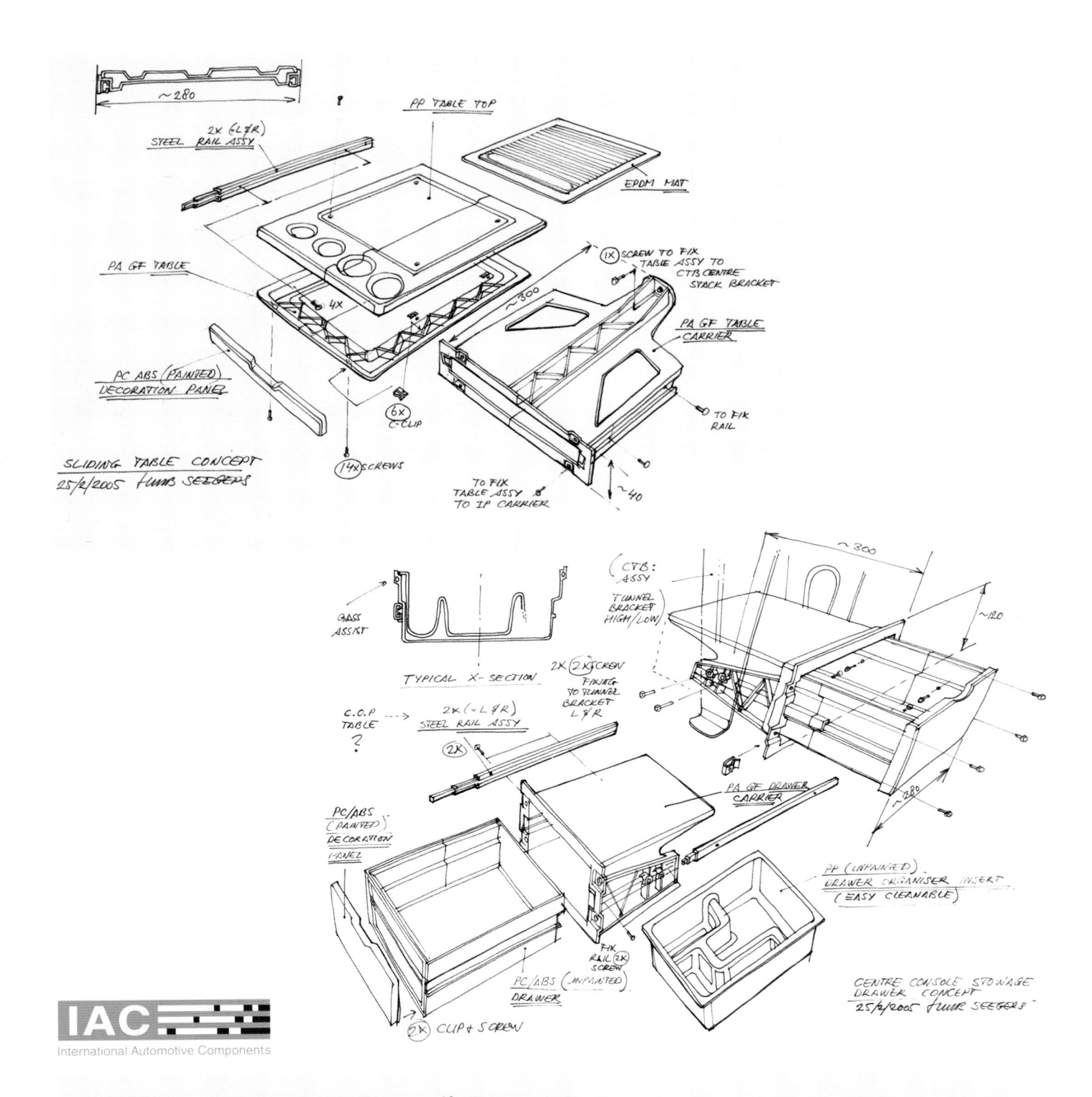

IAC Group, Deutschland – Huib Seegers

Diese Beispiele für Explosionsansichten zeigen das Konzept für einen Schiebetisch und das Stauraumkonzept für die Mittelkonsole eines Lkw-Armaturenbretts, 2005. Solche Skizzen werden in der Regel verwendet, um den Kalkulatoren Angaben zum Konzept zu machen, damit sie ein erstes Angebot erstellen können.

Seat, Spanien – Wouter Kets

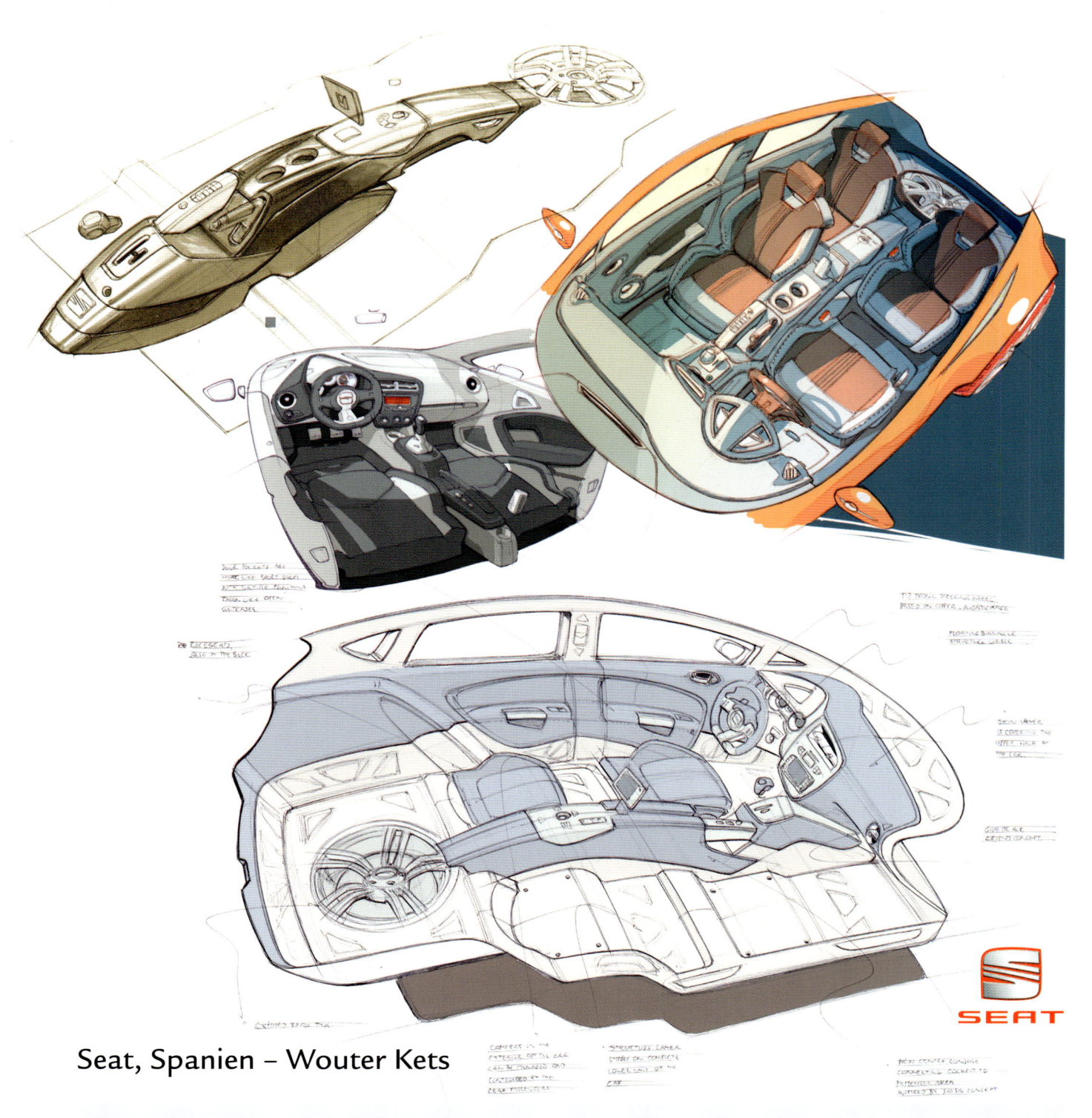

Der Prototyp des Seat Leon wurde 2005 auf dem Genfer Autosalon vorgestellt. Die Öffentlichkeit sollte so auf das bald darauf auf den Markt kommende Produktionsmodell neugierig gemacht werden. Alles erfolgte in kurzer Zeit und mit beschränktem Budget. Die Zeichnungen dienten der Ideenkommunikation im Team. Detaillierte Designlösungen erfolgten direkt am 1:1-Modell. Bei solchen Zeichnungen ist es mitunter schwierig, Perspektive und Blickwinkel so zu wählen, dass für einen abgeschlossenen komplexen Raum sowohl ein Überblick als auch genaue Informationen zur Form visualisiert werden können. Deshalb lässt man häufig Teile des Autos weg, es wird also mit Schnittgrafiken gearbeitet. Die Faserstiftzeichnungen wurden gescannt und in Photoshop coloriert. Schatten wurden auf einer Ebene mit Grautönen angelegt. Jede Farbe kam auf einer eigenen Ebene dazu. Damit war alles als Explosionszeichnung verfügbar.

Chefdesigner: Luca Casarini

Kapitel 9 Erklärende Zeichnungen

Schnittgrafiken

Um das Innere eines Objekts zu zeigen oder Informationen zu vermitteln, die bei normalem Gebrauch nicht erkennbar sind, kann man einen Teil des Äußeren wegschneiden und das Innere freilegen. Ein Querschnitt ist ebenfalls möglich. Automotoren werden häufig so dargestellt. Eine typische Überschneidung mit Präsentationen ist bei den hier gezeigten Schnittbildern zu sehen, in denen die Produkte dreidimensional geschnitten wurden. Sie geben genug Informationen, um das Layout im Innern verstehen zu können. Dieses Verfahren kann sinnvoll sein, wenn es um die Kommunikation mit jemandem geht, der technische Zeichnungen nicht lesen kann.

Ghosting

Beim Ghosting wird durch transparente Einblicke sichtbar gemacht, was unter oder hinter der Außenhaut liegt. Man kann so das Innere oder Teile des Innern eines Objekts zeigen, wobei das Objekt selbst kenntlich bleibt, sodass der direkte Zusammenhang zwischen dem Innern eines Produkts und seinem Gehäuse deutlich wird. Ghosting kann zur Kosteneffizienz beitragen, da es die Verwendung bereits vorhandener Baugruppen in einem neu gestalteten Gehäuse visualisieren kann.

Kapitel 9 Erklärende Zeichnungen

FLEX/the**INNOVATIONLAB**®

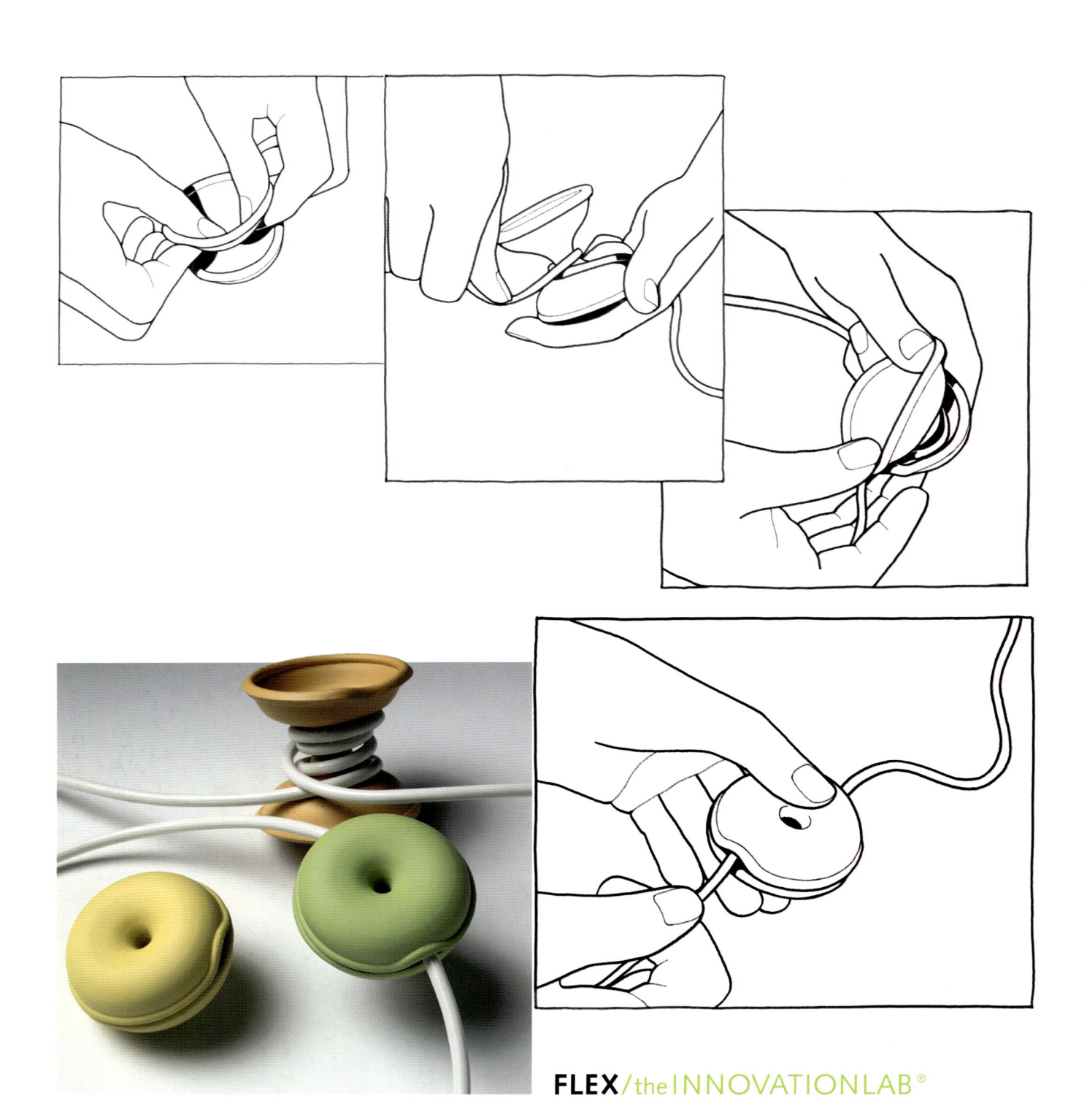

Die Cable Turtle für Cleverline, 1997, löst das Problem von zu langen Elektrokabeln auf überraschend einfache Art. Das Produkt gehört inzwischen zur MOMA-Kollektion in New York.

Um das Funktionsprinzip des neuen Produkts zu erklären, war eine reduzierte Zeichnung erforderlich. Da es keinen Prototyp gab, um den Kunden zu überzeugen, mussten dafür Zeichnungen verwendet werden.

Foto: Marcel Loermans

Instruktionszeichnungen

Es gibt zwei Arten von Instruktionszeichnungen. Die eine besteht aus einer Folge von einander ähnlichen Zeichnungen, wie sie bei Montageanleitungen für Produkte verwendet werden, die in Einzelteilen geliefert und zusammengebaut werden müssen, etwa Möbel. Bei der anderen Art werden unterschiedliche Zeichnungen zu einer Gruppe zusammengefasst, so etwa bei Handbüchern für Produkte wie Computer.

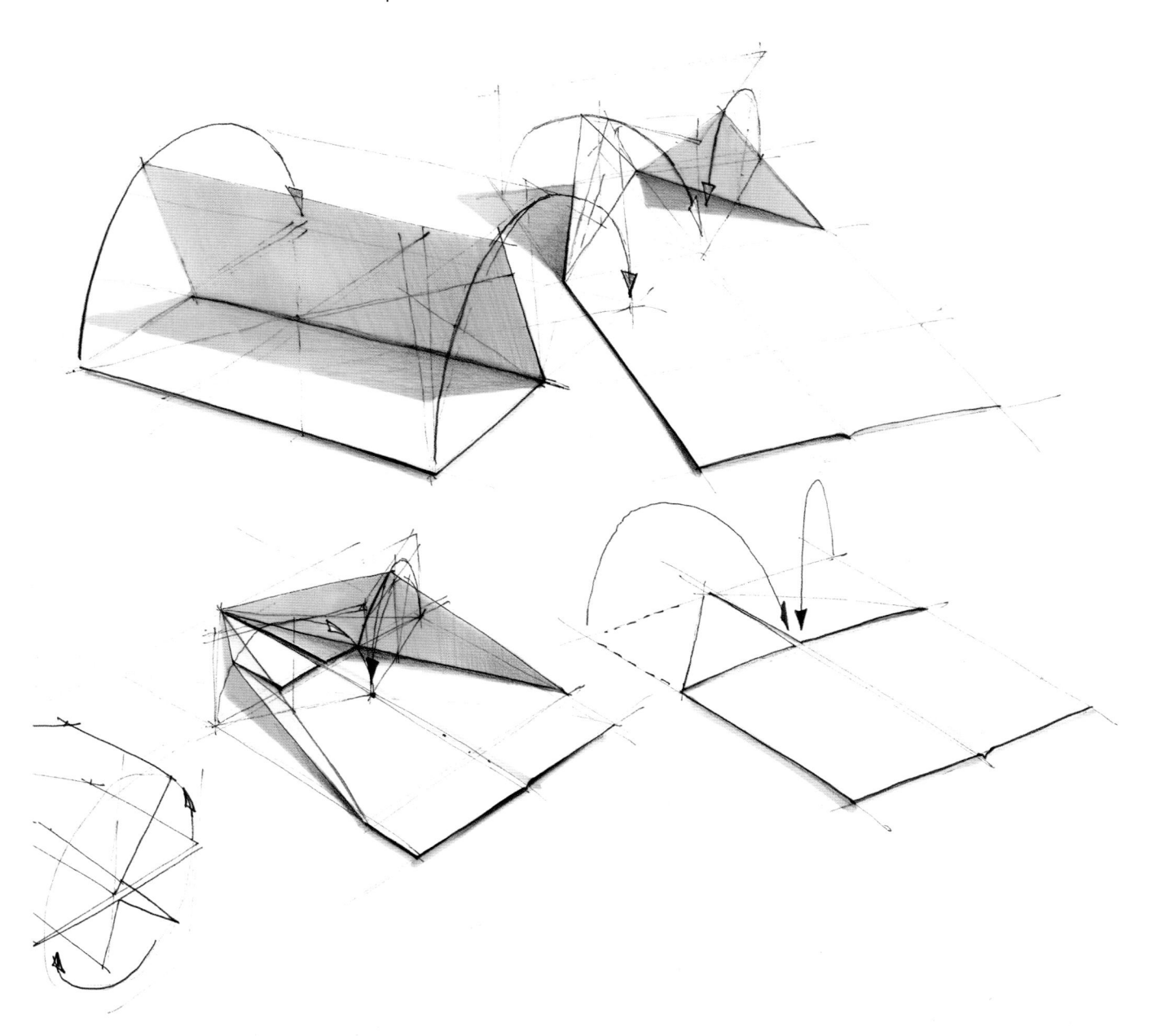

Untersuchungen zu Handbüchern und darüber, ob der Verbraucher sie versteht, haben gezeigt, dass der kulturelle Hintergrund eine wichtige Rolle spielt und internationale visuelle Sprache verwendet werden muss. Bedienungsanleitungen müssen in der Regel mehr als eine Zeichnung enthalten. Anzahl und Art der nötigen Zeichnungen sind abhängig von der Abfolge der Handlungen. Ziel ist es, Informationen so logisch und einfach wie möglich zu vermitteln. Im Beispiel hier geben Pfeile die Faltschritte an.

Kapitel 9 Erklärende Zeichnungen **191**

Diese Instruktionszeichnungen visualisieren den Zubereitungsprozess von Pfannkuchen.

Die Abfolge der einzelnen Schritte sollte logisch und verständlich sein. Unter Umständen ist für jeden Schritt eine andere Art von Zeichnung erforderlich, eine Vergrößerung, schematische Querschnitte, ein Symbol etc. Andererseits kann es durchaus vorkommen, dass wenig inspirierende Zeichnungen entstehen, wenn man sich nur auf die Logik konzentriert. Ein harmonisches Verhältnis aller Elemente – Größe der Zeichnung und Augenpunkt – führt zu einem dynamischeren Ergebnis.

Kapitel 9 Erklärende Zeichnungen

FLEX/the INNOVATIONLAB®

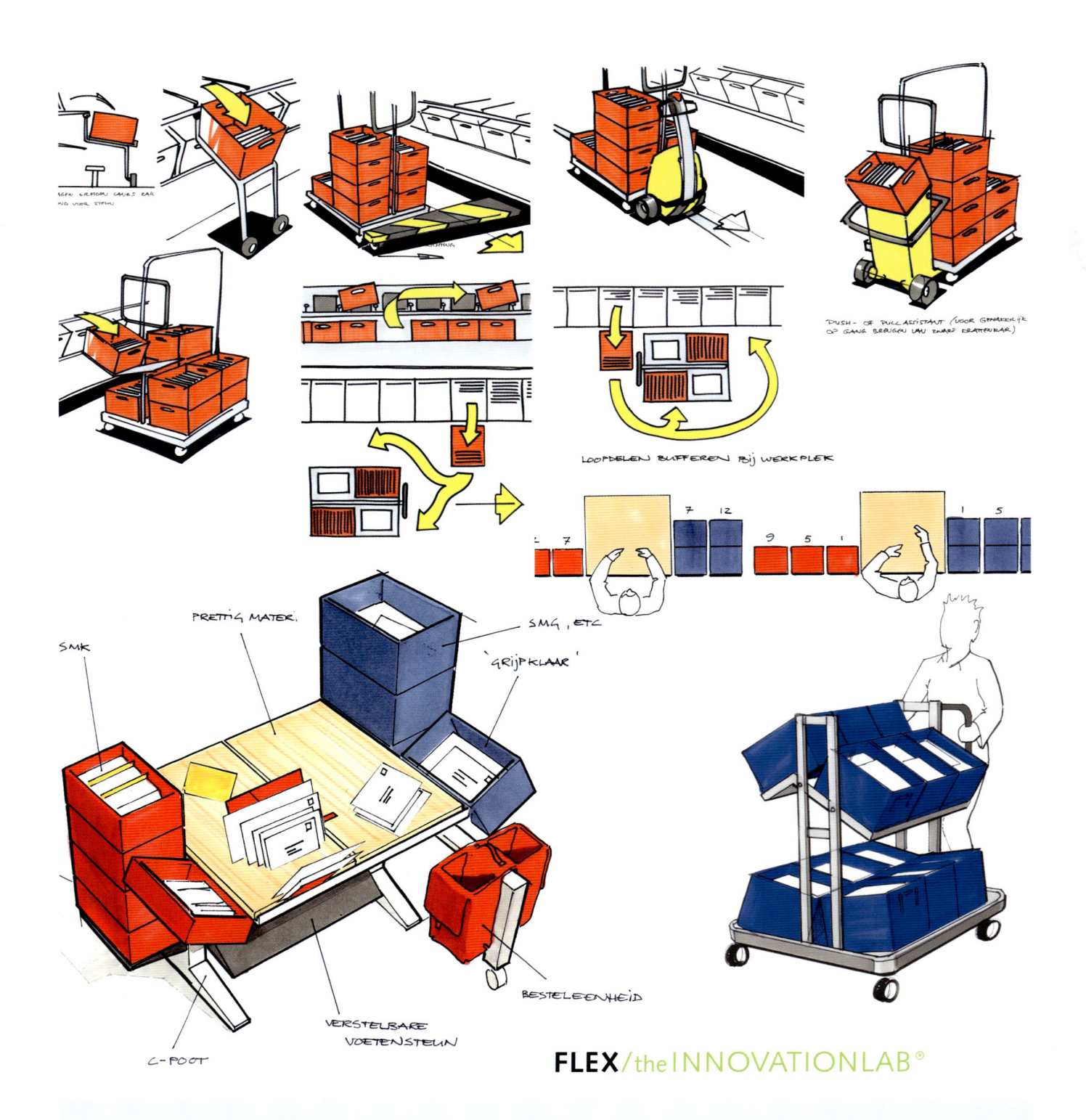

Am Anfang des Projekts wurde der komplexe Arbeitsablauf analysiert und in zahllosen Zeichnungen abgebildet. Anhand dieses Überblicks konnte der Arbeitsablauf dann in mehrere kleinere Designbereiche aufgeteilt werden, die sämtliche Schritte berücksichtigten. Die einfachen, aber leicht verständlichen Zeichnungen halfen Designern und Kunden dabei, die Komplexität des Prozesses und seiner Details zu erfassen.

BAKKEN BOVEN BAND GEPOSITIONEERD

Postbearbeitungssysteme, 2004–2006. FLEX war an der Entwicklung von Hilfsmitteln zur Verbesserung und Optimierung von Sammel-, Sortier- und Lieferprozessen der niederländischen Post TNT beteiligt. Die ersten Ergebnisse waren Rollwagen zur vorübergehenden Lagerung und Sammlung von Kisten mit sortierter Post. Später folgte eine Serie von Artikeln, u.a. ein Anhänger, mit dem die Zusteller die Post zu Fuß oder per Fahrrad verteilen können.

Fotos: Marcel Loermans

Kapitel 9 Erklärende Zeichnungen

DAF Trucks NV

Easy Lift System für das obere Bett des XF105, 2006. Hilfslinien mit Pfeilen zeigen, wie die Leiter aus Leichtmetall eingehängt wird. Der Querschnitt am Ende der Stange erklärt die Form des Alugussteils.
Die Zeichnungen wurden gescannt und in Photoshop schwarz-weiß invertiert. Danach kamen Farbe und die blauen Linien hinzu. Die ausziehbaren Staufächer unter dem unteren Bett sind vom Fahrer leicht zu erreichen. Das Design beinhaltet auch einen Flaschenhalter, um in der Fahrerkabine des Lkw möglichst viel Stauraum zu schaffen, ohne die Bewegungsfreiheit einzuschränken.

Designer: Bart van Lotringen

Kapitel 10

Oberfläche und Texturen

Die Darstellung des Materials kann großen Einfluss auf eine Zeichnung haben. Die Zeichnung eines Produkts wirkt realistischer, wenn Oberflächeneigenschaften wie Spiegelungen, Glanz oder Textur gezeigt werden. Dazu muss man sich allerdings mit Licht und Schattierungen auskennen. Es geht nicht darum, fotorealistisch zu zeichnen, aber man muss wissen, wie man ein Material „darstellt", da dies wiederum die Entscheidungsfindung in einem Designprozess unterstützen kann.

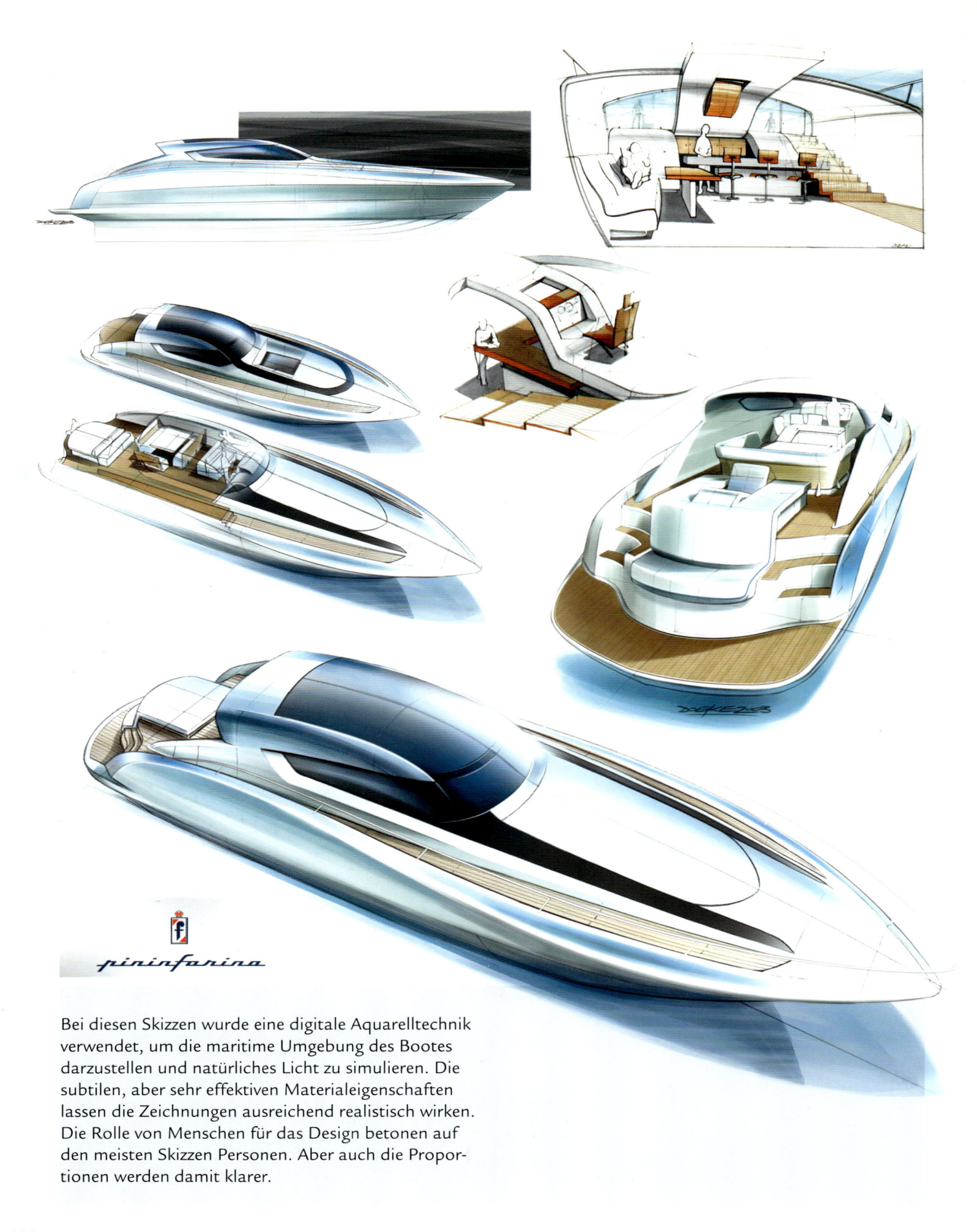

pininfarina

Bei diesen Skizzen wurde eine digitale Aquarelltechnik verwendet, um die maritime Umgebung des Bootes darzustellen und natürliches Licht zu simulieren. Die subtilen, aber sehr effektiven Materialeigenschaften lassen die Zeichnungen ausreichend realistisch wirken. Die Rolle von Menschen für das Design betonen auf den meisten Skizzen Personen. Aber auch die Proportionen werden damit klarer.

Pininfarina, Italien – Doeke de Walle

Privates Speedboat für Primatist.
Ziel des Designs ist eine starke Verbindung zwischen Innenraum und Umgebung. Dazu wurde der Eingang zur Kabine erweitert. Das lässt mehr Tageslicht herein und gewährt einen Blick von innen nach außen.

Die Skizzen vermitteln genaue Informationen zu Formen und Proportionen und beziehen auch die Umgebung in das Design mit ein. Geschickt ausgewählte Standpunkte geben zusätzliche Informationen über Räume, Bereiche, Sichtlinien und Beleuchtung.

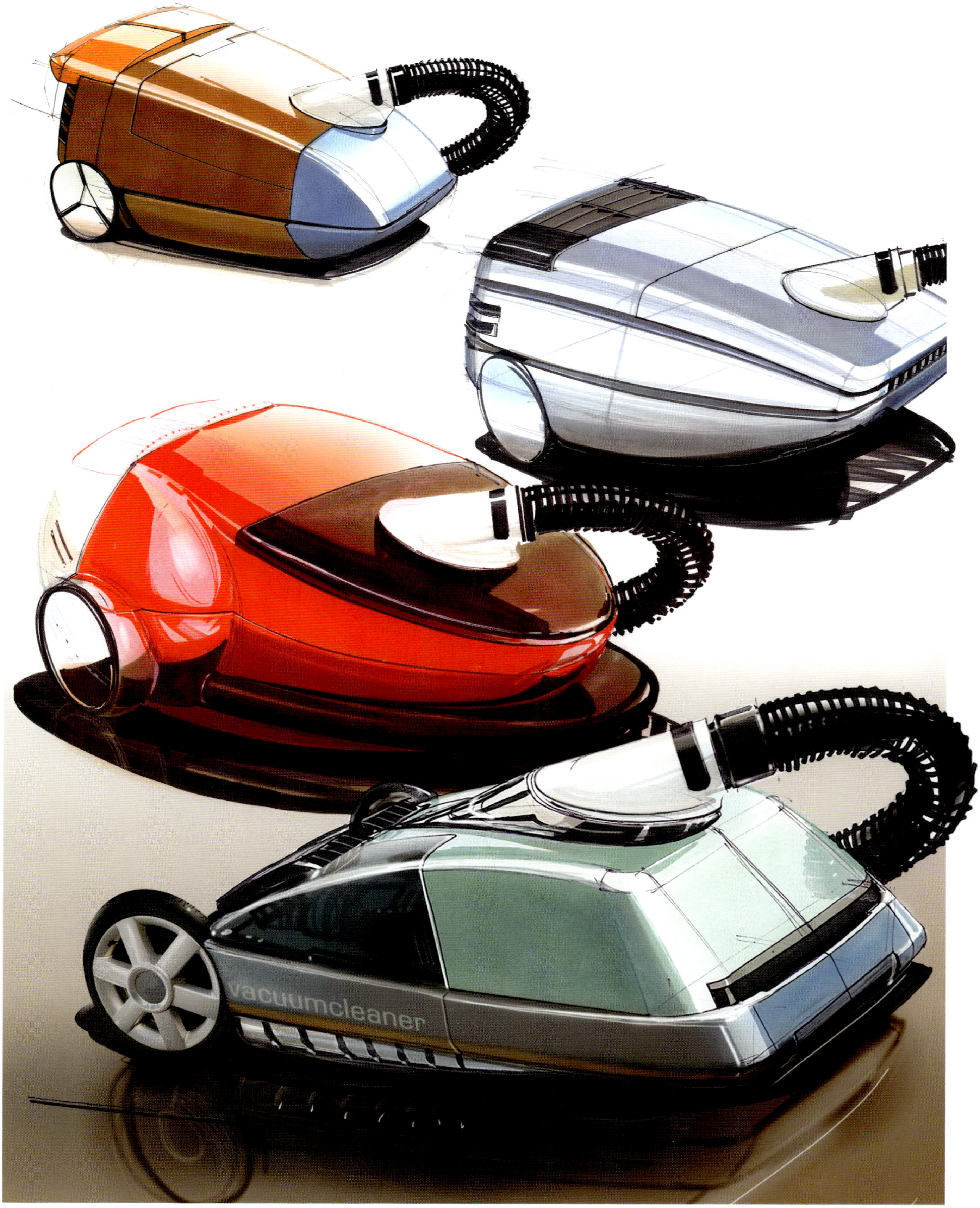
vacuumcleaner

Spiegelungen

In Zeichnungen können Materialeffekte vereinfacht oder übertrieben werden, um eine klare Aussage mit großem Einfluss zu machen. Bei diesen Skizzen wurden die Spiegelungen nicht „konstruiert", sondern geschätzt, und die Deckflächen sehen ähnlich aus. Das Ergebnis ist nicht fotorealistisch, bemüht sich aber, die Eigenschaften des Materials darzustellen. Die Spiegelungen der näheren Umgebung, z.B. Schlagschatten, Schlauch und Anschlussstutzen, wurden mit einer „abstrakten" Spiegelung der weiteren Umgebung zusammengefasst. Das ergibt einen höheren Kontrast.

Hilfslinien bei Spiegelungen

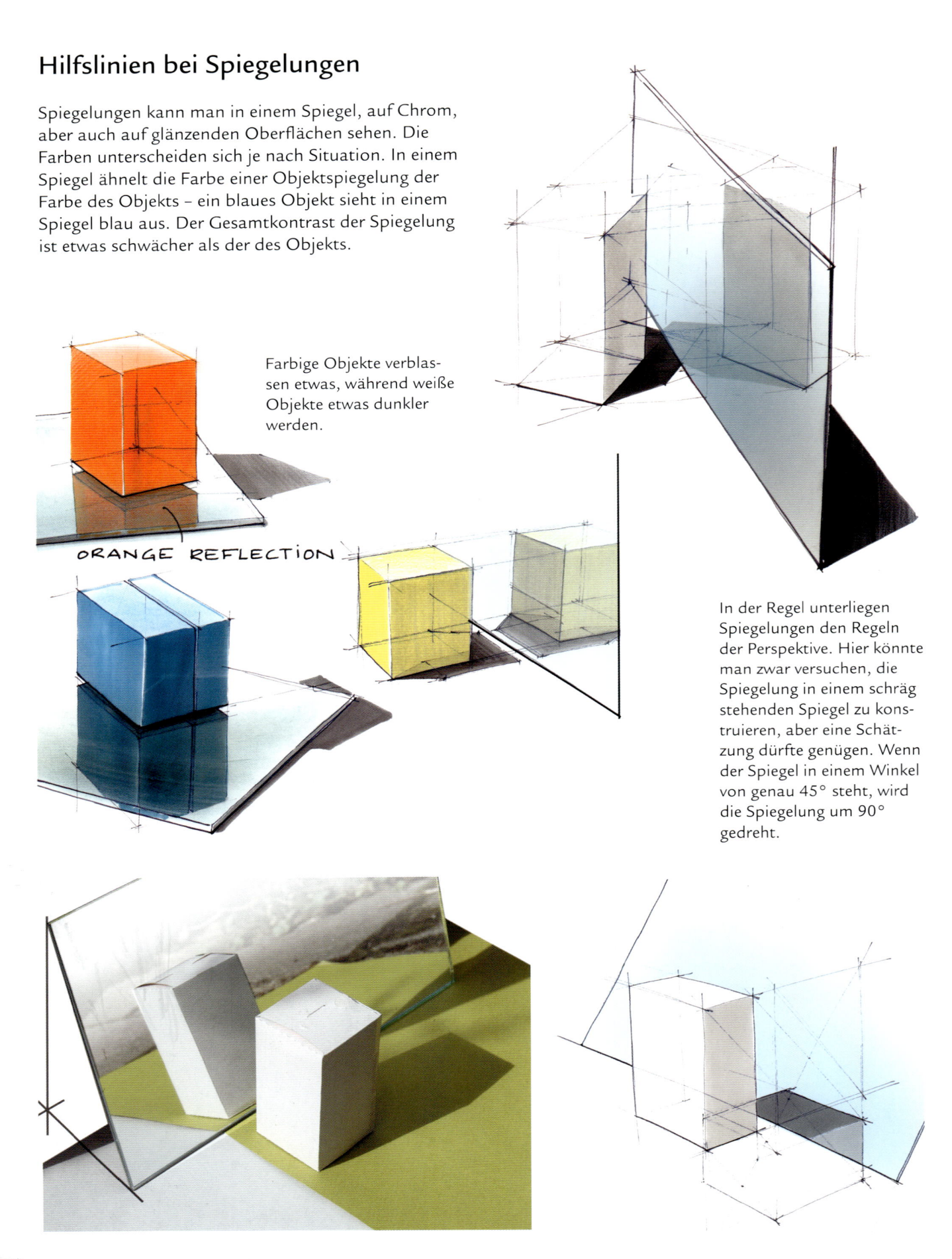

Spiegelungen kann man in einem Spiegel, auf Chrom, aber auch auf glänzenden Oberflächen sehen. Die Farben unterscheiden sich je nach Situation. In einem Spiegel ähnelt die Farbe einer Objektspiegelung der Farbe des Objekts – ein blaues Objekt sieht in einem Spiegel blau aus. Der Gesamtkontrast der Spiegelung ist etwas schwächer als der des Objekts.

Farbige Objekte verblassen etwas, während weiße Objekte etwas dunkler werden.

ORANGE REFLECTION

In der Regel unterliegen Spiegelungen den Regeln der Perspektive. Hier könnte man zwar versuchen, die Spiegelung in einem schräg stehenden Spiegel zu konstruieren, aber eine Schätzung dürfte genügen. Wenn der Spiegel in einem Winkel von genau 45° steht, wird die Spiegelung um 90° gedreht.

Bei glänzendem Material ist die Farbe der Spiegelungen eine Mischung aus der Farbe der glänzenden Oberfläche und der Farbe des Objekts. Ein blaues Objekt, das sich in einer farbigen glänzenden Oberfläche spiegelt, ist nicht blau. Es tendiert dazu, die Farbe der glänzenden Oberfläche anzunehmen.

CAST SHADOW

REFLECTION

Auf matten Oberflächen sieht man Schlagschatten, auf glänzenden Oberflächen sieht man Spiegelungen.

Kapitel 10 Oberfläche und Texturen

Glänzend

Auf hochglänzendem Material haben Spiegelungen die gleiche Farbe wie das glänzende Material. In Wirklichkeit ist es jedoch immer eine Mischung aus der Spiegelung und dem sichtbaren Schlagschatten. Um in einer Zeichnung eine glänzende Oberfläche zu betonen, lässt man den Schlagschatten in der Regel weg und übertreibt die farbigen Spiegelungen der Umgebung. Im Vergleich zu mattem Material ist erheblich mehr Kontrast vorhanden.

Matt

Dieses Material wird in der Regel lediglich durch Farbe und Schattierungen dargestellt; die Umgebung spiegelt sich nicht darin. In den Schattierungen sind weiche Übergänge und dezente Glanzlichter zu erkennen.

Kapitel 10 Oberfläche und Texturen

Spark Design Engineering

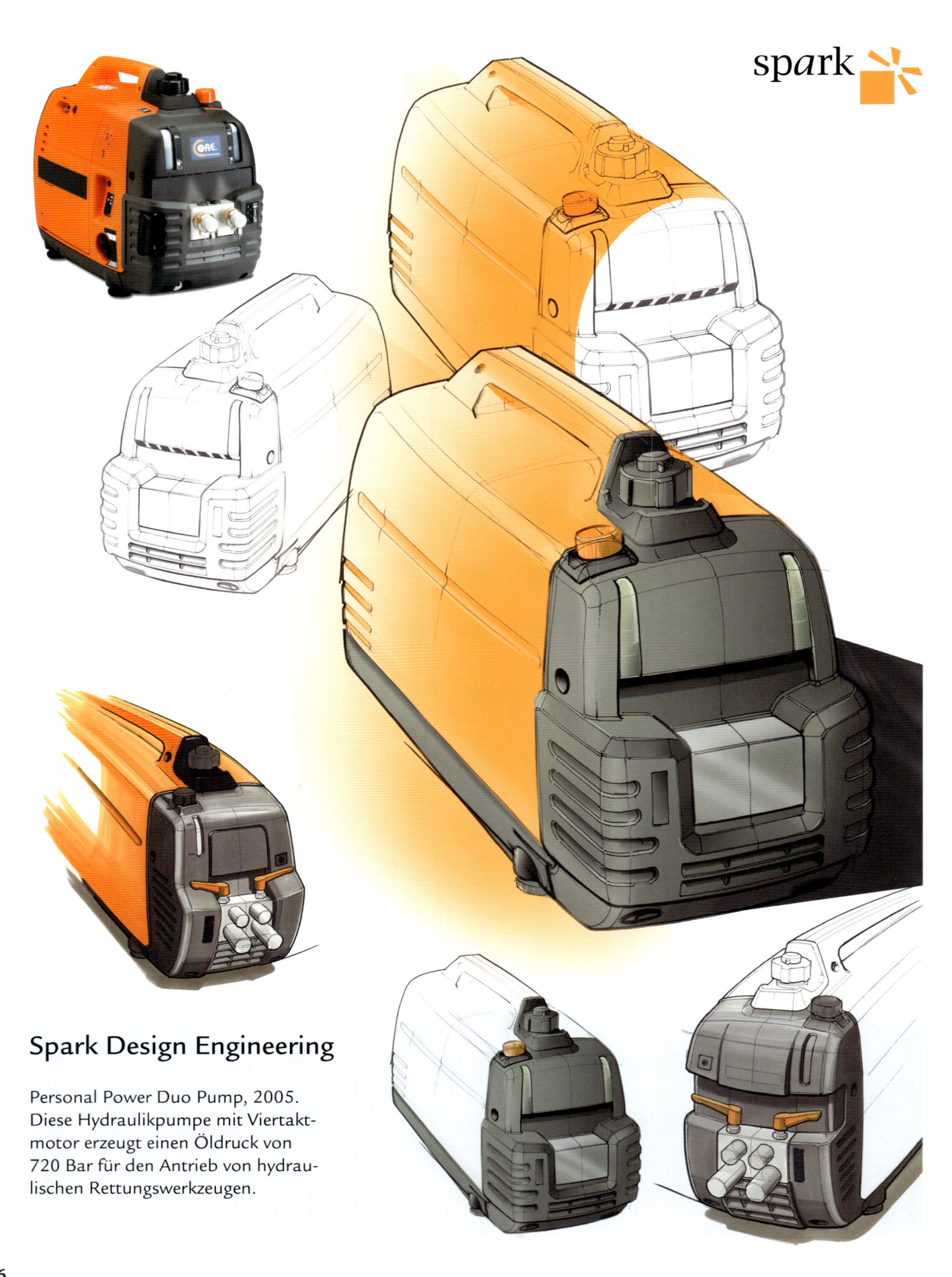

Personal Power Duo Pump, 2005.
Diese Hydraulikpumpe mit Viertaktmotor erzeugt einen Öldruck von 720 Bar für den Antrieb von hydraulischen Rettungswerkzeugen.

Springtime

Teil der Fußball-Werbekampagne UPGRADE! von Wieden+Kennedy 2005 für Nike EMEA. Gescannte Strichzeichnungen dienen als Basisebene für Skizzen in Photoshop. Tonwerte werden in multiplizierten und negativ multiplizierten Ebenen hinzugefügt. Auf diese Weise bleibt die Skizze sichtbar. Fügen Sie eine normale Ebene dazwischen ein, um das eingescannte Bild sauber zu machen.

Designer: Michiel Knoppert. Rendering: Michiel van Iperen

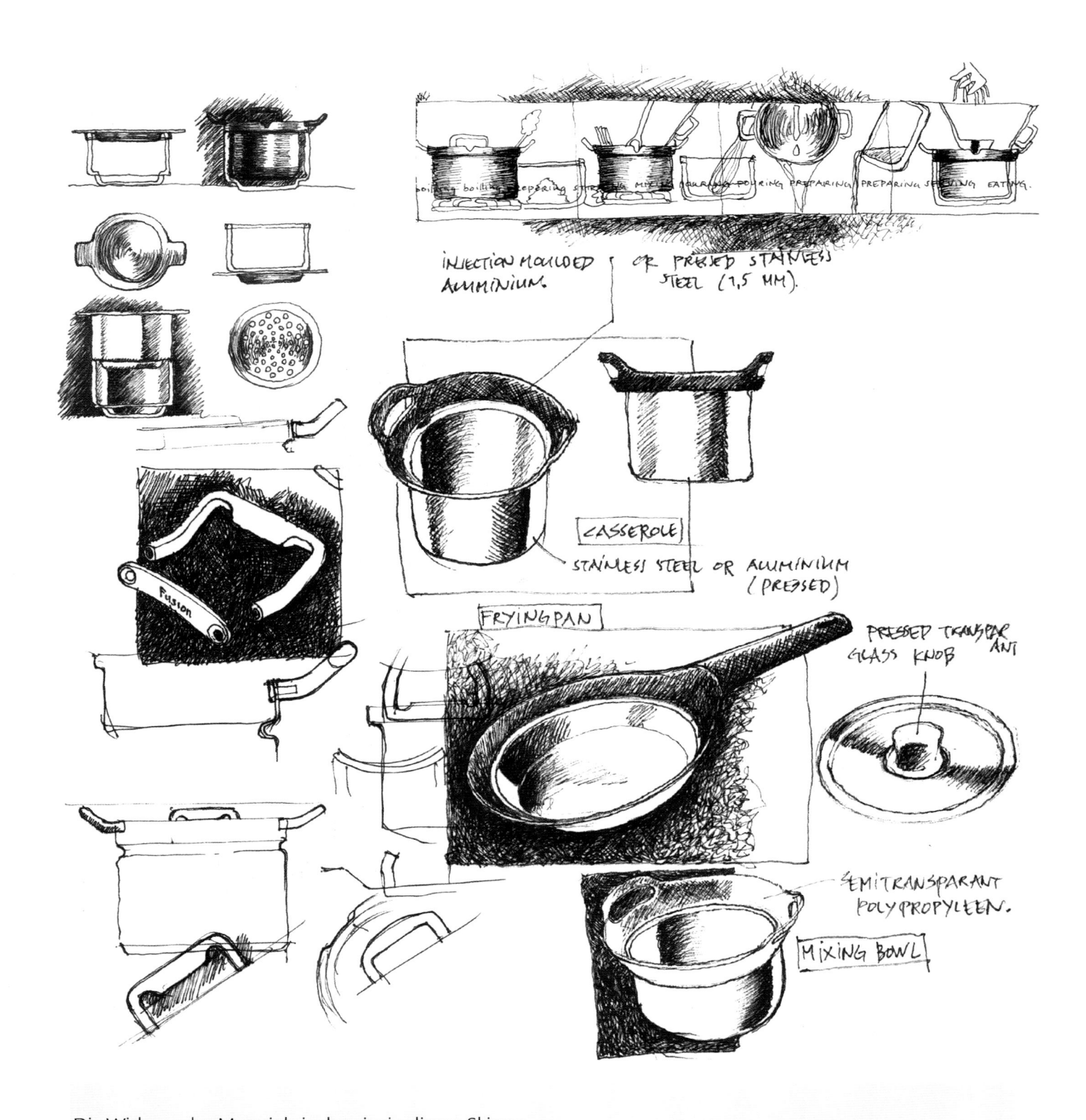

Die Wirkung des Materials ist bereits in diesen Skizzen zu erkennen. Sie entstanden bereits in einem frühen Designstadium. Dies hilft bei der Entscheidung zwischen verschiedenen Konzepten. Anhand der Zeichnungen wurden auch unterschiedliche Designlösungen und deren Einfluss auf die endgültige Form der Töpfe und Pfannen untersucht.

Jan Hoekstra Industrial Design Services

Kochgeschirr für Royal VKB. Edelstahltöpfe und -pfannen mit schwarzen Griffen. Ein innovatives Verschlusssystem an den Griffen ermöglicht es, Wasser abzugießen, ohne den Deckel festhalten zu müssen. Design Plus Award 2002, red dot award 2003, Grand Prix de l'Arte 2004, Collection M&O 2006.

Fotos: Marcel Loermans

Chrom

Dieses Material hat eigentlich keine eigene Farbe. Der Farbeindruck besteht zum größten Teil aus Spiegelungen. In dieser Hinsicht verhält es sich wie ein Spiegel. Diese Spiegelungen können einen starken Kontrast aufweisen. Beim Zeichnen wird häufig eine Kombination aus Schwarz und Weiß verwendet, zusammen mit ein wenig Kobaltblau und Ocker, was sich auf die Spiegelungen von Himmel und Erde bezieht. Bei dem Toaster hier sieht man den Beginn der Wölbung durch die verzerrten Spiegelungen. Diese Verzerrungen erkennt man auch in der Zeichnung oben. Auf gekrümmten oder zylindrischen Oberflächen werden Spiegelungen der weiteren Umgebung in der Regel komprimiert und erscheinen „streifig" in Längsrichtung der Rundung. Spiegelungen der näheren Umgebung dagegen treten stärker hervor, und ihre Form ist je nach Situation anders.

Selbst eine einfache Umgebung kann komplexe Spiegelungen ergeben. Daher sollte man eine klare Umgebung schaffen, deren Spiegelungen die Form des Objekts unterstützen.

Im Vergleich zu stehenden Zylindern reflektieren waagrechte Zylinder nur einen Teil der näheren Umgebung und einen großen Teil des hellen Himmels wie bei diesem Beispiel. Sie sehen daher viel heller aus als stehende Zylinder.

Um eine glänzende Oberfläche aus Metall darzustellen, braucht man den Kontrast zwischen Schwarz und Weiß. Dies kommt noch besser zur Geltung, wenn man die Zeichnung in einer farbigen Umgebung platziert. Anstatt die Spiegelungen exakt wiederzugeben, wurden hier mehrere Spiegelungen geschätzt, um dem Material ein realistisches Aussehen zu geben.

Im hellsten Bereich des Zylinders kann man die blaue Farbe des gespiegelten Himmels erkennen. Es sind zwei Arten von Spiegelungen zu sehen: die einer quadratischen Oberfläche auf einem Zylinder hat eine charakteristische Form, genau wie die Spiegelung des Schlagschattens.

Kapitel 10 Oberfläche und Texturen

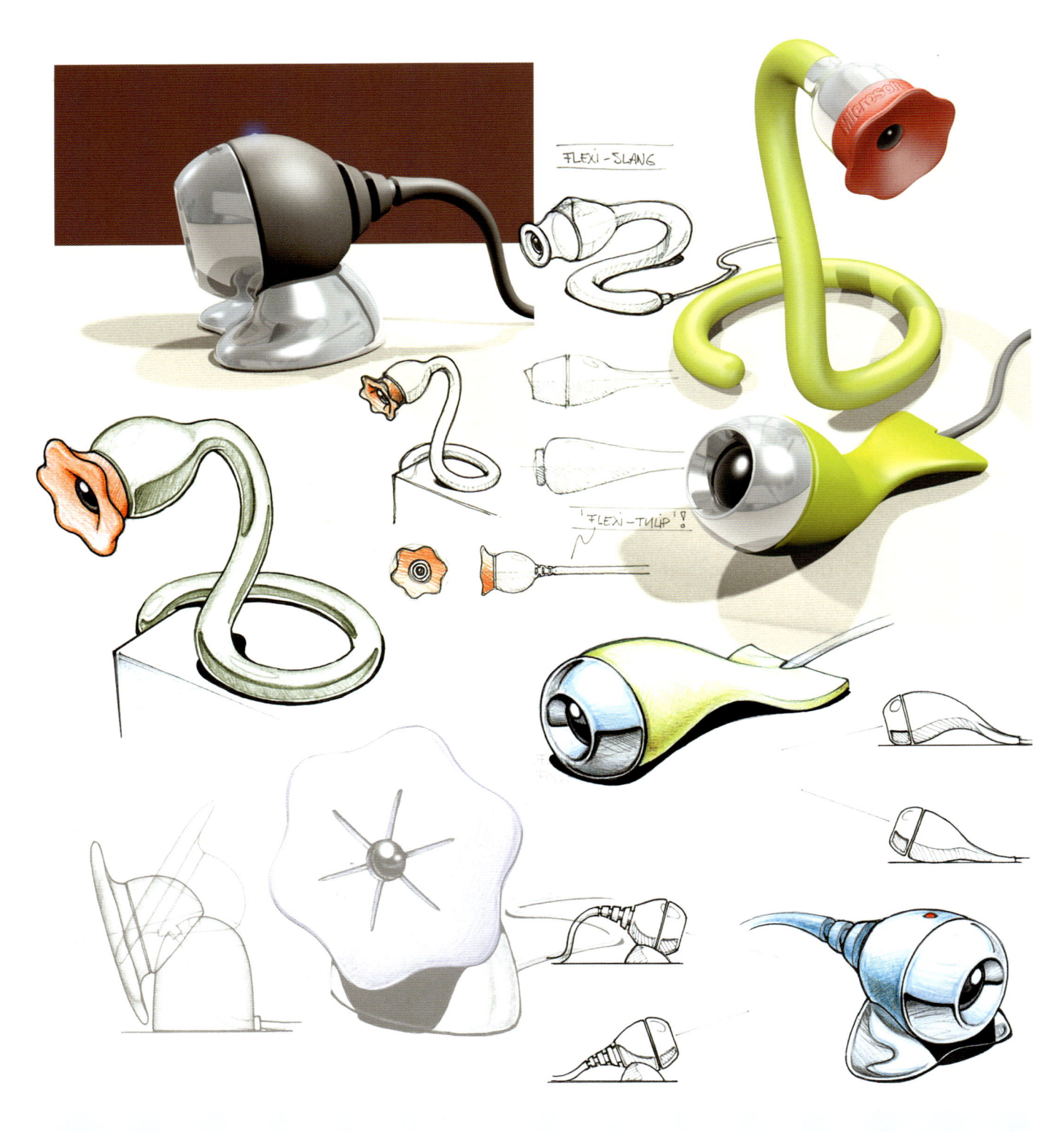

WAACS

Reines Gefühl, damit ist man geboren. Bei Produkten ist es genauso: Sie haben es, oder sie haben es nicht. Die meisten haben es nicht. Die Microsoft Corporation, Redmond, begann 1999 eine Zusammenarbeit mit WAACS, angelockt vom reinen Gefühl. Seitdem sind eine Reihe von Hard- und Softwareprojekten entstanden. Die Konzeptskizzen für eine Serie von 3 PC-Webcams sind einander so ähnlich, dass man sie als Serie auffassen kann, und doch so unterschiedlich, dass sie die drei unterschiedlichen Märkte veranschaulichen können. Jede Webcam erinnert an ein Tier.

BMW Group, Deutschland – Adriaan van Hooydonk

Dies sind Skizzen aus frühen Entwicklungsphasen der 1er-Baureihe von BMW. Van Hooydonks Skizzen dienten als Vorlage für andere Designvorschläge und ein Modell im Maßstab 1:1. Für das endgültige Design zeichnete Chris Chapman verantwortlich.

Beim Autodesign ist der Materialausdruck oft sehr auffällig in Szene gesetzt, sodass die komplette Oberfläche mit Spiegelungen versehen wird. Autodesigner sind sehr geschickt darin, diese Spiegelungen in ihre Entwürfe einzubauen. Bei diesen Beispielen wurden Marker und Pastellfarben auf Velinpapier verwendet. Die Glanzlichter wurden mit weißer Farbe hinzugefügt.

Kapitel 10 Oberfläche und Texturen

Glas

Dieses Material hat drei wesentliche Eigenschaften. Außer der Tatsache, dass Glas durchsichtig ist, spielen Spiegelungen und Verzerrungen eine große Rolle. Wenn Licht reflektiert wird, ist das Material weniger transparent. Da immer ein wenig Licht gespiegelt wird, wirkt eine Umgebung durch Glas stets etwas undeutlicher.

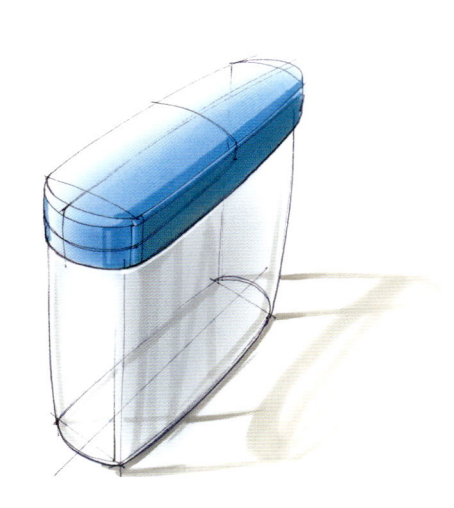

Zu Verzerrungen kommt es vor allem beim Blick durch gekrümmte oder zylindrische Glasobjekte, speziell in der Nähe der Kontur. An der Kante ist Glas auch weniger durchsichtig. An den dickeren Stellen durchsichtigen Materials ergeben sich neben weißen Spiegelungen nämlich auch schwarze.

Um das durchsichtige Material dieses Produkts darzustellen, entschied sich der Designer für eine farbige, abstrakte Umgebung, damit Glanzlichter hervortreten. Ein Schlagschatten, der durch das Material gesehen wird, erscheint heller.

Kapitel 10 Oberfläche und Texturen 215

216

Textur und Grafik

Oberflächen besitzen Textur. Sieht man näher hin, dann stellt man fest, dass viele Texturen wie Reifenabdrucke aussehen und aus Riefen und Graten bestehen, die man mit schwarzen und weißen Linien darstellen kann. Egal, ob mit der Hand gezeichnet, digital generiert oder in 3-D gerendert, diese Texturen müssen die lineare Perspektive und die Luftperspektive der Zeichnung sowie die Lichtverhältnisse berücksichtigen.

Kapitel 10 Oberfläche und Texturen   **217**

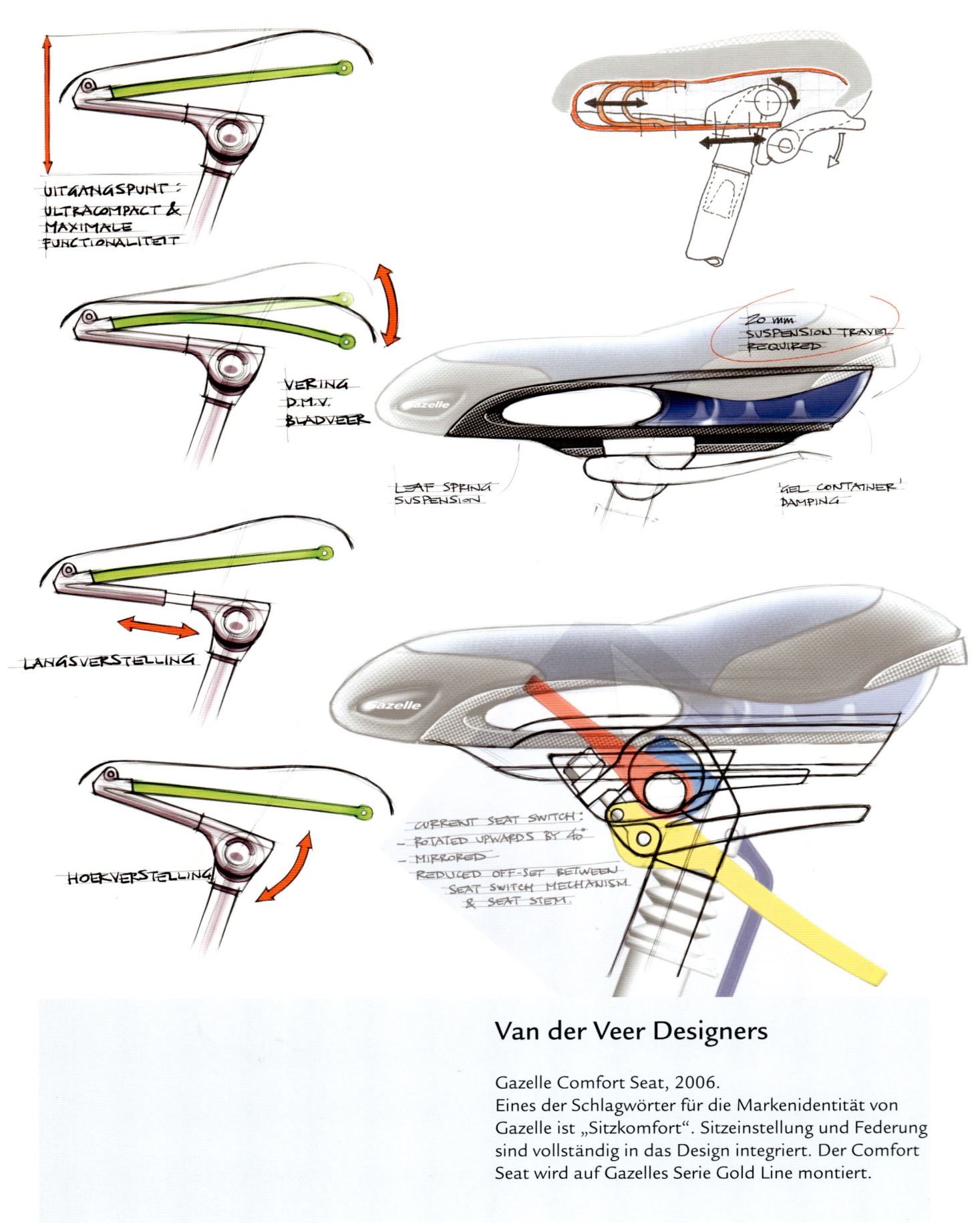

Van der Veer Designers

Gazelle Comfort Seat, 2006.
Eines der Schlagwörter für die Markenidentität von Gazelle ist „Sitzkomfort". Sitzeinstellung und Federung sind vollständig in das Design integriert. Der Comfort Seat wird auf Gazelles Serie Gold Line montiert.

Kunde: Gazelle. Designer: Rik de Reuver, Albert Nieuwenhuis

Digitales Skizzieren bietet viele Möglichkeiten, das Layout durch Zeichnungen mit mehreren Ebenen zu entwerfen. Material- und Texturausdruck lassen sich problemlos hinzufügen und sind ein Pluspunkt bei der Präsentation der Konzepte.

Kapitel 10 Oberfläche und Texturen

Texturen wie Holz, Stoff, Pelz oder wie hier Verbundstoffe bedürfen unter Umständen besonderer Aufmerksamkeit. Abgesehen von der perspektivischen Darstellung gewebter Struktur, müssen die Eigenschaften des Materials selbst zum Ausdruck gebracht werden. Eigenschaften wie Farbwerte, Sättigung und Helligkeit oder Kontrast und Intensität von Spiegelungen und Glanz spielen eine entscheidende Rolle bei der Darstellung des Materials.

Kapitel 11

Lichtquellen

Damit etwas Licht ausstrahlen kann, muss die Lichtquelle als hellster Bereich in einem Bild oder einer Zeichnung wahrgenommen werden. Um gesehen zu werden, muss ein Objekt beleuchtet sein. Bilder oder Zeichnungen von Lichtquellen müssen, was Quellen und Stärke angeht, ausgewogen und stimmig sein.

marcel wanders © studio

section 1   section 2

Studio Marcel Wanders

„Es gibt eine Liste mit den 10 besten Lampen der Welt. ‚Cocoon', von Achille Castiglioni Anfang der Sechziger entworfen, muss auf dieser Liste stehen. Ich nenne ihn meinen Onkel, weil er für mich da war, als ich die ersten Schritte als Designer getan habe, für mich gehört er zur Familie. Er war auch da, als ich nach einem Jahr von der Kunstakademie flog und als ich meine erste Holzlampe anfertigte und damit mein Zimmer abfackelte. Ich habe mich immer von ihm inspirieren lassen, der dem, was wir ‚die unerreichbare Leichtigkeit' nennen, Gestalt gegeben hat. Manchmal tippt er mir noch auf die Schulter, und wenn ich dann den Kopf drehe ... und überlege ..., lächle ich ..., nehme ein frisches Blatt und versuche, den Schatten seines Lichtes zu verdrängen. Inzwischen habe ich meine eigene Cocoonlampe entworfen, und ich hoffe, er verzeiht mir, weil ich sie ‚Zeppelin' genannt habe."

Zeppelin, für Flos, S.p.A., 2005.

Designer: Marcel Wanders. Fotos: Flos S.p.A., Italien

222

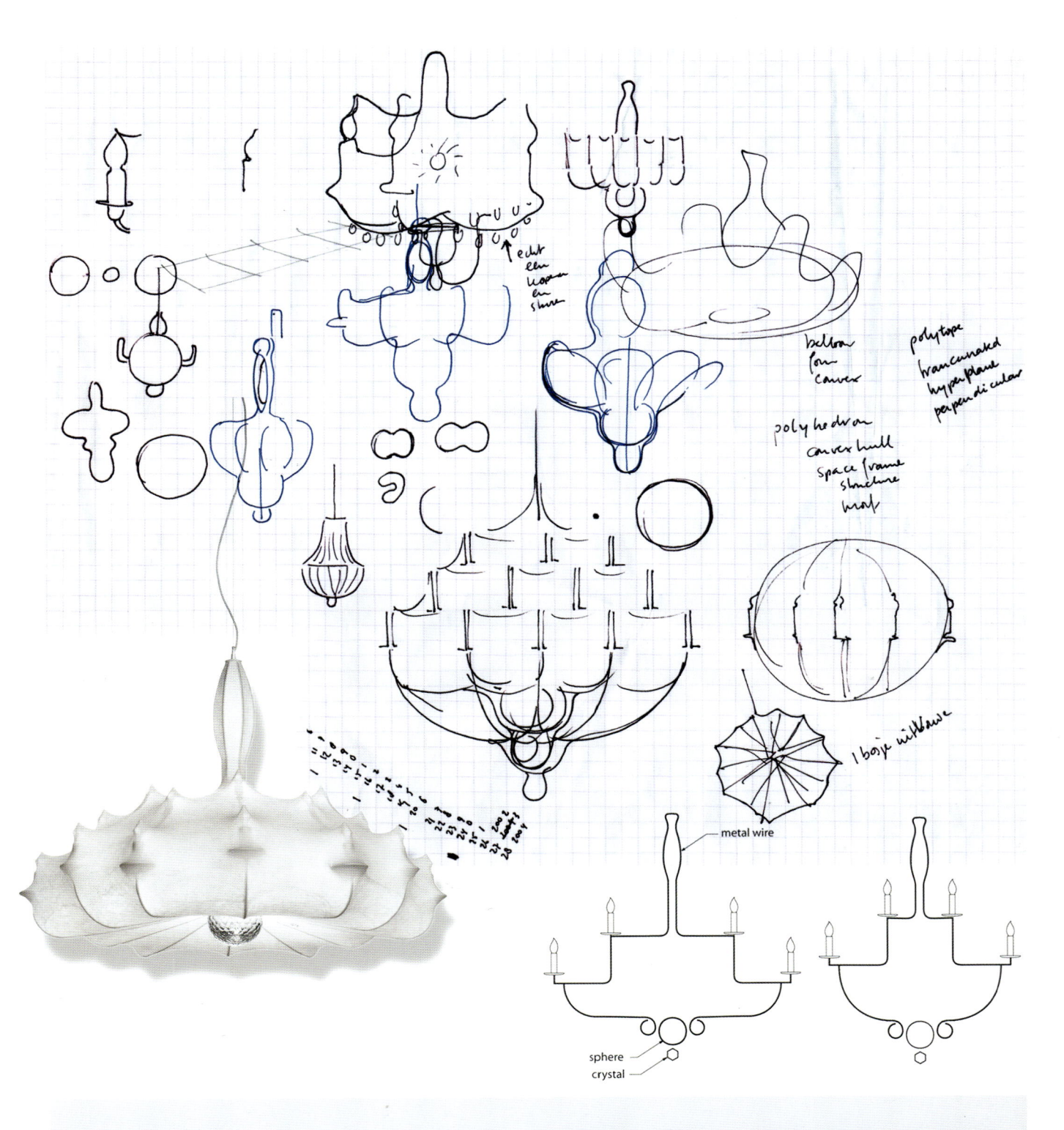

In den ersten Skizzen wurde noch mit der Form experimentiert. In den späteren Skizzen wird die Form des Objekts ausgearbeitet, und die Idee wird klarer. Doch bereits in den ersten Skizzen ist der Charakter der endgültigen Form in Ansätzen zu erkennen.

Kapitel 11 Lichtquellen

Wenn Licht auf eine Oberfläche trifft, wird es immer schwächer, je weiter es sich von der Lichtquelle entfernt.

Helles Licht

Es gibt verschiedene Lichtquellen. Für ihre Wahrnehmung und Darstellung gibt es im Grunde genommen nur einige wenige Situationen. Ein wesentlicher Unterschied ist, ob das Licht auf einen Gegenstand trifft oder nicht. Darüber hinaus sind Lichtstärke und die Farbe des Lichtes von Bedeutung. Um den Eindruck von hellem Licht zu optimieren, kann man eine Lampe in schwarzer Umgebung platzieren.

Biodomestic, 2001. Sieger des europäischen Designwettbewerbs „Lights of the future".

Porzellan verformt sich bei der Herstellung, sodass jede Lampe ein Unikat ist.

Spineless lamps von Studio Frederik Roijé, 2003

Design und Fotos: Hugo Timmermans und Willem van der Sluis: Customr

Kapitel 11 Lichtquellen

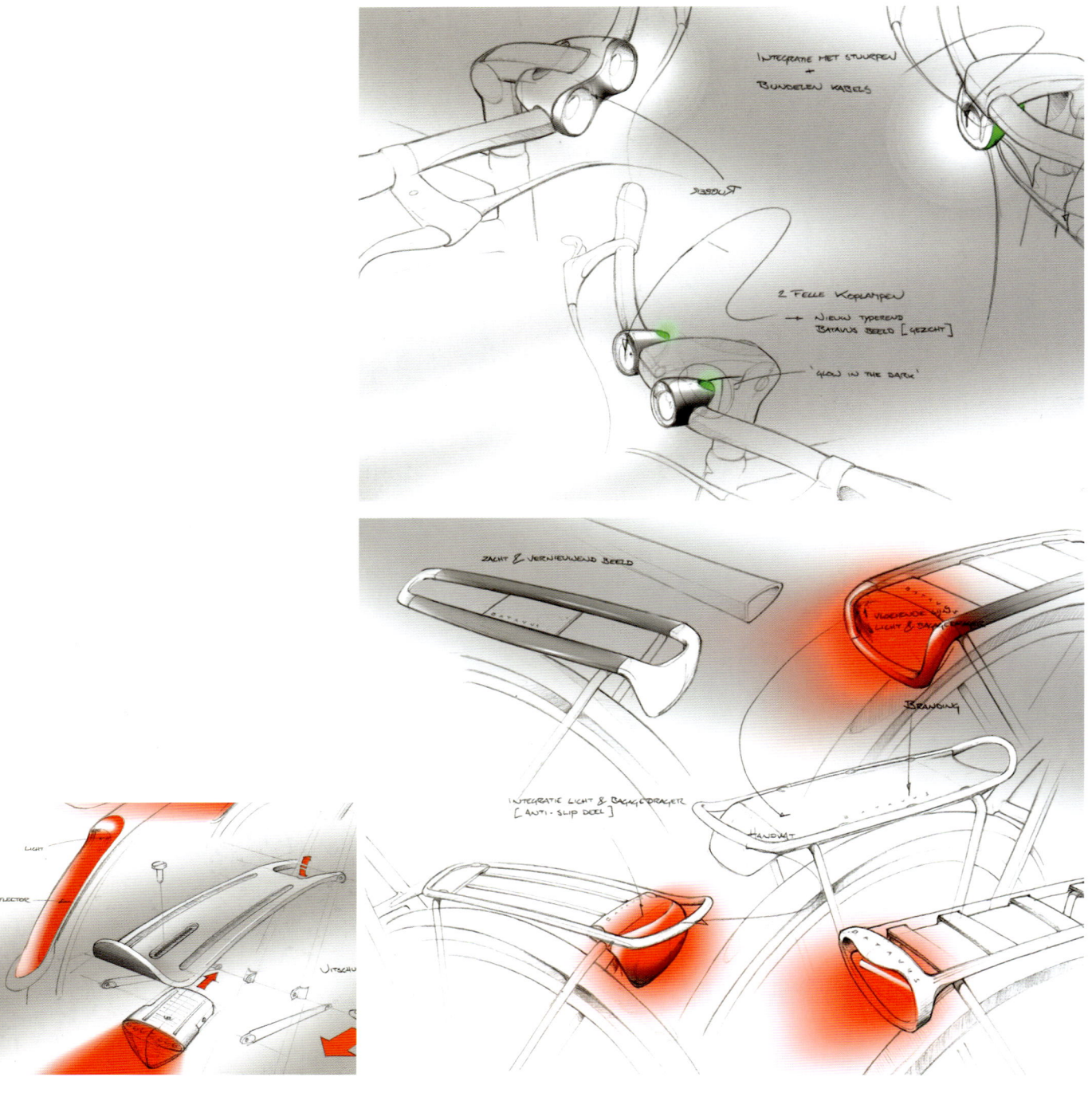

FLEX / the INNOVATIONLAB®

Fahrrad für Batavus, 2002.
Teil des Auftrags war es, neue Fahrradaccessoires wie Lampen und Gepäckträger zu entwickeln.

Der Eindruck, dass ein Objekt Licht aussendet, wird hier dadurch erreicht, dass es der hellste Bereich in der Zeichnung ist. Dazu muss man zuerst den Bereich um das Objekt mit dem Airbrushwerkzeug abdunkeln. Für das Rücklicht wurde ein helles, gesättigtes Rot verwendet.

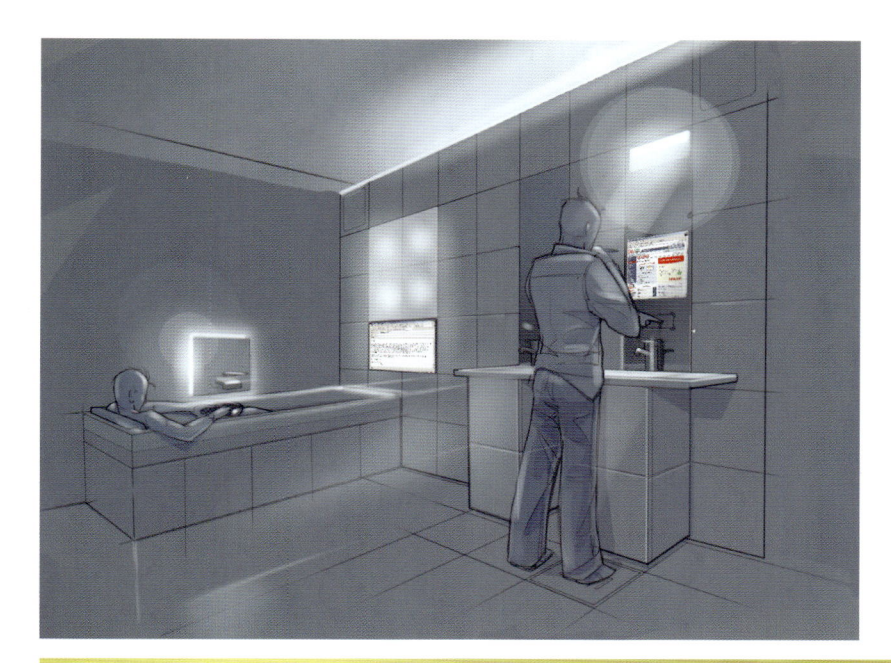

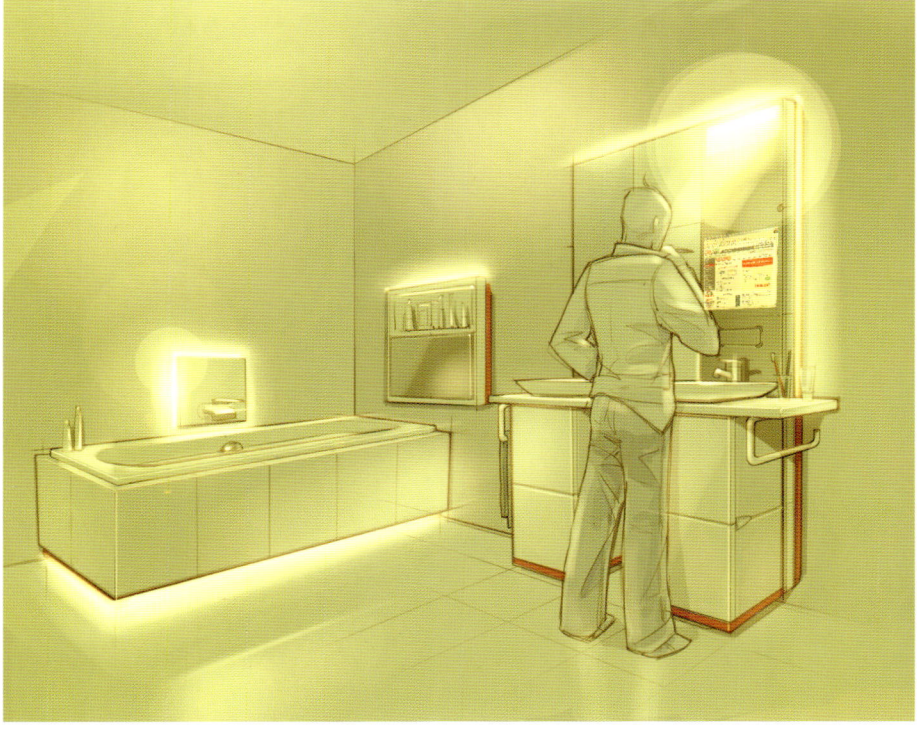

Pilots Product Design

Neues Badkonzept für Vitra Bad, 2004.
Eine Studie zur Integration von Elektronik im Bad für Gesundheit und Komfort führte zu mehreren Produktanregungen, z.B. ein modulares Fliesensystem mit integrierten Kabelfächern, Internetanschluss und Stimmungsbeleuchtung.

Designer: Stanley Sie und Hans de Gooijer

Der Einsatz von Painter als digitalem Skizzierwerkzeug ist eine hervorragende Möglichkeit zum Aufbau einer Präsentation. Zuerst wurde das Konzept angelegt, dann kamen Personen hinzu, anschließend wurde die Stimmungsbeleuchtung (in einem dunklen Bad animiert), dann die passende Musik eingeschaltet und schließlich tauchten ein Monitor und ein Internetbrowser an der Wand auf.

Wenn helles Licht nicht auf eine Oberfläche trifft, kann man es trotzdem darstellen, indem man einen „Strahl aus Licht" zeichnet. Das ist natürlich nicht realistisch, lässt sich aber dazu verwenden, um den Akzent auf das Licht zu setzen.

≪ Normales Licht hat meist keine Farbe.

Weiches Licht

Hintergrund- und Displaybeleuchtungen sollten ebenfalls als heller Bereich erscheinen. Gesättigte helle Farben eignen sich am besten zur Darstellung farbigen Lichtes. Den besten Effekt erzielt man, wenn das Licht von einem dunkleren, weniger bunten Bereich umgeben ist, etwa Grau.

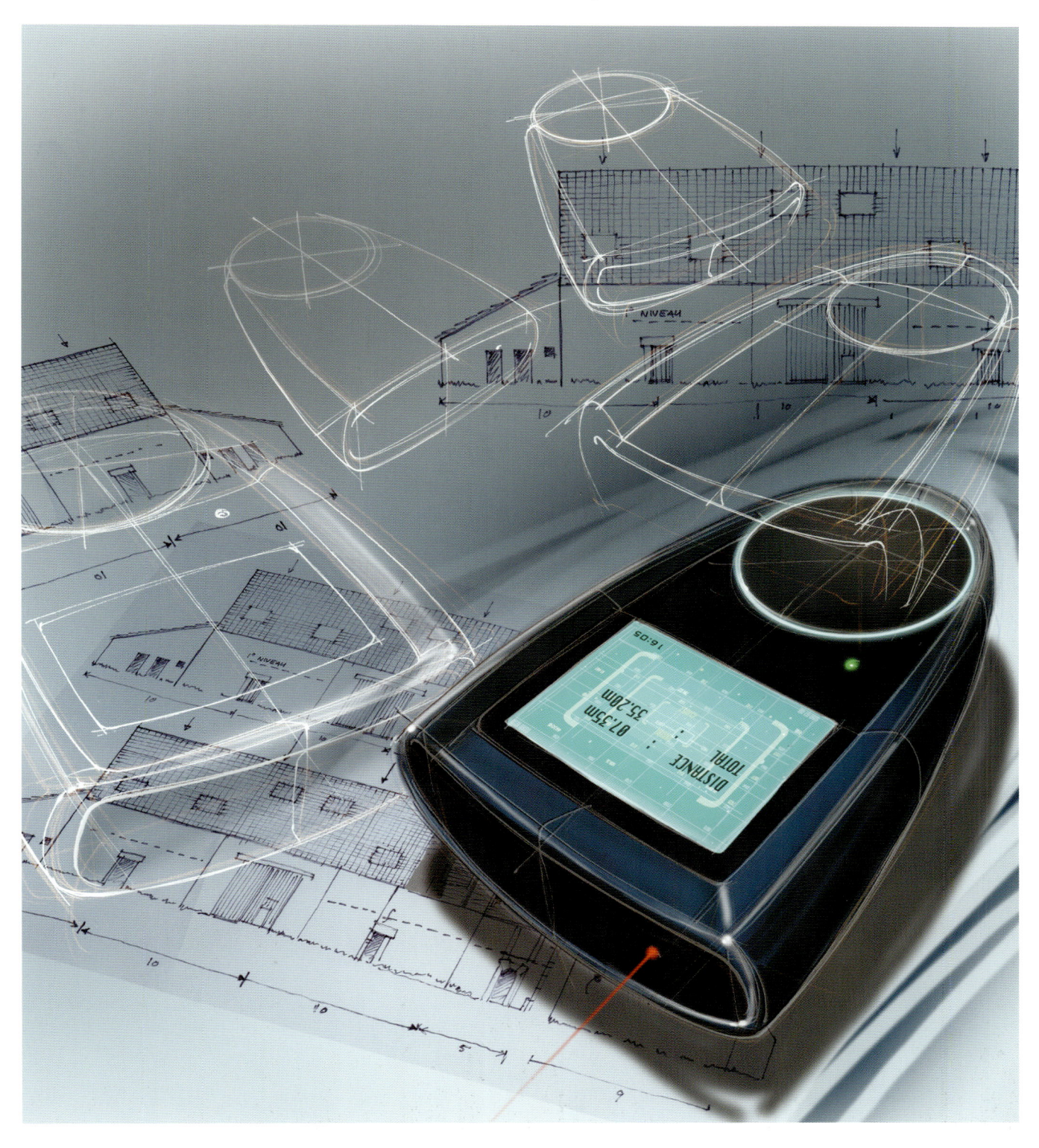

Kapitel 11 Lichtquellen

Wenn die Intensität einer Displaybeleuchtung erhöht wird, tritt ein „Leuchten" auf. Die Lichtfarbe wird in der Richtung des Lichtes leicht verlängert. Hintergrundbeleuchtungen und LCD-Bildschirme müssen am hellsten wirken.

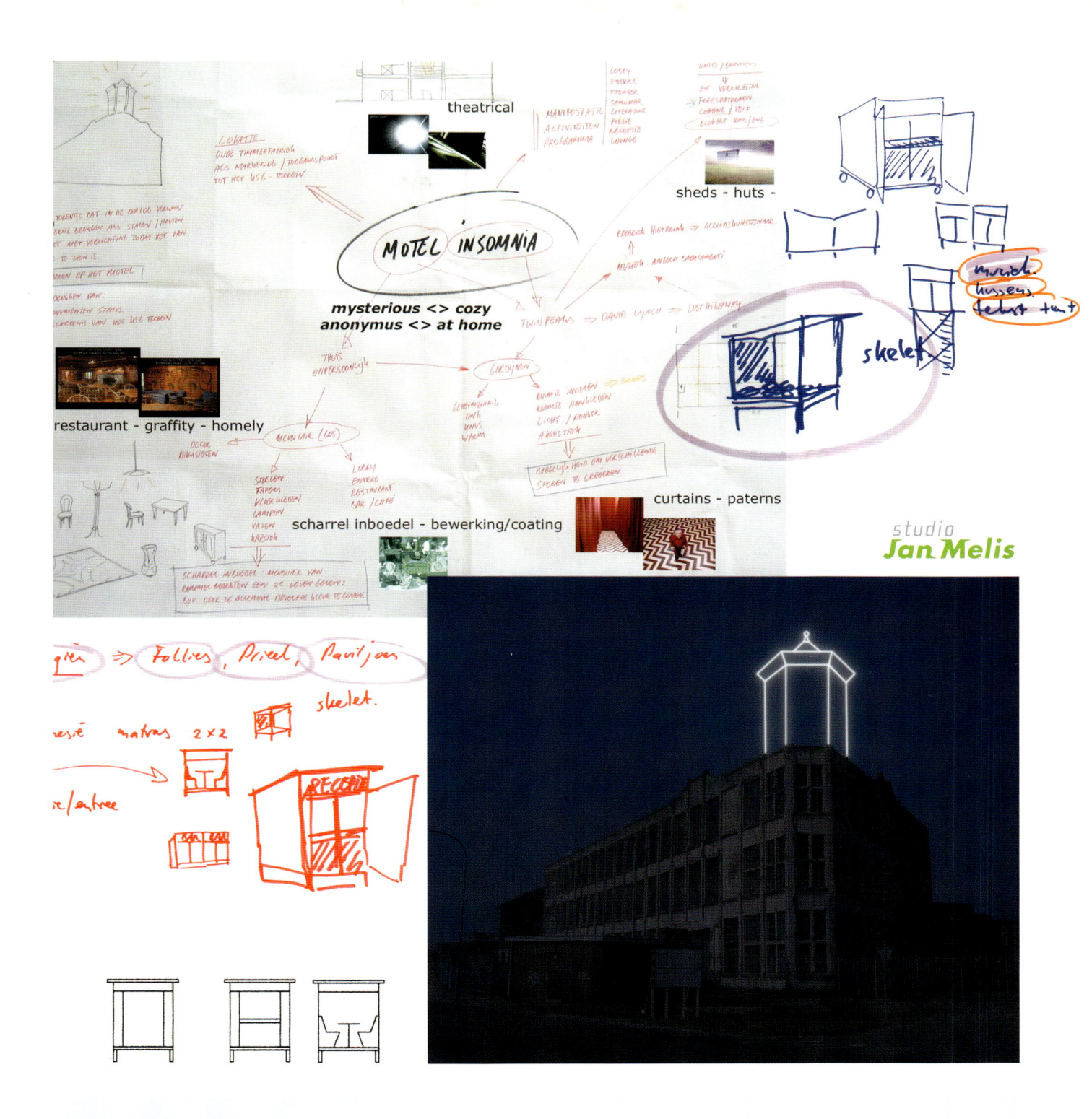

Studio Jan Melis

Kleine Zeichnungen, Worte und Referenzbilder wurden für das „Mind Mapping" und die Vorgabe der Designrichtung verwendet. Für das Architektenteam VHP aus Rotterdam ist die ehemalige Tischlerei auf dem KSG-Gelände in Vlissingen ein möglicher Standort für ein Hotel. „Motel Insomnia" (2007) untersucht, ob das gewaltige Gebäude und seine Umgebung das Potenzial zum kulturellen Hotspot haben. Das Studio Jan Melis erhielt den Auftrag für das Außen- und Innendesign.

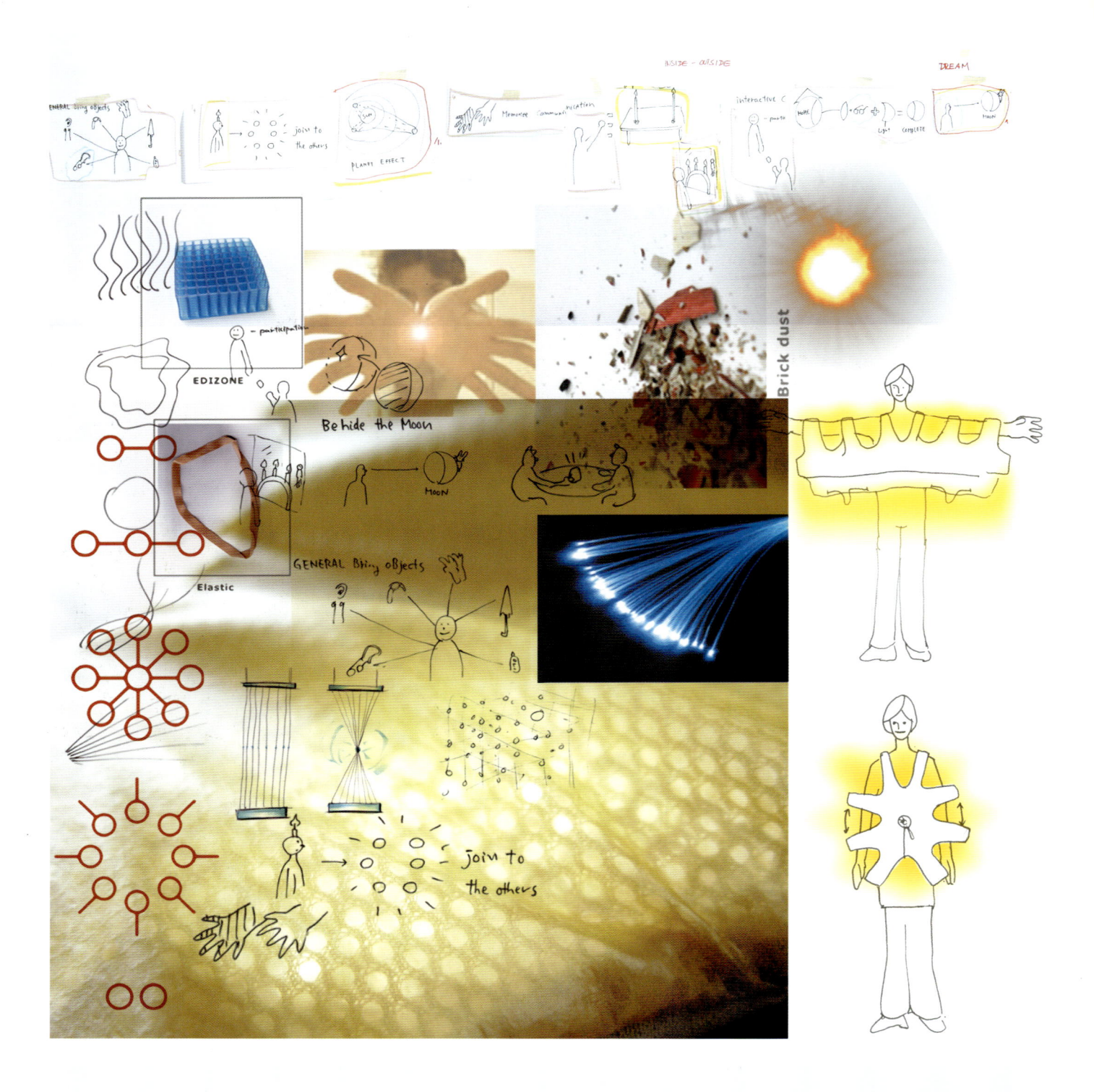

Mit einem „Wissensskizzieren" genanntem Verfahren tauschten die Teilnehmer ihr Wissen und ihre Wahrnehmung von Licht aus, woraus kleine Skizzen entstanden. Daraus konnte dann eine Geschichte mit Worten und Bildern gemacht werden. Während des Prozesses wurden viele kleine Skizzen angefertigt und zu Gruppen zusammengefasst, um neue Typologien zu schaffen und Lösungen und Vorschläge zu visualisieren.

Studio Jacob de Baan in Zusammenarbeit mit Ken Yokomizo

Big Moon Bad (in Zusammenarbeit mit OptiLED, 2006).
Eine Kollektion aus Lampen und tragbaren Objekten. Das Projekt bezieht sich sowohl auf Innenarchitektur wie auch auf Modedesign.

Produktfotos: Crisp photography. Modellfotos: Lorenzo Barassi

Kapitel 11 Lichtquellen

Den Eindruck einer Lichtquelle erreicht man auch, wenn man eine Strichzeichnung invertiert; diese hier wurde ursprünglich mit schwarzen Linien auf weißem Hintergrund angefertigt.

Kapitel 12

Kontext

Zeichnungen werden aus verschiedenen Gründen angefertigt und in verschiedenen Situationen zur Kommunikation verwendet, etwa zur Ideengenerierung, beim Brainstorming oder als erklärende Zeichnungen. Eine andere Situation entsteht, wenn eine Idee präsentiert wird, vor allem wenn man dies vor Leuten tut, die nichts mit Design zu tun haben. Dann braucht man spezielle Arten von Zeichnungen. Diese zeigen dann häufig nicht nur das Produkt selbst, sondern auch dessen Auswirkungen auf das reale Leben, um die Produktidee verständlicher oder überzeugender zu machen. Produkte haben mit Menschen zu tun, und eine Zeichnung wird lebendiger oder verständlicher, wenn das Produkt in den Benutzerkontext gestellt wird – etwa indem man eine Person hinzufügt, um die Größenverhältnisse darzustellen, oder das Produkt mit Fotos kombiniert. Außerdem wirken Ideen, realistisch dargestellt, erheblich klarer und überzeugender.

Roman Photo – Compañia de Teatro Gran Reyneta beim Oreol Festival, Terschelling 2006

Pilots
PRODUCT DESIGN

Hände in Zeichnungen geben nicht nur an, wie groß ein Produkt ist, sondern auch Hinweise auf dessen Verwendung. Hier werden die intuitiven Eigenschaften der Schnittstelle mit zwei Bildschirmen betont: Das Gerät wird aus der Gürteltasche geholt, die Wahlfunktionen wechseln vom oberen auf das große Display. Die Unterlagen mit Personen zeigen verschiedene Positionen der Gürteltasche.

Pilots Product Design

PDA, Konzept für Präsentation, 2006. Erste Konzeptdesigns für ein Sicherheitsgerät, das leicht erreichbare Alarmknöpfe und ein zweites Display für eingehende Mitteilungen vorsieht.

Designer: Stanley Sie und Hans de Gooijer

VanBerlo Strategy + Design

Wegwerfbehältnisse für Mahlzeiten in Flugzeugen für Helios Food Service Solutions, 2005.
Kartons und Tabletts wurden für verschiedene Fluggesellschaften individuell abgeändert (z.B. die Businessklasse der Air France).

Die Strichzeichnungen wurden direkt mit Painter angelegt, Bilder, grafische Elemente und Texturen dann mit Painter oder Photoshop hinzugefügt. Dies lässt die Skizzen wie Renderings aussehen. Dies ist auch eine schnelle und effiziente Möglichkeit, um eine bestimmte Haptik und Optik zu vermitteln.

Benutzerkontext

Für eine unkonventionelle Designidee braucht man eventuell eine erkennbare oder vertraute Umgebung, damit Verwendung, Größe oder Zweck verstanden werden.

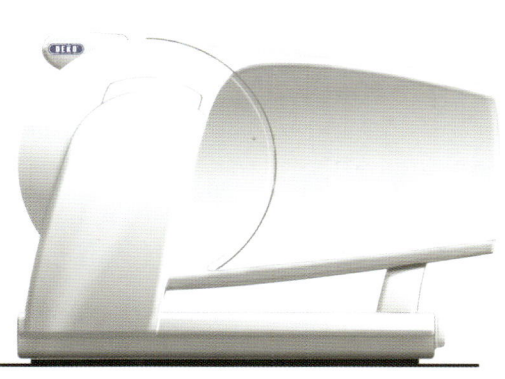

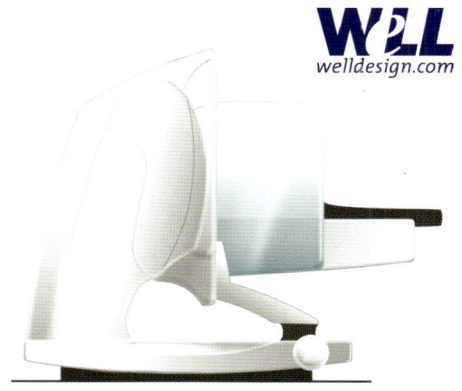

WeLL Design

Für De Koningh Food Equipment, ehemals Berkel Produktie Rotterdam, entwickelte WeLL Design eine neue Generation von Aufschnittmaschinen als Nachfolger des über 50 Jahre alten Modells 834. Beim Design des aus Aluminium und Edelstahl gefertigten Gehäuses standen Qualität, Hygiene und gute Verarbeitung im Vordergrund. Vor allem Hygiene ist ein kritischer Faktor für die Akzeptanz auf diesem Markt; die fließende Form des Motorgehäuses lässt sich problemlos reinigen. Außer dem Geradeschneider (siehe Abb.) wurde noch ein Schwerkraftschneider entworfen.

Die 3-D-Zeichnung wurde auf Papier angelegt, gescannt und in Photoshop mit Airbrush bearbeitet. Die Seitenansichten entstanden in Illustrator und sind mit Painter fertiggestellt. Die Umgebung ist andeutungsweise ergänzt.

Designer: Gianni Orsini und Thamar Verhaar

Einblenden eines Objektteils

Allgemein erkennbare Umgebungen oder archetypische Objekte können zur Darstellung der Größenverhältnisse dienen. Bei diesen Zeichnungen hat die Unterlage mit dem bereits vorhandenen Wagen zwei Funktionen: Sie dient dem Designer als Grundlage für die Proportionen und beschleunigt den Zeichenprozess. Wenn die Radnaben unverändert bleiben, dienen diese wiederum als Maßstabselemente, die den Brainstormingskizzen ein realistischeres Aussehen geben. Es hat viele Vorteile, die Größenverhältnisse deutlich zu machen. Wird die Idee klarer, kann dies Designentscheidungen unterstützen. Wenn man es für Präsentationen benutzt, kann man den Betrachter mit einbeziehen. Fügt man diese Art von Realismus hinzu, kann sich der Eindruck einer Zeichnung von „einem Gedanken" in ein glaubhaftes, überzeugendes Produkt ändern.

Mit Optionen zum Überblenden von Ebenen kann man Bild und Zeichnung „aufeinander abstimmen", wenn es um Farbe und Kontrast geht. Diese Strichzeichnung wurde auf Papier angefertigt und eingescannt. Legt man Schattierungsverläufe mit einem sehr großen Pinsel und wenig Deckkraft mit der Hand an, führt dies in den meisten Fällen zu einem natürlicheren Aussehen als ein Standard-Verlaufswerkzeug.

Bilder und Zeichnungen kombinieren

Die Verwendung von Bildern ist eine effiziente Möglichkeit, um Skizzen Atmosphäre oder Stilelemente hinzuzufügen. In einigen Fällen kann der Kontext des Produkts in Bezug auf Stimmung und Atmosphäre genauso wichtig sein wie das Aussehen des Produkts selbst.

Kontext lässt sich einer Zeichnung auch einfach dadurch hinzufügen, indem man sie mit einem Bild kombiniert. Der Zusammenhang mit der Zeichnung wird durch Assoziation hergestellt. In den meisten Fällen wird das Bild durch Farbe, Kontrast und Detaillierung die Aufmerksamkeit des Betrachters auf sich ziehen.

Wenn eine einfache Skizze mit einem Bild kombiniert wird, das lediglich als Unterstützung gedacht ist, sollte unbedingt auf ein ausgewogenes Verhältnis der beiden Medien geachtet werden.

Kapitel 12 Kontext

Hände

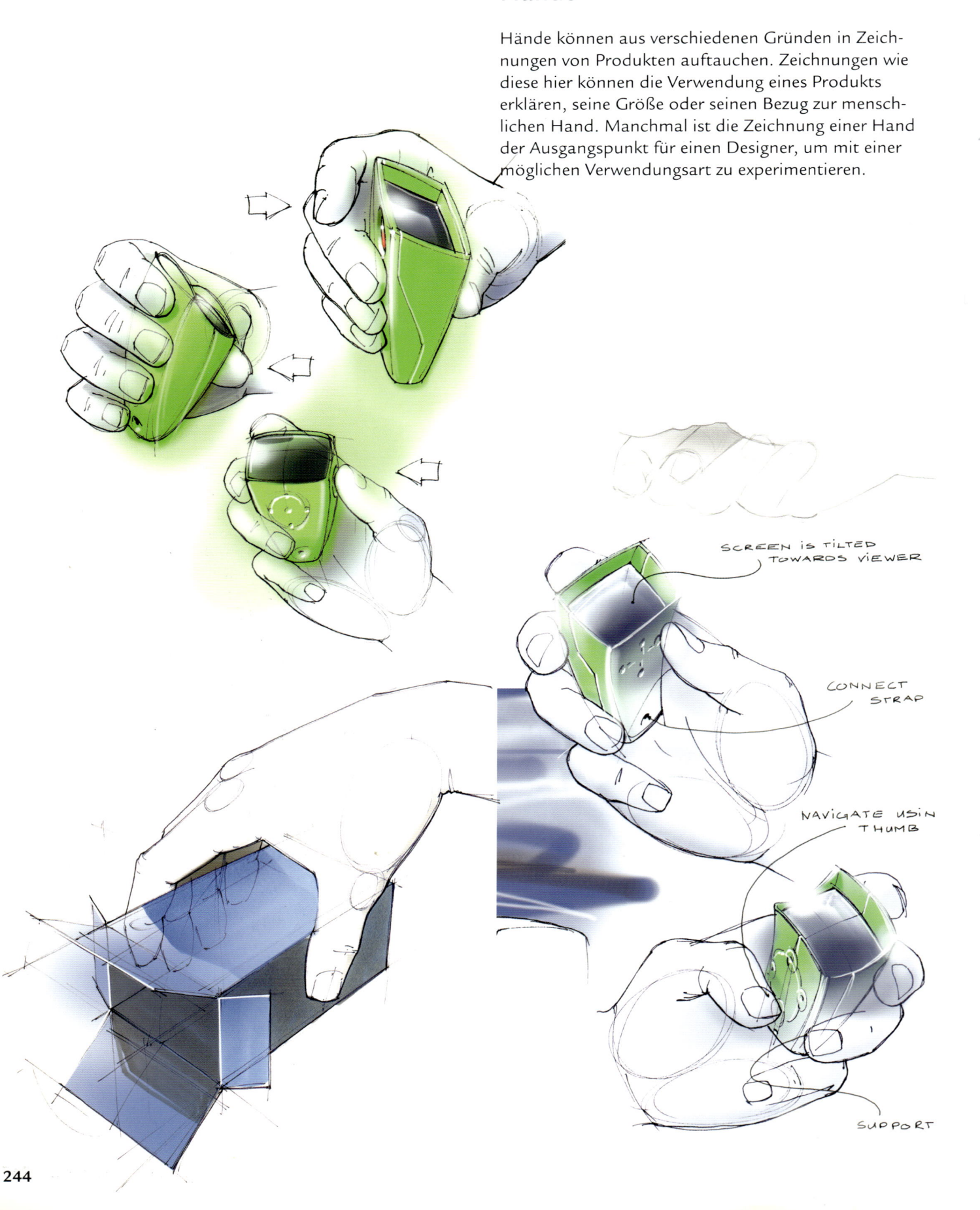

Hände können aus verschiedenen Gründen in Zeichnungen von Produkten auftauchen. Zeichnungen wie diese hier können die Verwendung eines Produkts erklären, seine Größe oder seinen Bezug zur menschlichen Hand. Manchmal ist die Zeichnung einer Hand der Ausgangspunkt für einen Designer, um mit einer möglichen Verwendungsart zu experimentieren.

SCREEN IS TILTED TOWARDS VIEWER

CONNECT STRAP

NAVIGATE USIN THUMB

SUPPORT

Ein realistischeres Ergebnis erzielt man, wenn Produkt und Hand durch Schlagschatten und/oder Spiegelungen interagieren.

Ein Bild als Unterlage ist eine schnelle und realistische Alternative zur Zeichnung nach der Realität oder einem geistigen Bild.

Kapitel 12 Kontext 245

Personen

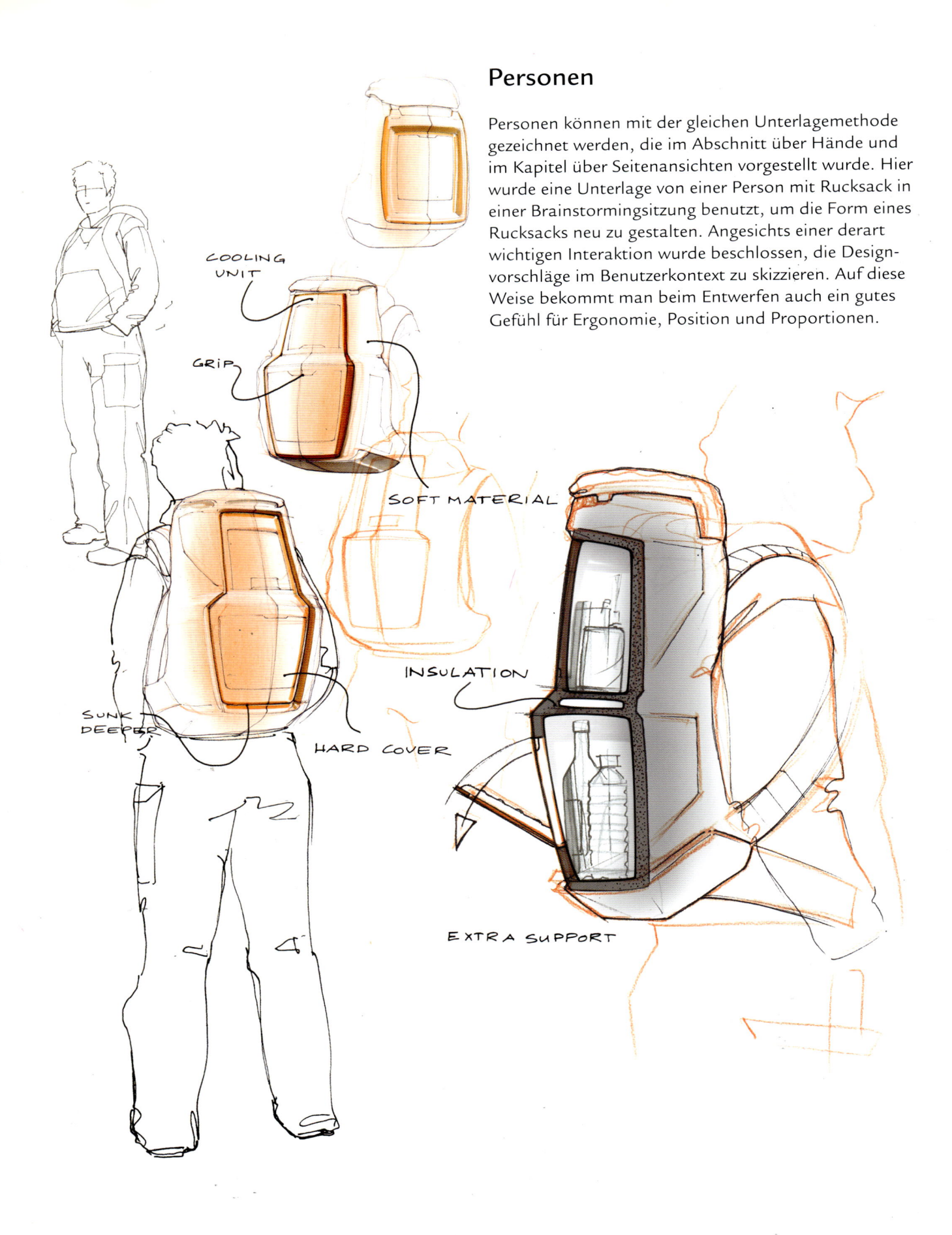

Personen können mit der gleichen Unterlagemethode gezeichnet werden, die im Abschnitt über Hände und im Kapitel über Seitenansichten vorgestellt wurde. Hier wurde eine Unterlage von einer Person mit Rucksack in einer Brainstormingsitzung benutzt, um die Form eines Rucksacks neu zu gestalten. Angesichts einer derart wichtigen Interaktion wurde beschlossen, die Designvorschläge im Benutzerkontext zu skizzieren. Auf diese Weise bekommt man beim Entwerfen auch ein gutes Gefühl für Ergonomie, Position und Proportionen.

Bei späteren Zeichnungen wie jenen, die für Präsentationen benutzt werden, hat das Bild der Person eine völlig andere Funktion. Größe, Proportionen und die Verwendung des Rucksacks sind für Leute, die sonst nichts mit Design zu tun haben, leichter zu verstehen, da die menschliche Kontur jedem bekannt ist.

Fahrräder (und fahrradähnliche Produkte wie der SQRL) werden häufig als 2-D-Ansicht skizziert. Allerdings sollte man dabei die perspektivischen Skizzen nicht vergessen. Um die Ziele des Projekts zu kommunizieren, sind Skizzen des Produkts in Betrieb besonders hilfreich. Verwendet man digitale Skizziertechniken, kann man problemlos mit mehreren Ebenen arbeiten.

Das Ergebnis der Skizzierphase war ein eleganter Rahmen in Bogenform mit einer „Nase" aus Gussaluminium. Lässt man die Stange weg, hat man den Rahmen in seiner unverfälschten Form.

Van der Veer Designers

SQRL, 2006. Das SQRL ist ein extrem manövrierfähiges Funbike für Kinder ab acht Jahren. Die Lenkung erfolgt über Gewichtsverlagerung. Die beiden Vorderräder lassen sich drehen und machen alle Bewegungen mit. Die Stange hilft dabei, das Gleichgewicht zu behalten.

Kunde: Nakoi. Designer: Peter van der Veer, Rik de Reuver, Joep Trappenburg und Michiel Henning in Zusammenarbeit mit Dick Quint

250

VanBerlo Strategy + Design

Notebook Ego für Ego Lifestyle BV, 2006.
Dieses Lifestylenotebook der Luxusklasse kann man mit verschiedenen Skins personalisieren und wie eine Handtasche tragen. In den einzelnen Designphasen wurden unterschiedliche Medien benutzt, um Ideen zu generieren und zu kommunizieren.

Computerrendering und traditionelle Zeichentechniken wurden kombiniert, um Ideen hervorzubringen und technische wie emotionale Aspekte des Designs effektiv zu vermitteln. Man braucht starke Bilder, um diese Art von Laptop auf den Markt zu bringen und in einen Lifestylekontext zu stellen.

Bibliografie

Drew, John T und Sarah A Meyer: *Farbmanagement. Das Handbuch für Grafikdesigner,* München: Stiebner 2006.

Eissen, Koos, Erik van Kuijk und Peter de Wolf: *Product presentatietekenen*; Delft: Delftse Universitaire Pers 1984.

Gerritsen, Frans: *Entwicklung der Farbenlehre;* Göttingen, Zürich: Muster-Schmidt 1984.

Gill, Robert W.: *Rendering with pen and ink;* London: Thames and Hudson Ltd, Neuauflage 1979.

IDSA (Industrial Designers Society of America): *Design Secrets. Products*; Gloucester, USA: Rockport Publishers Inc. 2001.

IDSA (Industrial Designers Society of America), Lynn Haller und Cheryl Dangel Cullen: *Design Secrets. Products 2*; Gloucester, USA: Rockport Publishers Inc, 2001.

Itten, Johannes: *Kunst der Farbe;* Leipzig: Seemann 2001.

Krol, Aad und Timo de Rijk: *Jaarboek Nederlandse Vormgeving 05*; Rotterdam: Episode Publishers 2005.

Lauwen, Ton: *De Nederlandse Designprijzen 2006. Katalog;* Eindhoven 2006.

Lidwell, William, Kritina Holden und Jill Butler: *Design – die 100 Prinzipien für erfolgreiche Gestaltung;* München: Stiebner 2004.

Mijksenaar, Paul und Piet Westendorp: *OPEN HERE*; New York: Joost Elfers Books 1999.

Olofsson, Erik und Klara Sjölén: *Design Sketching*; Sundsvall: KEEOS Design Books 2005.

Ott, Alexander: *Darstellungstechnik. Entwurf, Umsetzung, Präsentation;* München: Stiebner, 3., überarbeitete Auflage 2007.

Pipes, Alan: *Zeichnen für Designer. Zeichenfertigkeiten, Konzeptskizzen, Computersysteme, Illustration, Werkzeuge und Materialien, Präsentationen, Produktionstechniken;* München: Stiebner 2008.

Ramakers, Renny und Gijs Bakker: *Droog Design. spirit of the nineties*; Rotterdam: 010 Publishers 1998.

Shimizu, Yoshihru: *Quick & Easy Solutions to Marker Techniques*; Tokio: Graphic-Sha Publishing Co. Ltd. 1995.

Van Hinte (Hg.): *Richard Hutten*; Rotterdam: 010 Publishers 2002.

Zijpp, Sue-an van der: *Brave New Work;* London: Curator contemporary art Groninger Museum 2003.

Zijpp, Sue-an van der: *The eternal beauty*; Curator contemporary art Groninger Museum 2004.

Magazine
Auto & Design, Turin
Items, Amsterdam

Designer

Adidas AG, Herzogenaurach
www.adidas.com
Designer: Sonny Lim
Fußballschuhe 2001–2006

AUDI AG, Ingolstadt
www.audi.com
Projekt: Sitze für den Audi LeMans 2003
Designer: Wouter Kets
Chefdesigner: Walter de'Silva
Fotografie: Audi Design
Projekt: Innenraum Audi R8 2006
Designer: Ivo van Hulten
Chefdesigner: Walter de'Silva

Studio Jacob de Baan, Amsterdam, in Zusammenarbeit mit Ken Yokomizo, Mailand
www.jacobdebaan.com
www.yokomizoken.com
Projekt: Big Moon Bad (in Zusammenarbeit mit Opti-LED) 2006
Produktfotografie: Crisp Photography
Modellfotografie: Lorenzo Barassi

VanBerlo Strategy + Design, Eindhoven
www.vanberlo.nl
Projekt: Hydraulische Rettungswerkzeuge für RESQTEC 2005
Designer: VanBerlo design team
Fotografie: VanBerlo
Auszeichnungen: iF gold award 2006/red dot best of best award 2006/Dutch Design Award 2006/Industrial Design Excellence Award (IDEA) Gold 2006
Projekt: Wegwerfkartons von Flugzeugmahlzeiten für Helios Food Service Solutions 2005
Designer: VanBerlo design team
Projekt: Ego Notebook für Ego Lifestyle BV 2006
Design: VanBerlo design team; Fotografie: VanBerlo

BMW Group, München
www.bmwgroup.com
Projekt: Konzeptskizzen
Designer: Adriaan van Hooydonk
Chefdesigner: Chris Chapman
Fotografie: BMW Group
Projekte: Konzeptstudie BMW Z-9/Konzeptskizzen 6er-Baureihe
Designer: Adriaan van Hooydonk
Fotografie: BMW Group

DAF Trucks NV, Eindhoven
www.daftrucks.com
Projekt: DAF XF105, Außenansicht des Lkws, 2006
Designer: Bart van Lotringen, Rik de Reuver
Auszeichnungen: „International Truck of the Year 2007"
Projekt: DAF XF105/CF/LF, Innenraum des Lkws, 2006
Designer: Bart van Lotringen, Rik de Reuver, Gerard Baten
Fotografie: DAF Trucks
Projekt: DAF XF105, Easy Lift System für Lkw, 2006
Designer: Bart van Lotringen
Fotografie: DAF Trucks

Fabrique, Delft
www.fabrique.nl
Projekt: Eye-on-you für Hacousto/Niederländische Eisenbahn (NS) 2006
Designer: Iraas Korver und Erland Bakkers
Fotografie: Fabrique
Produktfoto: Möbel für Rotterdam Droogdok 2005
Designer: Emiel Rijshouwer und Jeroen van Erp
Fotografie: Bob Goedewaagen

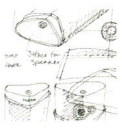

Feiz Design Studio, Amsterdam
www.feizdesign.com
Projekt: Smartphone N70 für Nokia 2005
Designer: Khodi Feiz in Zusammenarbeit mit Nokia Design
Fotografie/Rendering: Feiz Design Studio
Projekt: Privates Skizzenbuch
Designer: Khodi Feiz

FLEX/theINNOVATIONLAB, Delft
www.flex.nl
Projekt: Tragbare Festplatte für Freecom 2004
Fotografie: Marcel Loermans, The Hague
Projekt: Postbearbeitungssysteme für TNT 2004–2006
Fotografie: Marcel Loermans
Projekt: Cable Turtle für Cleverline 1997
Fotografie: Marcel Loermans
Projekt: Fahrrad für Batavus 2002

Ford Motor Company, Dearborn, USA
www.ford.com
Projekt: Konzeptstudie Ford Bronco, 2004
Designer: Laurens van den Acker
Chefdesigner: Joe Baker
Projekt: Konzeptstudie Ford Model U, 2003
Designer: Laurens van den Acker
Projekt: Reifen Ford Model U in Zusammenarbeit mit Goodyear 2003
Designer: Laurens van den Acker
Fotografie: Ford Motor Company, USA

Guerrilla Games, Amsterdam
www.guerrilla-games.com
Projekt: Killzone2 für SonyPlaystation3
(in Produktion)
Designer: Roland IJzermans und Miguel Ángel Martínez

Jan Hoekstra Industrial Design Services, Rotterdam
www.janhoekstra.com
Projekt: Kochgeschirr für Royal VKB 2000
Auszeichnungen: Design Plus Award 2002, red dot award 2003, Grand Prix de l'Arte 2004
Fotografie: Marcel Loermans
Produktfoto: Mix and Measure für Royal VKB 2005
Fotografie: Marcel Loermans

Richard Hutten Studio, Rotterdam
www.richardhutten.com
Projekt: Teil der Hidden Collection 2000
Designer: Richard Hutten
Computerrenderings: Brenno Visser
Fotografie: Richard Hutten Studio
Produktfoto: Sexy Relaxy 2001/2002
Design und Fotografie: Richard Hutten Studio

IAC Group GmbH, Krefeld
www.iacgroup.com
Projekte: Armaturenbrett und Mittelkonsole 2005/
Konzeptskizzen für Türpaneele, 2006/Konzept für
Stauraum Mittelkonsole 2005
Designer: Huib Seegers

Studio Job, Antwerpen
www.studiojob.nl
Projekte: Möbel Rock 2004/Tisch Rock 2004/Biscuit 2006
Designer: Job Smeets und Nynke Tynagel
Fotografie: Studio Job

Studio Jan Melis, Rotterdam
www.janmelis.nl
Projekt: Motel Insomnia 2007
Projekt: Ausstellung Luctor et Emergo für CBK
Zeeland 2006
Fotografie: Studio Jan Melis
Rendering: Easy Chair
Design und Rendering: MNO (Jan Melis und Ben
Oostrum)
boo | ben oostrum ontwerpt, Rotterdam
www.boontwerpt.nl

MMID, Delft.
www.mmid.nl
Projekt: Elektroroller Logic-M für Ligtvoet Products
BV 2006
Fotografie: MMID
Projekt: System KeyFree für i-Products 2006
Fotografie: MMID

studioMOM
www.studiomom.nl
Projekt: Geschirrserie für Widget 2006
Designer: studioMOM, Alfred van Elk und Mars
Holwerda
Fotografie: Widget
Projekt: Badserie Ontario für Tiger 2006
Designer: studioMOM, Alfred van Elk und Mars
Holwerda
Fotografie: Tiger
Produktfotos: Möbelserie Pharaoh 2005
Auszeichnung: Nominierung Dutch Design Awards 2005
Design und Fotografie: studioMOM, Alfred van Elk,
industrial design, www.alfredvanelk.com

npk industrial design bv, Leiden
www.npk.nl
Projekt: Zweigang-Schlagbohrmaschine für Skill 2006
Projekt: Familienschlitten Sport Kids für Hamax 2007

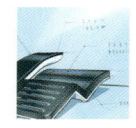

Pilots Product Design, Amsterdam
www.pilots.nl
Projekt: Tischtelefon für Philips 2005
Designer: Stanley Sie und Jurriaan Borstlap
Projekt: Konzeptstudie PDA 2006
Designer: Stanley Sie und Hans de Gooijer
Projekt: Badkonzept für Vitra Bad 2004
Designer: Stanley Sie und Hans de Gooijer

Pininfarina S.p.A., Turin
www.pininfarina.com
Projekt: Konzeptstudie Nido 2004
Designer: Lowie Vermeersch
Fotografie: Pininfarina S.p.A.
Auszeichnung: „Schönstes Auto des Jahres"
Projekt: Privates Speedboat Primatist G70 für
Primatist
Designer: Doeke de Walle
Fotografie: Pininfarina S.p.A.

Remy & Veenhuizen ontwerpers, Utrecht
www.remyveenhuizen.nl
Projekt: Begegnungszaun für CBK Dordrecht 2005
Designer: Tejo Remy und René Veenhuizen
Fotografie: Herbert Wiggerman
Produktfotos: Bank, Teil der Innenraumgestaltung der
VROM-Kantine in Den Haag 2002
Fotografie: Mels van Zutphen

Atelier Satyendra Pakhalé, Amsterdam
www.satyendra-pakhale.com
Projekt: Amisa, ergonomisch geformte Türklinke für
Colombo Design SPA, Italien 2004
Designer: Satyendra Pakhalé
Fotografie: Clombo Design SPA
Projekt: Radiator Add-on für Tubes Radiatori,
Italien 2004
Designer: Satyendra Pakhalé
Fotografie: Tubes Radiatori, Italien

SEAT, Martorell
www.seat.com
Projekt: Konzept Prototyp Seat Leon, Innenraum und
Sitze 2005
Designer: Wouter Kets
Chefdesigner: Luca Casarini

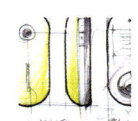

SMOOL Designstudio, Amsterdam
www.smool.nl
Projekt: Konzept Multimedia-TV 2006
Designer: Robert Bronwasser
Projekt: Konzept Mobiltelefon 2006
Designer: Robert Bronwasser
Produktfoto: Bo-chair 2003
Design und Fotografie: SMOOL Designstudio

Spark Design Engineering, Rotterdam
www.sparkdesign.nl
Projekt: explosionssichere Füllstandsanzeiger 2006
Projekt: Desktop-Bildschirmlesegerät 2005
Projekt: Personal Power Duo Pump 2005
Fotografie: Spark Design Engineering

Springtime, Amsterdam
www.springtime.nl
Kunde: Wieden+Kennedy
Projekt: Fußball-Werbekampagne UPGRADE! für Nike
EMEA 2005
Designer: Michiel Knoppert
Computerrendering: Michiel van Iperen
Fotografie: Paul D. Scott

Tjep., Amsterdam
www.tjep.com
Projekt: Scribbles 2004
Designer: Frank Tjepkema
Fotografie: Tjep.

Van der Veer Designers, Geldermalsen
www.vanderveerdesigners.nl
Projekt: Comfort Seat für Gazelle 2006
Designer: Rik de Reuver, Albert Nieuwenhuis
Fotografie: Van der Veer Designers
Projekt: SQRL für Nakoi 2006
Designer: Peter van der Veer, Rik de Reuver, Joep Trappenburg, Michiel Henning in Zusammenarbeit mit Dick Quint
Fotografie: Van der Veer Designers

WAACS, Rotterdam
www.waacs.nl
Projekt: Kaffeemaschine Senseo für Douwe Egberts/Sara Lee und Philips 2002
Fotografie: WAACS
Projekt: I-Tronic für Velda 2002
Projekt: Webcam-Konzepte für Microsoft Corporation 1999
Projekt: „Skizzenfolie für den Bildschirm", Kolumne von Joost Alferink für VrijNederland 2006

Marcel Wanders Studio, Amsterdam
www.marcelwanders.com
Projekt: Lampe Zeppelin für Flos S.p.a., 2005
Designer: Marcel Wanders
Fotografie: Flos S.p.a., Italien

Dré Wapenaar, Rotterdam
www.drewapenaar.nl
Projekte: Treetents, 1998 und Tentvillage 2001
Designer: Dré Wapenaar
Fotografie: Robbert R. Roos

WeLL Design, Utrecht
www.welldesign.com
Projekt: Haartrocknerserie für Princess 2005
Designer: Gianni Orsini und Mathis Heller
Produktfotos: Princess
Projekt: Espressomaschinenserie für Etna Vending Technologies 2004
Designer: Gianni Orsini und Mathis Heller
Produkt: Aufschnittmaschinenserie für De Koningh Food Equipment 2004–2007
Designer: Gianni Orsini und Thamar Verhaar

Die Herausgeber/Autoren haben alle Anstrengungen unternommen, um sämtliche in diesem Buch gezeigten Bilder im Bildnachweis zu nennen. Für den Fall, dass Sie die Rechte an einem hier abgebildeten, aber nicht genannten Bild besitzen, bitten wir Sie, sich mit den Herausgebern in Verbindung zu setzen.

Bildnachweis

Produktfoto und Renderings: Biodomestic 2001
Sieger des europäischen Designwettbewerbs „Lights of the future"
Design und Fotografie: Hugo Timmermans und Willem van der Sluis
Customr
www.customr.com
Produktfoto: Leaning Mirror 1998
Design: Hugo Timmermans, Amsterdam. www.optic.nl
Fotografie: Marcel Loermans

Produktfoto: The Carbon Copy
Design und Fotografie: Studio Bertjan Pot, Schiedam. www.bertjanpot.nl

Produktfoto: Tisch Cinderella
studio DEMAKERSVAN, Rotterdam
www.demakersvan.com
Design: Jeroen Verhoeven
Fotografie: Raoul Kramer

Produktfoto: Dutchtub
Design: Floris Schoonderbeek
Dutchtub, Arnhem. www.dutchtub.com
Fotografie: Dutchtub USA/Produktfotos: Steven van Kooijk

Produktfoto und Zeichnung: Stuhl ELI 2006
Design: Studio Ramin Visch, Amsterdam
www.raminvisch.com
Fotografie: Jeroen Musch

Produktfoto: Badfliesen/Küchenfliesen 1997–2001
Designer: Erik Jan Kwakkel, Arnhem. www.erikjankwakkel.com
Arnout Visser, Arnhem. www.arnoutvisser.com
Peter van der Jagt, Amsterdam photography: Erik Jan Kwakkel

Produktfoto: Außenbordmotor Honda BF 90
Honda Nederland B.V. www.honda.nl

Produktfoto: KitchenAid Ultra Power Plus Handmixer
Design: KitchenAid
Fotografie: Whirlpool Corporation

Produktfoto: Marie-Louise 2002/Buro Vormkrijgers, Eindhoven
www.burovormkrijgers.nl
Design: Sander Mulder & Dave Keune
Fotografie: Sander Mulder

Produktfoto: Shady Lace 2003
Design und Fotoprototyp: Studio Chris Kabel, Rotterdam
www.chriskabel.com
Außenfoto: Daniel Klapsing

Produktfotos: Spineless Lamps 2003/Two of a Kind 2004
Design und Fotografie: Studio Frederik Roijé, Amsterdam/Duivendrecht
www.roije.com

Fotos: Zugfahrkarte Seite 69 / Klopapierrollen Seite 77, Hafenpoller Seite 100, CD-Hüllen Seite 85
Fotografie: Yvonne van den Herik

Alle anderen Fotos: Autor

Cartoons
Jan Selen
JAM visueel denken, Amsterdam
www.visueeldenken.com

45,30